MINERVA
人文・社会科学叢書
227

東アフリカにおける 民衆のイスラームは何を語るか

―タリーカとスンナの医学―

藤井 千晶 著

ミネルヴァ書房

東アフリカにおける民衆のイスラームは何を語るか

――タリーカとスンナの医学――

目　次

序　章　多様な民衆のイスラームへのいざない ……………………… I

  1　本書の目的と課題……………………………………………… I

  2　研究対象地域・調査方法……………………………………… 4

  3　本書の構成……………………………………………………… 4

第Ｉ部　東アフリカにおける民衆のイスラームへの視座

第1章　民衆のイスラーム ……………………………………………… 9

  1　民衆のイスラームとは何か…………………………………… 9

  2　民衆イスラーム論に関する先行研究………………………… IO

  3　東アフリカにおける民衆のイスラーム研究………………… I4

第2章　東アフリカ沿岸部の概要 …………………………………… I9

  1　スワヒリ地域とは……………………………………………… I9

  2　地形がもたらした沿岸部と内陸部の関係…………………… 2I

  3　ザンジバルの盛衰——歴史的概要…………………………… 23

  4　イギリス統治以降の民族構成………………………………… 40

第Ⅱ部　東アフリカにおけるタリーカ

第3章　東アフリカのタリーカ ……………………………………… 5I

  1　タリーカとは…………………………………………………… 5I

  2　先行研究による東アフリカのタリーカ……………………… 52

  3　現在の東アフリカのタリーカ………………………………… 59

目　次

第4章　タリーカと預言者生誕祭 ……………………………… 73

1　マウリディとは何か ………………………………………… 73

2　都市部ストーンタウンの生誕祭 ………………………… 75

3　北部A村の生誕祭 ………………………………………… 80

4　トゥンバトゥ島B村の生誕祭 …………………………… 83

第5章　ザンジバルにおけるタリーカをめぐる状況 ………… 89

1　各教団の起源 ……………………………………………… 89

2　スィルスィラの有無 ……………………………………… 91

3　教団名の由来 ……………………………………………… 93

4　ザンジバルのタリーカの特徴 …………………………… 95

第Ⅲ部　東アフリカにおけるスンナの医学

第6章　預言者の医学 ……………………………………………… 101

1　預言者の医学とは ………………………………………… 101

2　歴史的背景 ………………………………………………… 108

3　預言者の医学の著作が書かれた理由 …………………… 110

第7章　「イスラーム的」医療と精霊の関わり ……………… 115

1　先行研究における「イスラーム的」医療の位置付け … 115

2　ザンジバルにおける医療の類型 ………………………… 120

3　精霊の存在 ………………………………………………… 131

iii

第8章　ウガンガとスンナの医学の比較 ……………………… 135

1　典拠となる著作 ………………………………………………… 135

2　治療の手段 ……………………………………………………… 138

3　治療に用いられるモノ ………………………………………… 144

4　両者の類似点と相違点 ………………………………………… 151

第9章　スンナの医学の実践 ……………………………………… 157

1　情報媒体 ………………………………………………………… 157

2　治療所と治療者の属性 ………………………………………… 169

3　治療実践 ………………………………………………………… 174

4　スンナの医学が対象とする病／問題 ………………………… 182

5　病との付き合い ………………………………………………… 187

第Ⅳ部　東アフリカにおける民衆のイスラーム

第10章　イスラームの知の変遷 ………………………………… 193

1　ハドラマウト出身者によるイスラーム改革 ………………… 193

2　「伝統的イスラーム」の否定 ………………………………… 200

3　アンサール・スンナの活躍 …………………………………… 202

4　イスラーム復興の潮流 ………………………………………… 205

第11章　伝統と改革のはざまで ………………………………… 213

1　ウガンガの改革 ………………………………………………… 213

2　日常生活の中のスンナの医学 ………………………………… 215

3　治療者養成を目的とした教育 ………………………………… 216

4　治療方法の簡略化 ……………………………………………… 219

目　次

終　章　移り変わる民衆のイスラーム …………………………………221

1　順応と葛藤がせめぎ合う民衆のイスラーム …………………………221

2　これからの民衆のイスラームの地平 …………………………………225

参考文献　229

あとがき　249

索　　引　253

初出一覧

本書の各章は，以下の論文がもとになっている。

序　章：書き下ろし

第1章：書き下ろし

第2章：書き下ろし

第3章："Basic Information of *Zawiya*s in Contemporary Zanzibar," *Kyoto Bulletin of Islamic Area Studies* 1(1) (2007b), pp. 133-147.

　　　　"Ritual Activities of Tariqas in Zanzibar," *African Study Monographs* 41 (2010), pp. 91-100.

第4章：「ザンジバルにおける預言者生誕祭」『アフリカ研究』72（2008b 年），pp. 43-51.

第5章："'Tariqas' without Silsilas: The Case of Zanzibar," *Kyoto Bulletin of Islamic Area Studies* 2(1) (2008), pp. 23-34.

第6章：書き下ろし

第7章：「預言者の医学による悪魔払い――ザンジバルの事例から」『スワヒリ＆アフリカ研究』19（2008a 年），pp. 70-82.

　　　　「ジニの存在意義――東アフリカ沿岸部の民俗療法の事例より」小杉泰（編）『環インド洋地域における宗教復興・テクノロジー・生命倫理』京都大学大学院アジア・アフリカ地域研究研究科附属イスラーム地域研究センター・同附属現代インド研究センター（2013年），pp. 229-239.

第8章："Comparative Studies of the Medicine of the Sunna and Uganga," *Kyoto Bulletin of Islamic Area Studies* 4(1-2) (2011), pp. 156-189.

第9章：「現代における預言者の医学――ザンジバル臨地調査データと予備的考察」『イスラーム世界研究』1 (1)（2007年），pp. 119-124.

第10章・第11章："'New' Traditional Medicine on the East African Coast: The Practice of Prophetic Medicine in Zanzibar," *Annals of Japan Association for Middle East Studies* 28(2) (2012), pp. 1-25.

終　章：書き下ろし

凡　例

1．スワヒリ語とアラビア語の転写について

スワヒリ語は *Kamusi ya Kiswahili-Kiingereza*（Taasisi ya Uchunguzi wa Kiswahili, Chuo Kikuu cha Dar es Salaam, 2001），アラビア語は『岩波イスラーム辞典』（大塚和夫・小杉泰・小松久男・東長靖・羽田正・山内昌之［編］，岩波書店，2002年）に従う。また，文中でスワヒリ語を転記する際は Sw，アラビア語を転記する際は Ar と表記する。

例）ムワリム（Sw：mwalimu）

ジン（Ar：jinn）

2．年代について

（1）基本的に西暦で表記する。ただしヒジュラ暦（イスラーム太陰暦）を西暦で換算した際，複数年にまたがる場合は，下記のように表記する。

例）（ヒジュラ暦）751年→（西暦）1350/1年

（2）人物の没年については，本文の初出箇所に「d.1350」のように記載する。

（3）調査を実施した年月日については，文末のカッコ内に記載する。

例）〜と認識している（2008年1月7日）。

3．引用について

（1）クルアーンの翻訳については，『コーラン』（上）（中）（下）（井筒俊彦訳，岩波書店，1957-1958年）に依拠する。

（2）ハディースの翻訳については，『ハディース——イスラーム伝承集成』（上）（中）（下）（ブハーリー，M.I.［牧野信也訳］，中央公論社，1993-1994年）に依拠する。

4．人名について

（1）原則として東アフリカ出自の人物についてはスワヒリ語，アラブ出自の人物についてはアラビア語で表記する。ただし，オマーン出身のザンジバル王については，オマーン王を兼務した1代目サイード王以外，スワヒリ語表記にする。

（2）一般の調査協力者は，仮名で記載する。

vii

東アフリカのイスラーム用語

- アンサール・スンナ（Sw：Ansaar Sunna, Ar：Anṣār al-Sunna）：クルアーンとハディースに忠実であろうとする思想
- イジャーザ（Ar：ijāza）：教師から弟子に知識が伝授されたことを証明するために発行される免状；タリーカの加入儀礼
- ウガンガ（Sw：uganga）：占星術，魔方陣，護符の作成，預言者の医学など，主にイスラーム学に基づいて行われる医学
- カスィーダ（Sw：kasida, Ar：qaṣīda）：詩
- カファラ（Sw：kafara）：原義は捧げ物であるが，ウガンガでは球状の食物の表面に，クルアーンの文言や魔方陣が書かれたものをさす（写真8-10）
- カンガ（Sw：kanga）：2枚1組の布を頭部と身体に巻きつけて着用する衣服。女性の普段着として着用される
- コンベ（Sw：kombe）：原義は2枚貝や大深皿であるが，ウガンガでは，大きな平皿や紙にクルアーンの章句や魔方陣を描いたものに水やバラ水を注いで溶かした液体を意味する（写真8-7，8-8，8-9）
- ザーウィヤ（Sw：zawiya, Ar：zāwiya）：スーフィーや聖者たちの修道場（写真：3-1，3-2）
- サダカ（Sw：sadaka, Ar：ṣadaqa）：自発的な喜捨
- ジニ（Sw：jini, Ar：jinn）：精霊
- シュンギ（Sw：shungi）：約2メートルの布の両端を，頭部が出る所だけ残して縫い合わせた，女性が頭部から膝下までを覆う布（写真10-4）
- ズィクリ（Sw：zikri, Ar：dhikr）：神の名を繰り返し唱えるスーフィズムの修行（写真4-5，4-7，4-8）
- スィルスィラ（Ar：silsila）：スーフィズムにおける師弟関係の系譜（写真3-4，3-5，5-1）
- スーフィー（Ar：ṣūfī）：イスラーム神秘主義者，タリーカの修行に励む者
- スワヒリ（Sw：Swahili）：イスラームを基礎とした，東アフリカを広く包摂する文化的・社会的特徴
- スンナ（Ar：sunna）：預言者ムハンマドの言行
- タリーカ（Sw：twariqa, Ar：ṭarīqa）：スーフィー教団
- ニンジャ（Sw：ninja）：目の部分にスリットが入った，女性が顔面を覆う黒い布（写真10

東アフリカのイスラーム用語

- 5)

- ハディース（Ar：ḥadīth）：預言者ムハンマドの言行録
- バルザンジのマウリディ（Sw：Maulidi ya Barzanji, Ar：Mawlid al-Barzanjī）：法学者バルザンジーが著したムハンマドの伝記で，ザンジバルでは預言者生誕祭のときに必ず朗誦される
- ブイブイ（Sw：buibui）：女性が外出時に着用する黒い貫頭衣（写真10 - 5）
- マウリディ（Sw：Maulidi, Ar：Mawlid）：預言者生誕祭，預言者讃歌など
- マドラサ（Sw, Ar：madrasa）：イスラーム諸学を学習するための教育施設
- ムガンガ（Sw：mganga）：ウガンガの治療者
- ムスリム（Ar：muslim）：イスラーム教徒
- ムワリム（Sw：mwalimu）：教師。スンナの医学の治療者

ix

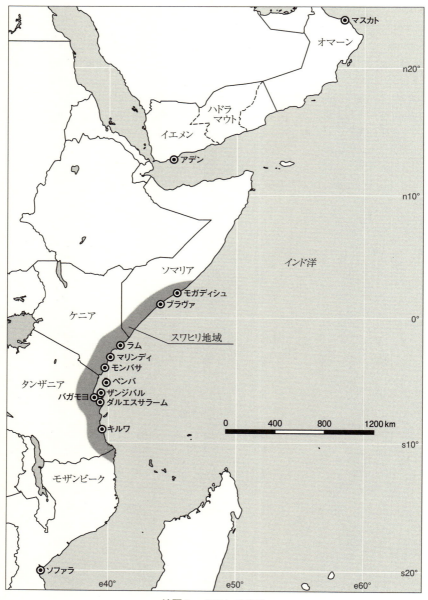

地図1 スワヒリ地域

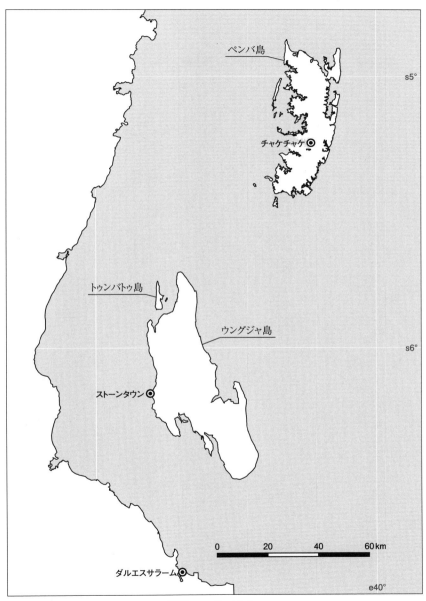

地図2 ザンジバル

序　章
多様な民衆のイスラームへのいざない

1　本書の目的と課題

　本書の目的は，タリーカ（イスラーム神秘主義教団）とスンナの医学（預言者ムハンマドの言行に基づく医学）の実践をとおして，東アフリカにおける民衆のイスラームを考察することである。

　東アフリカは，インド洋交易を介してイスラームが根付いたといわれている。現在，著者の主な調査地であるザンジバル島（タンザニア連合共和国）の都市部ストーンタウンを歩くと，白壁の建物が迷路のように入り組んだ道の両側に立ち並ぶ（写真序-1）。これらの建物の中には，細かい彫刻が施された立派な木製のドアが付けられたものもある（写真序-2）。町なかにはベールをまとった女性やイスラーム帽をかぶった男性が，「アッサラーム・アライクム（Ar：al-salām ʻalay-kum，あなたの上に平安を）」「ワ・アライクム・サラーム（Ar：waʻalay-kum al-salām，そしてあなたの上にも平安を）」とアラビア語で挨拶を交わす。

　東アフリカに関するイスラーム研究は，イスラーム知識人の活動や著作物についての研究の蓄積があるものの［Bang 2003；Loimeier 2009；Pouwels 1987など］，一般の人々が日常の中で実践してきた民衆のイスラームについては，「迷信的」，「土着の要素が混交した」ものであるとみなされてきた［Kim 2001；Trimingham 1964など］。日本国内においては，日野舜也が1970年代以降，人類学の立場から［日野 1971；1980；1987；1997など］，富永智津子が歴史学の立場から［富永 1996；2001；2008など］先駆的な研究を行ってきたが，東アフリカを調査地としたイスラーム研究者自体が少ないことから，他のイスラーム世界

I

写真序-1　細い路地が入り組むストーン
　　　　　タウンの町並み
　　出所：2005年5月，著者撮影。

写真序-2　細かい彫刻が施された木製の
　　　　　ドア
　　出所：2005年5月，著者撮影。

に比べると遅れている状況である。また，研究者自身，どこか東アフリカのイスラームは中東とは異なる「田舎イスラーム」という意識があるのではないか，と著者自身，これまで感じてきた。

　しかしながらイスラームは，東アフリカ沿岸部の文化（スワヒリ文化）の基礎となる重要な要素である。そこで本書では，東アフリカの民衆のイスラームに焦点を当て，現在の人々のイスラーム実践やイスラーム観を明らかにしていきたい。タリーカを取り上げる理由は，タリーカが19世紀後半以降，東アフリカの民衆へのイスラームの普及に，大きな役割を果たしたためである。しかしながら，タリーカの活動に焦点を当てた詳細な研究は，最新のものでも1980年に出版されたオーガスト・H・ニムツ（August H. Nimtz Jr.）の著作のみであった［Nimtz 1980］。

序章　多様な民衆のイスラームへのいざない

　そのため，東アフリカのイスラームを理解するには，まず現在のタリーカの活動状況や拠点などを明らかにすることが課題であった。また，タリーカの活動が一般の人々へのイスラームの普及に大きく関わったならば，現在のタリーカの活動を研究することは，東アフリカの民衆のイスラームを明らかにする1つの切り口になると考えられた。

　以上のような背景から，本書では東アフリカのタリーカについて，2つの問いを立てて論じていく。第1の問いは，ザンジバルのタリーカとは何か，であり，第2の問いは，ザンジバルにおけるマウリディ（預言者生誕祭，預言者讃歌など）とは何か，である。

　本書のもう1つのテーマであるスンナの医学に関連する先行研究としては，東アフリカでは憑依やシャーマニズムに焦点を当てたものが，比較的多かった［Giles 1987；1999；花渕 2005；Lambek 1986；Larsen 2008など］。これらの研究は，イスラームを中心的に扱っていないこともあり，儀礼の中でのイスラーム的要素は，詳細に考察されてこなかった。

　しかしながら，著者が調査したスンナの医学は，これらの先行研究で言及されているような憑依やシャーマニズムの要素も含んではいるが，治療者と患者は，スンナの医学をとおしてきわめてイスラームに忠実であることを目指している様子がうかがわれた。イスラーム的要素は，もはや後述する先行研究で示されているような，土着の副次的な要素としてはとらえきれないものであった。スンナの医学の実践をとおして現在の人々が正しいと考えるイスラームの形を明らかにすることで，東アフリカの民衆のイスラームの多様な側面と人々のイスラーム観について明らかにしていきたい。

　スンナの医学については，次の3つの問いを立てて論じる。第1の問いは，スンナの医学とは何か，第2の問いは，スンナの医学はどのように実践されているのか，第3の問いは，スンナの医学がなぜ現在の人々の支持を集めているのか，である。

　タイトルにあるように，本書では東アフリカにおける民衆のイスラームとは何か，を明らかにするため，民衆レベルにイスラームを普及させたタリーカと，

3

一般の人々によって現在，活発に実践されているスンナの医学を取り上げる。イスラームの教義として普遍的な要素がありながらも，民衆レベルの実践では時代の潮流に応じて，柔軟に「正しいイスラーム」の解釈が変化してきたことを，本書で示したい。

2　研究対象地域・調査方法

　本書が対象とする地域は，スワヒリ地域と呼ばれる東アフリカ沿岸部，特にザンジバルである（巻頭地図1，2）。東アフリカ沿岸部は，紀元前後からモンスーンを利用したインド洋周辺地域との交易をとおして，イスラームが伝わった。その中でもタンザニア沿岸部に位置するザンジバル島は，19世紀にインド洋西部の沿岸部地域において勢力を持った，現オマーンのブーサイード朝（al-Bū Saʻīd, 1749頃～）の中心拠点となった。イスラーム知識人もアラビア半島などからザンジバルに移り住んだことから，東アフリカのイスラーム学の中心地としても発展した。ザンジバルは，現在も住民の99％以上がムスリム（イスラーム教徒）であり，イスラームを研究するうえでは重要な地域である。

　本書の内容は，2005年4～6月，2006年9～12月，2007年6～9月，2007年11月～2008年3月の期間，著者が主にザンジバルで行った調査に基づいている。ザンジバルでの調査では，主に参与観察とインタビュー，文献調査などを中心に行った。

3　本書の構成

　本書は，全4部，13章で構成されている。第Ⅰ部では，本書のテーマである東アフリカにおける民衆のイスラームを考察するうえで基礎となる背景や先行研究を概観する。第1章では，民衆のイスラームの定義を示し，これまで議論されてきた民衆イスラーム論と，東アフリカにおける民衆のイスラーム研究を考察する。第2章では，東アフリカ沿岸部の地理的・歴史的概要，多様な出自

4

を持つザンジバルの民族構成について詳述する。

　第II部では，タリーカを取り上げる。第3章では，タリーカの定義と，先行研究に言及されている東アフリカのタリーカ，著者の調査から明らかになった現在のタリーカについて詳述する。第4章では，マウリディの意味について考察し，さらにザンジバルの3カ所の地域で行われた預言者生誕祭と，その中でのタリーカの活動について詳述する。第5章では，ザンジバルのタリーカとは何かについて分析し，従来のタリーカ像とは異なる特徴を持つに至った背景を，歴史的側面から考察する。

　第III部では，スンナの医学に焦点を当てる。第6章では，スンナの医学に関連する預言者の医学の定義とその歴史的背景，預言者の医学の著作が書かれた理由について詳述する。第7章では，先行研究における「イスラーム的」医療の位置付けと，著者の現地調査より明らかになったザンジバルの医療，さらに病の原因とされる精霊の存在について詳述する。第8章では，ウガンガ（主にイスラーム学に基づいて行われる医学）とスンナの医学の治療者の典拠となる著作，治療の手段と使用されるモノを比較し，スンナの医学とは何か，について考察する。第9章では，スンナの医学の情報媒体，治療所，治療者の属性について詳述する。そして，実際のスンナの医学の治療実践を示し，人々の病観や病との付き合いについて考察する。

　第IV部では，東アフリカの民衆のイスラームとは何か，について考察する。第10章では，東アフリカのイスラームの歴史的側面に焦点を当てる。そして，時代によってイスラームの主要な担い手や「正しいイスラーム」の概念が変化してきたことを示す。これらの歴史背景をふまえ，第11章ではなぜスンナの医学が現在，盛んに実践されているのか，について分析する。

　終章では東アフリカのタリーカとスンナの医学のそれぞれに立てた問いに対する答えを述べ，東アフリカにおける民衆のイスラームとは何かについて考察し，今後の展望を述べる。

第Ⅰ部

東アフリカにおける民衆のイスラームへの視座

　第Ⅰ部では，東アフリカにおける民衆のイスラームを考察していくうえで必要となる民衆イスラーム論と，東アフリカ沿岸部の概要について詳述する。東アフリカのイスラームは田舎イスラームであり，民衆のイスラームはさらに，「土着の」要素が混交したものであると研究者から評されることがある。本当にそうであるのか，本書全体をとおして検討していく前提として，ここではこれまでの民衆イスラームの先行研究と，本書の舞台となる東アフリカ沿岸部を概観する。

第1章
民衆のイスラーム

　本章では，本書のテーマである民衆のイスラームについて詳述する。第1節では，議論の前提となる民衆のイスラームの定義を整理する。第2節では，これまで先行研究で議論されてきた民衆イスラーム論を概観する。そして第3節では，東アフリカにおける民衆のイスラーム研究について考察する。

1　民衆のイスラームとは何か

　ムスリムの日常生活の中には，様々な場面でイスラーム的要素を見出すことができる。例えば食事をするとき，始めに「ビスミッラー……（Ar：bi-ism Allāh，神の名の下に……）」と言い，食べ終えると「アルハムドゥ・リッラー（Ar：al-ḥamdu lillāh，神に讃えあれ）」と言うように，どちらにも神を意味する「アッラー（Ar：Allāh）」の語が含まれている。人々のイスラーム実践は，1日5回の礼拝のように，日に数回行うものから，断食やイスラームの祝祭への参加，聖者の墓への参詣など，ある特定の日に行うものまで様々である。各個人によって信仰の程度は異なるとはいえ，ムスリムであれば基本的にイスラームの規範に基づいて考え，行動しているのである。

　日本においてイスラームは，礼拝や1カ月に及ぶ断食など，戒律の厳しい一神教であると認識している人が多いであろう。しかしながらムスリムたちは，実は我々日本人と似たような実践も行っている。例えば，東アフリカ沿岸部のムスリムは，イスラームの行事や人生の節目のときに親族の墓参りをし，墓前でクルアーンの一節や祈禱文を朗誦する。これは，我々が盆に墓参りに行き，墓の前で手を合わせて祈る様子に似ている。また，ムスリムの中には安産祈願

9

第Ⅰ部　東アフリカにおける民衆のイスラームへの視座

や交通安全などのお守りを身につけている人もいる。民衆のイスラームとは，このような人々の日常生活の中に根付いた実践である。

　民衆のイスラームは，かつてのイスラーム学者や現代のイスラーム知識人，イスラームの理念を強調するムスリムの間で，非イスラーム的要素であるとみなされる傾向があった。また，ヨーロッパの研究者たちも，以前は民衆のイスラームを，「民間信仰」や「迷信」としてとらえてきた［赤堀 2008：9］。しかしながら，エリート知識人や外部観察者にとっては一見，「非イスラーム的」にみえたとしても，当の実践者にとって，それはまぎれもないイスラーム実践なのである。

　そして，これまで脈々と受け継がれてきたイスラーム実践は，日常生活の様々な場面でみられ，人々の精神面を支えてきた。「イスラーム文化」や「イスラーム社会」，「イスラーム政治」，「イスラーム経済」などの言葉があるように，イスラームは宗教にとどまらず，社会生活を包括し，律するものである。民衆のイスラームもまた，イスラームの1つの形としてとらえる必要がある。

2　民衆イスラーム論に関する先行研究

　次に，これまでの民衆イスラーム論をめぐる研究をみていこう。先行研究ではイスラームの多様性を示すために，主に二分法が用いられてきた。先行研究で議論されてきた民衆イスラーム論については，赤堀雅幸が詳しく論じている［赤堀 2003］。

　赤堀によると，最初にイスラームのあり方を二分法を用いて示したのは，フォン・グリューネバウム（Gustave E. von Grunebaum）である［von Grunebaum 1955］。グリューネバウムは，人類学者レッドフィールド（Robert Redfield）がメキシコの農村社会を明らかにするために提示した「大伝統（great tradition）」と「小伝統（little tradition）」の概念を，イスラーム研究に取り入れた［赤堀 2003：193］。レッドフィールドの分析では，大伝統は少数の知的エリートが担う高度な文化である。それに対して小伝統は，多数を占める村落社会の無学な

人々が生活の中で担ってきた，低度な文化に相当するものである［Redfield 1956：70］。

　グリューネバウムはこの枠組みをイスラームの分析に取り入れ，学校やモスクで教えられ，宗教的エリート層が担う高度な文化である大伝統と，民衆の感情の受け皿であり，「公式には」否定されたり軽視されたりする小伝統があると主張した［von Grunebaum 1955：28］。この枠組みは，のちに「公式イスラーム（official Islam）」と「民衆イスラーム（popular Islam）」という概念でまとめられ，イスラーム研究者の間で議論を巻き起こした［赤堀 2003：194］。

　ゼイン（Abdul Hamid M. el-Zein）は，グリューネバウムの枠組みとほぼ同じではあるが，秩序ある「大文字単数形のイスラーム（Islam）」と，一般的な日常の経験である「小文字複数形のイスラーム（islams）」を提唱した［el-Zein 1977：242-243］。この小文字複数形のイスラーム（islams）の概念は，民衆のイスラーム実践が多様であることをより明確に示した［赤堀 2003：193-194］。

　これに対してアイケルマン（Dale F. Eickelman）は，「小文字複数形のイスラーム（islams）」の概念が，皮肉にも無意識的に，イスラームの教義を単一の本質主義的なものにしてしまうことや，ムスリムの多くが，イスラームの教義をもとに信仰を持ち，実践を行っていることを無視するものであると批判した［Eickelman 1982：1］。

　アルクーン（Mohammed Arkoun）やアズメフ（Aziz al-Azmeh）もまた，「大文字単数形のイスラーム（Islam）」は，それが唯一の独占的な正統神学（orthodox theology）であることを想起させるため，多様なイスラームの形を表現するには，「大文字複数形のイスラーム（Islams）」の概念が必要であると指摘した［Arkoun and Lacoste 1984：19；al-Azmeh 2009（1993）：1］。これらの二元論的分析枠組みは，その後も研究者の間で見解が分かれ，議論されてきたが，概念の用い方に違いがあるものの，よりイスラームの多様性を示すために苦心した様子がうかがえる。[1]

　ワールデンブルク（Jacques Waardenburg）は，そもそも宗教的権威を正当化する「公式的」社会制度を持たないイスラームにおいて，公式イスラームを論

じること自体に問題があると指摘した。なぜなら，イスラームにはキリスト教のように，聖職者を階層化する制度が存在せず，イスラーム知識人たちの権威は，彼らの個人的な宗教的知識に基づいているためである［赤堀 2003：194；大塚 1989：140］。そしてワールデンブルクは，「公式イスラーム」に代わる概念として，「規範的イスラーム（normative Islam）」を提唱した。彼によると，ムスリムにとっての規範的イスラームの基準は，クルアーンとスンナ（預言者ムハンマドの言行）である。預言者ムハンマドの死後は，宗教指導者がその役割を担ってきたという［Waardenburg 1979：357］。

　さらに大塚和夫は，「あらゆるイスラーム的信仰形態は，それがイスラームである限り，少なくともその信者たちの宗教的信条として，単一の『規範』を志向しているのであり，したがってすべからく『規範的』なものである」と指摘し，イスラーム的知識の多寡に着目した「知識人のイスラーム」と「民衆のイスラーム」の枠組みを提唱した［大塚 1989：142-145］。

　大塚によると，知識人とは何らかの手段でイスラーム教育を受け，多少なりとも権威あるイスラーム解釈を一般の人々に提供しうる者である。一方で民衆は，そのような資格や能力を持たず，受動的に他の権威者から宗教的に指導される者である。この枠組みは，例えばウラマー（イスラーム諸学を修めた知識人）とスーフィー（イスラーム神秘主義者，第3章1節で詳述）が，それぞれ公式イスラームと民衆イスラームを代表する存在とされてきたが，実際は両方を担う者が多く存在するという矛盾を解消した［大塚 1989：153-154］。

　しかしながらこれらの二分法は，イスラーム理解を深めるために設定されたものでありながら，結果的に「民衆のイスラーム」軽視を招くような枠組みであった。また，イスラーム社会の多様性を描くために持ち込まれ，修正されてきたものの，時代や地域によって異なるイスラームの動態をとらえきれない点が課題であった。

　そこでゲルナー（Ernest Gellner）は，ヒューム（David Hume）が『宗教の自然史（*The Natural History of Religion*）』（1956年）で主張した，宗教には多神教的な極と一神教的な極が存在し，現実の社会現象は両極を揺れ動いているとい

う振り子理論を，キリスト教やイスラームに当てはめて論じた。その2極とは
P極とC極で，ゲルナー自身は明言していないが，文脈から「P」は「ピュー
リタニズム（Puritanism）」，「C」は「カトリシズム（Catholicism）」の頭文字に
由来すると考えられる［Gellner 1969（1968）：128-130］。

　ゲルナーによると，P極は学識を重視し，信徒間の平等主義を説き，厳格で
儀礼や神秘主義を重視しない「正統な」イスラームであり，長期間継続するも
のである。一方のC極は，情緒的・感覚的で寛容な，儀礼と神秘主義の実践を
重視し，聖者などへの信仰を特徴とした，非継続的で，頻繁に変容するもので
ある。ゲルナーによると，キリスト教はC的，イスラームはP的傾向がある。
またゲルナーは，イスラーム内部においてもこの2極を見出すことができ，例
えばモロッコでは，政治的中枢と密接な関係にあるウラマーがP的，聖者を敬
う「辺境部族民」がC的傾向にあり，現実の社会現象は，この両極を振り子の
ように揺れ動くものであると指摘した［赤堀 2003：196；Gellner 1969（1968）：
130-131；大塚 1980：46-47］。

　ゲルナーは後に発表した『イスラム社会（*Muslim Society*）』（1983年）で，ヒ
ュームが提示した理論をもとに，両極を「潮の満ち引き」にたとえた［ゲルナ
ー1991（1983）：38］。さらに『自由の条件（*Conditions of Liberty*）』（1994年）で
は，イスラームを「高度な（high）」文化と「低度な（low）」文化の2つに分け
て論じた。ゲルナーによると，高度な文化は，都市的でウラマーと関連付けら
れ，低度な文化は，田舎の「部族的」なものであり，スーフィーや聖者に関連
付けられ，ダンスや音楽，精霊憑依儀礼など，神秘的で熱狂的な経験を強調す
るものである［Gellner 1994：17-20］。しかしながら，この分析枠組みは，低度
な文化の代表とされるスーフィーたちが，単なる田舎者であるとは限らず，イ
スラーム諸学にも精通していた事実をとらえることができないとして，大きな
批判を受けた［Morris 2006：99］。

　以上のように，これまでの研究では，多様なイスラームのあり方を理解する
ため，様々な視点からの分析枠組みが提示されてきた。これらの研究が，しば
しば見落とされがちであった民衆イスラームを，「正統な」「公式の」「規範的」

イスラームに対するものとして見出し，多くの議論が展開されたことは，言うまでもなくその後の民衆イスラーム研究の進展に大きく貢献した。

だが一方で注意しなければならないのは，本来，これまでに提示されてきた二分法の両者には，優劣はない点である。これまで用いられてきた「公式・規範／民衆」，「Islam／islams」，「知識人／民衆」という分析枠組みは，やはり前者（公式・規範，Islam，知識人）が優れており，後者（民衆，islams）は劣っているという印象を，読者に与えかねない。その結果，後者は研究対象としても軽視されてきた。

しかしながら，ムスリム自身にとってイスラームの概念はただ1つであり，日常の中の宗教実践は，疑う余地のない教義に基づくものである。何が「正しいイスラーム」であるのかを判断するのは，その地域のその時代に生きるムスリム自身なのである。

なお，本書では人々の日常のイスラーム実践を，「民衆イスラーム」ではなく，「民衆のイスラーム」と表記する。その理由は，「民衆イスラーム」ではこれまでの先行研究の議論の影響により，「正統な」「公式の」「規範的」イスラームの対極にある，「劣った」ものという印象を読者に与えかねないからである。表記としてはわずかな差ではあるが，これまでの民衆イスラーム論の中で劣ったものとしてみなされる傾向にあった「民衆イスラーム」とは一線を画し，むしろ民衆を主役としたイスラーム像を描くことを本書は目指している。

3　東アフリカにおける民衆のイスラーム研究

イスラームの本場と周縁

次に，東アフリカにおける民衆のイスラーム研究をみていこう。東アフリカの民衆のイスラーム研究は，他の地域に比べても蓄積が少ない。その理由の1つとして，中東がイスラームの「本場」であり，東アフリカが「周縁」として位置付けられてきたことがあげられる。小杉泰は，中東と東南アジアを例に，中東がイスラームの「中心」や「本場イスラーム」であるのに対し，東南アジ

アが「周縁」や「田舎イスラーム」として位置付けられてきたと指摘している [小杉 1999a]。

　そのように位置付けられてきた理由として，小杉は(1)中東のサウディアラビアにイスラームの2聖都であるマッカ（メッカ）とマディーナ（メディナ）が存在すること，(2)礼拝や巡礼などの信仰儀礼がこの2聖都と結びついていること，(3)クルアーンの内容がムハンマド時代のアラビア半島の状況を反映していること，(4)最後のイスラーム帝国であるオスマン帝国が中東にあったこと，(5)パレスチナ問題の発生，(6)終戦後の日本国内のイスラーム研究が中東中心であったことなどをあげている [小杉 1999a：126-131]。東南アジアのイスラームが「周縁」や「田舎イスラーム」と位置付けられてきたことは，東アフリカのイスラームにも同様に当てはめることができる。

　トリミンガム（John Spencer Trimingham）は，東アフリカのイスラームの信仰と儀礼を4体系，つまり(1)イスラーム（アニミズムや魔術的要素を含まないもの），(2)親族関係の儀礼（祖先崇拝，通過儀礼），(3)アニミズム（イスラームのアニミズム的要素を含む精霊崇拝），(4)魔術（土着の白魔術，イスラーム魔術）に分類した [Trimingham 1964：112]。

　この分類では，民衆のイスラームに関わる儀礼は，「(3)アニミズム」と「(4)魔術」に相当する。また実際のところ，「(2)親族関係の儀礼」の中にもイスラーム的要素が含まれる。(3)(4)についても境界が曖昧であり，(4)の中でも魔術を土着的なものとイスラーム的なものに区別しているが，そもそも7世紀にはすでに東アフリカに伝わっていたイスラームを，「土着」ではない外来の要素とみなす点も疑問である。このトリミンガムによる分類の背景には，(1)が「純粋な」イスラームであるのに対して，(2)〜(4)は「純粋ではない」「迷信的な」イスラーム的要素と土着の要素とが混交したものである，という認識がある。特に「(4)イスラーム魔術」についてトリミンガムは，副次的なものにすぎないと述べている [Trimingham 1964：97, 122]。

　キム（Caleb Chul-Soo Kim）は，前節のゲルナーと同様，公式イスラームと民衆イスラームの対立概念を用い，公式イスラーム（Official Islam）が「高度な

第Ⅰ部　東アフリカにおける民衆のイスラームへの視座

(high)」「正式な（formal）」ものであるのに対し，民衆イスラームは「低度な（low)」「民間起源の（folk）」ものであると分析した。キムはまた，スワヒリ・イスラーム（Swahili Islam）は，アフリカのローカルなイスラームであり，普遍的なイスラームとアフリカの伝統的要素を含んだ「低度なスワヒリ・イスラーム（Swahili low Islam)」とも述べている［Kim 2001：72-76, 320-321]。

　以上のように，東アフリカの先行研究においても民衆のイスラームは重視されず，常に迷信や土着的要素と混交したもの，二次的なものであるととらえられてきた。先行研究で示された分析枠組みは，多様なスワヒリ文化を理解するために提示されてきたにもかかわらず，結果として民衆のイスラームは軽視され，人々の間で育まれてきた豊かなイスラーム実践は，研究対象としては除外されたり見落とされたりしてきたのである。

　ここで再び，中東と東南アジアのイスラームを比較した小杉の議論に戻りたい。小杉は，どのイスラーム地域も「普遍的」なものと「地域的」「現地的」なものを兼ね備えており，中東もそれ以外の地域も本質的な違いはなく，全ての地域が固有のあり方においてイスラームをその地域に定着させるような作用が，イスラーム化の中に内在していると指摘している［小杉 1999a：124-125]。東アフリカもまた，イスラームの普遍的な要素と地域的な要素を兼ね備えてイスラーム化した地域であり，他の地域との間に優劣や本場／周縁のような差異は，存在しないのである。

　小杉はまた，ある地域のイスラーム化とは，同時にイスラームの地域化や現地化と相補的関係にある，動態的プロセスであると述べている［小杉 1999a：143]。つまりイスラーム化とは，単にある地域がイスラームを受容する過程ではなく，当該地域がイスラーム化するとともに，イスラームが「現地化」する相補的なプロセスである。いわば，現地のイスラーム化とイスラームの現地化が，同時的・補完的に生じるのである［小杉 1999b：370-371]。イスラームの現地化が，他ならぬイスラーム化なのである。しかしながら東アフリカ研究では，このようなイスラームの現地化こそが，「土着文化と混交した」「迷信的」イスラームとして論じられてきたのである。

第1章 民衆のイスラーム

イスラーム化は，アラビア半島以外でイスラームが受容された全ての地域で生じた現象であり，各地域が固有のイスラーム的要素を持っている。そのため，例えば東アフリカやインドネシアが，アラビア半島から地理的に離れた「イスラームの周縁」であるとして，田舎イスラームと評されるいわれはないのである。研究者の先入観や偏見によって，田舎イスラームと評されてきた人々の営みは，その地域のまぎれもないイスラームの形である。これまでの先行研究の事例を東アフリカ固有のイスラームととらえ直すことは，今後の東アフリカにおける民衆のイスラーム研究の進展にも繋がるであろう。

同時に，現在のアラビア半島（特にサウディアラビア）のイスラームが「純粋なイスラーム」ではないことにも注意しなければならない。たしかに現在のサウディアラビアは，1932年に建国された際，クルアーンと預言者のスンナを重視するワッハーブ主義が国是となった。しかしながら，それ以前のオスマン帝国支配下において，サウディアラビアはイスラームの2大聖都を抱えているとはいえ，現在ほどイスラームに厳格ではなかった。現在のサウディアラビアの体制は，きわめて新しいものであり，それもまた，イスラームの1つの形としてとらえるのが妥当であろう。

ディニ（宗教）とミラ（伝統）

東アフリカの文化を考えるうえで用いられる概念として，「ディニ（Sw：dini, Ar：dīn，宗教）」と「ミラ（Sw：mila, Ar：milla，伝統）」があげられる。ディニは宗教の意味であるが，ここでは文脈上，イスラームをさす。ミドルトン（John Middleton）によると，ディニはイスラーム知識人や教師が規定する正統なイスラームの信仰や儀礼であり，神学的正統性とアラブ性に結びつけられる。それに対してミラは，その土地の知識や儀礼など，伝統的なものと関連する非イスラーム的あるいはイスラーム以前の信仰であり，非正統性とアフリカ性に結びつけられる［Middleton 1992：162］。

キムは，ミドルトンの提唱したディニとミラに「他の民衆イスラーム実践（other popular Islamic practices）」という概念を加え，東アフリカのイスラーム

17

第Ⅰ部　東アフリカにおける民衆のイスラームへの視座

はこの3要素が重なり合って形成されていると指摘する。しかしながら、キム自身も述べているとおり、東アフリカのイスラームの様々な事象を、この3要素に当てはめて明確な境界線を引くことは難しい［Kim 2001：78-79］。

　ディニとミラが民衆イスラーム論の分析枠組みと異なる点は、当事者である東アフリカの人々自身が、これらの言葉を用いて語る点である［Middleton 1992：162］。そのため、研究者がこの概念を分析枠組みとして用いる場合は、当然のことながら当事者たちが使用する用語とは明確に区別する必要がある。また、ディニとミラという用語は、当事者であるムスリムたちによって用いられるとしても、その語が意味する範疇は、時代と地域によって差があり、変化し続けることに注意しなければならない。

　本章では民衆のイスラームについて、先行研究で論じられてきた内容を中心に考察してきた。先行研究では、民衆のイスラームが軽視されたり、東アフリカがイスラームの周縁として位置付けられたりしてきた。しかし、日常生活の中で行う宗教実践は、東アフリカのムスリムにとって、まぎれもない正しいイスラームの形である。彼らの宗教実践を、東アフリカのイスラームのあり方の1つであるととらえて考察・分析することが、今後の東アフリカ文化研究では重要であり、本書の目指すところである。

注

(1)　例えば、サフィ（Omid Safi）（編）『進歩的ムスリム（*Progressive Muslims*）』（2003年）のなかでは、執筆者によって見解が分かれている。カッサム（Tazim R. Kassam）は、大文字単数形のイスラーム（Islam）を用いつつも、その語が均質な対象としてのイスラームを想起させるため、小文字複数形のイスラーム（islams）の語の方が適切であると述べている［Kassam 2003：142］。フセイン（Amir Hussein）は、ムスリムであることには、いかなる状況においても多様な形があるとして、大文字複数形のイスラーム（Islams）を用いる、と主張している［Hussein 2003：268］。

第2章
東アフリカ沿岸部の概要

本章では，東アフリカ沿岸部の地理と歴史，民族構成に焦点を当てる。東アフリカは，慣例としてはケニア，タンザニア，ウガンダの３国をさす。そのため，東アフリカ沿岸部とは，主にケニアとタンザニアの沿岸部と，その島嶼部である。第１節では，東アフリカ沿岸部の文化を考えるうえで重要な概念である「スワヒリ」について，地域名の由来を中心に述べる。第２節では，東アフリカの内陸部を含めた地理について，第３節では東アフリカ沿岸部の歴史について概観する。第４節では，ザンジバルにおける多様な民族構成について詳述する。

1　スワヒリ地域とは

東アフリカ沿岸部をさす「スワヒリ（Swahili）」の語源は，アラビア語の「サーヒル（sāḥil）」の複数形である「サワーヒル（sawāḥil）」に由来しており，その意味は「海岸」「水辺」「河畔」「縁」である［家島 1991a：101］。現在のスワヒリ地域は，地理的にはソマリア南部からモザンビーク北部にかけての海岸地方や島嶼部をさす（巻頭地図１）［菊地 2002b：549］。

東アフリカの地域名としてサワーヒルを用いた記録は，モロッコ生まれの旅行家イブン・バットゥータ（Ibn Baṭṭūṭa, d. 1368/9）のものが最古である［イブン・バットゥータ 1998：219］。イブン・バットゥータは1330/1年，マッカ巡礼を果たした後，南アラビア諸都市を経由して東アフリカ沿岸部のモンバサ（Mombasa, 現ケニア）とキルワ（Kilwa, 現タンザニア）を訪れた。

イブン・バットゥータによると，モンバサは規模の大きな島で，住民はスン

19

第Ⅰ部　東アフリカにおける民衆のイスラームへの視座

ナ派シャーフィイー学派[(1)]に属し，敬虔で慎み深い。また，イブン・バットゥータはキルワについても，大規模で華やかな町であること，住民の多くは「ザンジュ人（黒人）」で，シャーフィイー学派に属し，信仰深いこと，町を統治する王は寛大であることなどを記している［イブン・バットゥータ 1998：144-148]。

　イブン・バットゥータは，地勢的特徴から東アフリカ沿岸部をサワーヒルと呼んだが，現在のスワヒリという語はそれだけではなく，東アフリカを広く包摂する文化的・社会的特徴をも含む［家島 1991a：101]。[(2)]また，スワヒリ文化の主な担い手はムスリムであり，その文化や生活様式には，イスラーム的要素が色濃くみられる［福田 1997：244-245]。

　スワヒリ地域の言語や文化は，インド洋を往来する人々をとおして形成された。インド洋西部では，4月から9月にかけては南西から北東に，11月から3月にかけては北東から南西に向けて季節風が吹いており，紀元前後にはダウ（Sw：dau, Ar：dhaww, zaww）と呼ばれる木造帆船で，長距離交易が行われていた［福田 1997：210-212]。アラビア半島やインド西部出身のムスリム商人たちは，この季節風を利用してダウで東アフリカ沿岸部を訪れ，逆方向の季節風が吹くまで，商売をしながらとどまった。商人としてやって来たのは主に男性であり，彼らの中には東アフリカで妻子を持つ者も多かった［Brittain 1963：33]。[(3)]

　また，アラビア半島やインドは，西は地中海世界，東は東南アジアや中国へと繋がる海の東西交通路の中央に位置していた。そのため，東アフリカはアラビア半島やインドを介して，ヨーロッパや東南アジア・中国とも結びついた［福田 1997：214]。7世紀にイスラームが誕生して以降，時代によってイスラーム世界の文化的・経済的中心地は変遷していったが，東アフリカ沿岸部は，インド洋周辺地域における商業ネットワークの一部として，ペルシャ湾岸地域やアラビア半島南部（ハドラマウト［Ḥaḍramawt]）との直接的な繋がりを保ち続けた。このような状況下，東アフリカ沿岸部ではイスラームを基盤としたスワヒリ文化形成の基礎が築かれたのである［家島 1991a：110-116]。

第2章　東アフリカ沿岸部の概要

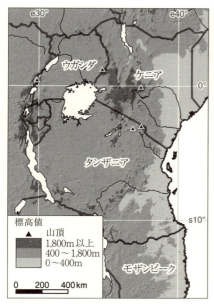

図2-1　東アフリカの地形
出所：アメリカ地質調査所［https://www.usgs.gov/］のデータをもとに著者作成。

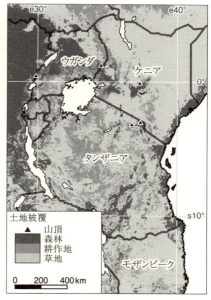

図2-2　東アフリカの土地被覆
出所：森林観測所［http://forobs.jrc.ec.europa.eu/products/glc2000/products.php］のデータをもとに著者作成。

2　地形がもたらした沿岸部と内陸部の関係

　東アフリカは，海抜400メートル以上の地域が大半を占め，冷涼な気候の地域が多い（図2-1）。また，これらの地域は草原が多く，比較的乾燥している（図2-2）。それに対して，海抜400メートル以下の地域は，沿岸から約80キロメートルの範囲に限られており，島嶼部も含めて高温多湿の熱帯気候となっている［Brittain 1963：85-89］。さらに東アフリカの海岸線は，ケニアの北側に隣接するソマリアに比べると非常に入り組み，多数の島が点在した複雑な地形となっている。そのため，東アフリカ沿岸部には他地域で起こった政変や災害から逃れてやってくる人々も多くいた。

21

第Ⅰ部　東アフリカにおける民衆のイスラームへの視座

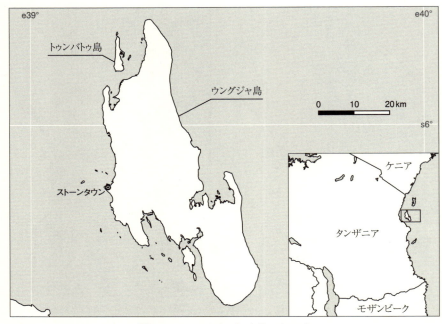

図2-3　ウングジャ島（ザンジバル）

　また，島嶼部はマングローブの低湿地と複雑な潮流により，内陸部住民の侵入を防ぐことが可能であった［Clarke 1960：18；家島 1993：314-316］。沿岸部の住民にとっても，低木が密集した内陸部への侵入は困難であった。このように，地形や気候が異なる沿岸部と内陸部の住民はそれぞれ，互いに緊張関係にありながらも，交易などを通じて関係を保っていた(4)。

　東アフリカ沿岸部諸都市の1つにザンジバルがある。ザンジバルは，タンザニア北東部から沖合約35キロメートルの場所に位置し，ウングジャ島（Unguja）とペンバ島（Pemba），さらに数十の小島からなる（巻頭地図2）。ザンジバルの総面積は2460平方キロメートルで，人口は約130万人である（2012年時点）［National Bureau of Statistics and Office of Chief Government Statistician 2014：2］。本書では特に断りのない限り，主要な調査地であるウングジャ島を「ザンジバル」と表記する（図2-3）。

第**2**章　東アフリカ沿岸部の概要

3　ザンジバルの盛衰——歴史的概要

　次に東アフリカ沿岸部の歴史について，主にザンジバルに焦点を当て，(1)交易都市が形成され始めた時期（8〜18世紀中頃），(2)ザンジバルがインド洋周辺地域の中心地となって繁栄した時期（18世紀中頃〜1870年代），(3)植民地支配が始まり，インド洋交易が終焉した時期（1870年代世紀末〜1963年），(4)独立後（1963年〜）の4区分に分けて詳述する。8世紀頃から取り上げる理由は，この頃からムスリムが東アフリカに居住して都市を形成し，その後のスワヒリ文化の形成に繋がっていったためである。

交易都市の形成〜ポルトガル支配（8〜18世紀中頃）

　東アフリカの沿岸部や島嶼部では，8世紀前半にはアラブ人居住地が形成され，それぞれが独立した都市となった。その中でも最初に繁栄をみせたのが，タンザニア南部に位置するキルワであった（巻頭地図1）[5]。1520年頃にアラビア語で書かれたキルワの歴史書である『キルワ年代記（*Kitāb al-Salwat fī Akhbār al-Kilwa*)』には，ペルシャのシーラーズ（Shīrāz）から王と6人の息子たちがそれぞれ船に乗って東アフリカ各地へ移住し，それらの息子のうちの1人がキルワの町を作った，と書かれている［Freeman-Grenville 1975：35；福田 1997：216；家島 1991a：109］[6]。キルワは，10世紀半ば頃に交易都市として発展し，11世紀になると金を産出するソファラ（Sofala, モザンビーク）やキルワ周辺の地域を支配下に置き，金や象牙，奴隷の輸出によって繁栄した。

　しかしその繁栄も，大航海時代の草分けとなったポルトガルの進出によって衰退し始める[7]。1498年，バスコ・ダ・ガマ（Vasco da Gama, d. 1524）率いるポルトガル艦隊が，モンバサとマリンディに寄港した。1505年，ポルトガルは主要な交易都市であったキルワ，ソファラ，モンバサを占領し，その4年後には支配下に置いた。東アフリカでのポルトガル支配が始まると，これらの交易都市は都市国家としての独立性を失い，それ以後，ポルトガルは約150年間にわ

23

第Ⅰ部 東アフリカにおける民衆のイスラームへの視座

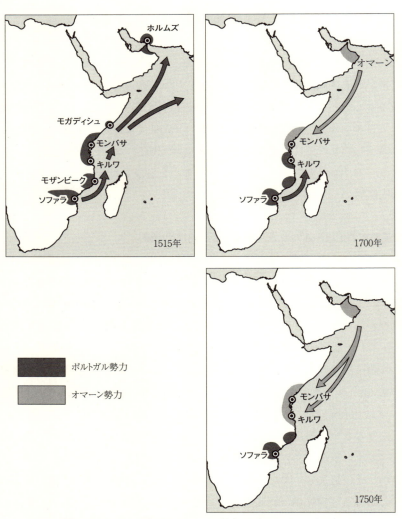

図2-4 オマーンとポルトガルの勢力図（1515〜1750年頃）
出所：Clarke 1960：39をもとに著者作成。

たって，東アフリカ沿岸部を支配し続けた。

1650年頃，今度は現在のオマーンで興隆したヤアーリバ朝（al-Ya'ariba，1624/5〜1720年頃）が，インド洋周辺地域で勢力を持ち始め，ポルトガルに支配されていた自国の領土やホルムズ海峡を奪還，1698年にモンバサを征服した（図2-4）。

ザンジバルの繁栄（18世紀中頃〜1870年代）

ヤアーリバ朝の後に成立したブーサイード朝（al-Bū Sa'īd, 1749年頃〜）が，本格的に東アフリカ沿岸部，さらにインド洋西部海域を支配し始めたのは，商人王とも呼ばれたサイード（Sa'īd bin Sulṭān, 在位：1806-1856）の治世であった（写真2-1）。1832年，サイードはブーサイード朝の首都であったオマーンのマスカト（Muscat）からザンジバルに渡り，オマーンとザンジバルの両地域を統治した。

サイードは，ブーサイード朝と対立関係にあり，自身の東アフリカ進出を阻むモンバサのマズルイ家（Sw：Mazrui, Ar：Mazrū'ī）を攻撃し，1828年頃に服属させた［福田 1997：230］。マズルイ家は，ヤアーリバ朝がモンバサを支配下に置いた際に，同地の地方総督を任ぜられた一族であり，サイードによる統治が始まる前，オマーンが内戦で混乱していたことに乗じてモンバサを中心に勢力を拡大した［福田 2002：913］。しかしながら，1830年代には，ほとんどの沿岸部諸都市がブーサイード朝の支配下に入った［Loimeier 2009：12］。

さらにサイードは，1837年にマズルイ家を滅ぼすと，ザンジバルを拠点とし，ソマリア南部からケニア，タンザニアにかけての沿岸部地域の支配を確立した。サイードは東アフリカ各地に税関を設け，関税収入を確保する仕組みを整えた。ザンジバルのプランテーションで栽培されたヤシの木やクローヴ（丁子），サトウキビに加え，内陸からは奴隷や象牙がもたらされ，輸出された（図2-5）［福田 1997：230-232；Loimeier 2009：13］。[8]

また，歴代のザンジバル王たち（表2-1）は，イスラーム法に基づいた統治を進めるため，特に現イエメンのハドラマウトからイスラーム法学者を招聘し

第Ⅰ部　東アフリカにおける民衆のイスラームへの視座

写真2-1 サイード
出所：al-Maamiry 1988：XIV.

た。この頃から様々なタリーカの指導者もザンジバルを訪れて交易路を辿って活動し，沿岸部や内陸部のイスラーム化に大きく貢献した（第Ⅱ部で詳述）。

　しかしながら，1850年代以降，ザンジバルの財政は悪化していく。サイードは，「ワカーラ（Ar：wakāla）」と呼ばれる代理契約によって共同事業を行う事業代行制度を採用し，請負人としてインド人のヒンドゥー教徒を雇用した［富永 2001：76-81］。インド人の中でも特にヒンドゥー教徒が徴税官として採用された理由は，イスラーム法では利息の徴収が禁止されており，ムスリムよりもヒンドゥー教徒に任せた方が運営上，好都合であったためである。また，ヒンドゥー教徒たちは金融や資金管理にも精通していた［福田 1997：239］。

　徴税官に与えられた権限は大きく，厳しい財政状況のザンジバル政府は，徴税官への請負金に依存し，インド人商人への借金も増大していった。財政悪化は1856年にサイードが亡くなった後も続き，対するインド人は，経済力を高め

26

第2章 東アフリカ沿岸部の概要

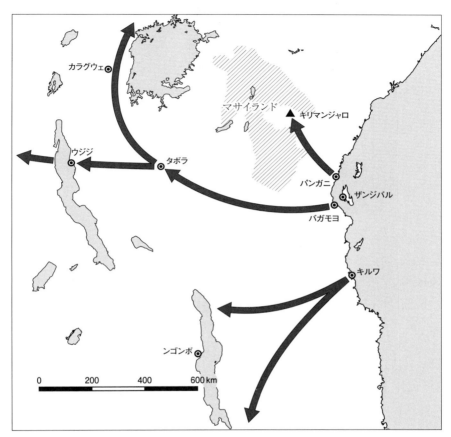

図2-5　内陸部への交易路（1820～1875年）
出所：Clarke 1960：57をもとに著者作成。

第Ⅰ部　東アフリカにおける民衆のイスラームへの視座

表2-1　歴代のザンジバル王

	王　名	在　位
1代目	サイード・ビン・スルターン（兼オマーン王）	1806-1856
2代目	マジド・ビン・サイード	1856-1870
3代目	バルガシュ・ビン・サイード	1870-1888
4代目	ハリファ・ビン・サイード	1888-1890
5代目	アリ・ビン・サイード	1890-1893
6代目	ハメド・ビン・スワイン	1893-1896
7代目	ハムード・ビン・ムハメド	1896-1902
8代目	アリ・ビン・ハムード	1902-1911
9代目	ハリファ・ビン・ハロウブ	1911-1960
10代目	アブドゥッラ・ビン・ハリファ	1960-1963
11代目	ジャムシド・ビン・アブドゥッラ	1963-1964

ていった［富永 2001：76-81］。ザンジバル在住のインド人は増え続け，1840年代末には約1000人であったインド人人口は，1924年には約11万人，1948年には約40万人に達した［福田 1997：239-241］。

　また，サイードが亡くなると，息子たちの間で後継者争いが起こった[9]。ザンジバルでマジド（Majid bin Said，在位：1856-1870）が自らを王であると宣言すると，オマーンにいた長男のスワイニー（Thwaynī bin Said）は激怒し，自らがザンジバルとオマーンの統治権を継ぐことを主張したが，イギリスが仲裁に入り，マジドが2代目ザンジバル王，スワイニーがオマーン王（在位：1856-1866）に就任した［al-Maamiry 1988：14］。その結果，サイードの時代の領土はザンジバルを含む東アフリカ沿岸部とオマーンに分割して統治されることとなった。

イギリス保護領時代（1870年代～1963年）

　1870年代になると，ザンジバルの繁栄にさらに陰りがみえ始める。1872年，ハリケーンの到来によって，ザンジバルのほとんどのクローヴ農園は，壊滅的な被害を受けた［Loimeier 2009：15］。1873年にはイギリスからの圧力を受け，奴隷を内陸部から連れてくることも，ザンジバルから他国へ輸出することも全面的に禁止された［Gilbert 2004：60］。

　この頃，西欧列強によるアフリカ大陸での植民地獲得競争は激しさを増して

いた。1888年には初めて明確な国境が画定され，現在のケニアはイギリス領，タンガニーカ（現タンザニア本土）はドイツ領，ザンジバルは1890年にイギリスの保護国となった。ザンジバルの領土は，島嶼部と沿岸部から約16キロメートルの範囲に限定され，元ザンジバル領であった他の本土側の領土は，タンガニーカに組み込まれた。国境画定によって，内陸部と沿岸部の交易を通じた繋がりや，インド洋での交易活動は制限されることになった。

イギリスはザンジバルを保護国とする際，王に内政不干渉を約束した。しかし，ザンジバル政府には国家予算や公務員の給与計画，銀行口座や台帳などがないことがわかると，イギリスは早くも保護国化した年に，内政に関与し始めた［Pouwels 1987：164］。イギリスは王の財政と政権運営を担った。さらに，イギリス側の承認のみで西欧人の役人を置き，財務，陸軍，警察，税関，郵便，公共事業を管理した［Flint 1965：642-643］。

第5代アリ王（Ali bin Said，在位：1890-1893）が亡くなると，王の権限はさらに弱まった。イギリスは，王位継承に関する法律の曖昧さを利用し，任命権を行使して新しい王を選んだ。当初，ハリド（Khalid bin Bargash）が伝統的な様式に則って自身を王に任命しようとしたが，イギリスはそれを拒んだ。そしてイギリスは，自分たちにとって都合の良いハリドの従兄弟にあたるハメド（Hamed bin Thuwain，在位：1893-1896）に王位を継承させた。ハメドの職権は，儀礼的機能や行事のみに縮小され，王の財政状況もさらに悪化した［Flint 1965：644］。

1896年，ハメド王が亡くなると，再びハリドが自らを新しい王であると宣言した。これに対し，ハリドの兄であるハムード（Hamoud bin Muhamed，在位：1896-1902）を継承者に決めていたイギリスは，艦船から王宮を砲撃した（写真2-2）。ハリドはわずか45分で降伏し，国外に亡命した［富永 2001：130］。そしてイギリスによってハムードが王に任命され，その後の政権運営は完全にイギリスが掌握した。

政治的主導権を握ったイギリスは，ザンジバル住民を大きくアラブ人，インド人，アフリカ人に分け，分割統治を行った。イギリスはアラブ人を最も優遇

第Ⅰ部　東アフリカにおける民衆のイスラームへの視座

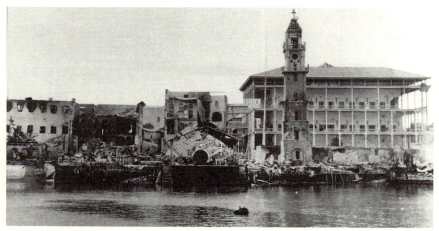

写真2-2　イギリスの砲撃を受けて破壊された王宮（左）
出所：Sheriff 1995：54.

し，次いでインド人，アフリカ人の順に序列化した。住民の間でこのような差異が明確化されると，各カテゴリーにおいて，自グループの利益を追求する組織が結成された（図2-6）。

　第1次世界大戦前に結成され，活動的であったグループは，アラブ協会（Arab Association）とインド国民協会（Indian National Association）であった。アラブ協会はオマーン系の有力な一族を中心に構成されており，彼らは行政官や教師，裁判官を務めた［Loimeier 2009：27-28］。また同協会は，奴隷所有者の権利を保護するため，奴隷交易が禁じられる時期に創設され（奴隷交易は1873年，奴隷制度は1897年に廃止），のちにアラブ人土地所有者の利益保護を主張した［Lodhi 1986：412］。アラブ協会は，1920年代に政治活動を始めたザンジバルで最初のグループでもあり，1950年代までザンジバルにおいて最も影響力のある政治組織であった。

　インド国民協会は，1905年に設立されたインド人商人協会（Indian Merchants Association）をもとに，1914年に結成された［Loimeier 2009：31］。同協会は商業や金融業に従事するインド人の経済的利益の保護を目指し，政治的には中立

第2章　東アフリカ沿岸部の概要

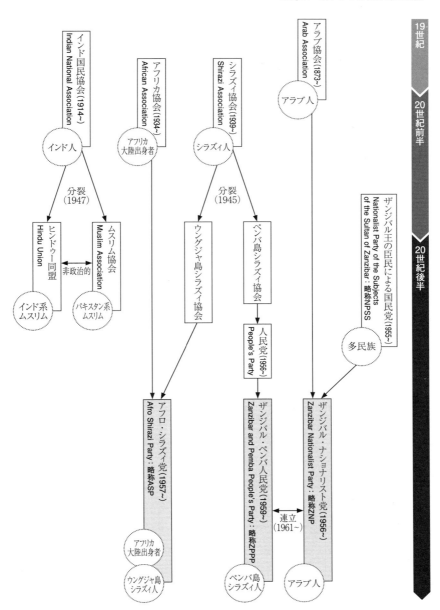

図2-6　19世紀後半以降にザンジバルで結成された主な組織

第Ⅰ部　東アフリカにおける民衆のイスラームへの視座

を保った［Lodhi 1986：412；Loimeier 2009：31］。1947年にパキスタンがインドから分離独立した際，同協会はパキスタン系のムスリム協会（Muslim Association）とインド系のヒンドゥー同盟（Hindu Union）に分裂した［Lodhi 1986：412-413］。

アフリカ大陸出身者は，1934年に移民労働者アフリカ協会（African Association of Immigrant Workers）という文化団体を設立し，のちにアフリカ協会（African Association）となった［Lodhi 1986：413］。1964年にザンジバルの初代大統領となるカルメ（Abeid Amani Karume, d. 1972）は，1939年にアフリカ協会の会長となっている［Loimeier 2009：31］。1940年代，アフリカ大陸出身者は，全ザンジバル人口の5分の1を占めるまでに増加していた［富永 2001：135］。また，「先住ザンジバル人」とされるシラズィ人（次節で詳述）は，1939年にシラズィ協会（Shirazi Association）を創設したが，第2次世界大戦後に分裂し，ウングジャとペンバで別々の団体を組織した［Lodhi 1986：413］。

1940年代になると，イギリス政府による空港拡張をめぐる土地取得に人々が反発し，1951年に反乱が起こった。1955年，「ザンジバル王の臣民による国民党（Nationalist Party of the Subjects of the Sultan of Zanzibar：NPSS）」が，キエンベ・サマキ（Kiembe Samaki，都市部ストーンタウンから南へ数キロメートルに位置する町）でアフリカ系の小作農や漁師を中心に結成されると，アラブ協会の一部のアラブ人たちも同党に加わった。

1956年，アラブ協会の指導者らがNPSS内で主導権を得ると，両協会は合併し，ザンジバル・ナショナリスト党（Zanzibar Nationalist Party：ZNP）を結成した。ZNPには潤沢な資金があり，知識人らも所属していたため，有力な政党に成長した［Lodhi 1986：413］。有権者の3分の1に相当するペンバ島のシラズィ人やインド人，コモロ人もまた，ZNPを支持した［Lodhi 1986：416］。

アフリカ協会とウングジャ島のシラズィ協会は，1957年にアフロ・シラズィ同盟（Afro Shirazi Union：ASU）を結成し，その直後にアフロ・シラズィ党（Afro Shirazi Party：ASP）に改称した。ペンバ島のシラズィ協会は，1956年に人民党（People's Party）に改称し，1959年にさらにザンジバル・ペンバ人民党

32

第**2**章　東アフリカ沿岸部の概要

表2-2　ザンジバル国政選挙における各政党の議席数

党　名	1957年7月	1961年1月	1961年6月	1963年7月
アフロ・シラズィ党（ASP）	3（ASU）	10	10	13
ザンジバル・ナショナリスト党（ZNP）	0	9	10	12
ザンジバル・ペンバ人民党（ZPPP）	0（人民党）	3	3	6
ムスリム協会	1	―	―	―
シラズィ系無党派	2	―	―	―
合　計	6	22	23	31

出所：Lodhi 1986：414をもとに著者作成。

（Zanzibar and Pemba People's Party：ZPPP）に改称した。

　1957年に実施されたザンジバル初の国政選挙では，ASU と ZNP の争いが予想されていたが，ASU が6議席中3議席を獲得し，ZNP は0議席に終わった（表2-2）。その他の2議席はペンバのシラズィ系無党派（Shirazi Independents），1議席はインド系のムスリム協会が獲得した。シラズィ系無党派は選挙後，ASU に加わった。選挙では ASU が圧倒的勝利を収めたものの，イギリスはその他，アラブ人4名，インド人2名を議員に任命した。つまりイギリスは最初から，自らの政権運営に都合の良いアラブ人やインド人を任命し，議会を操作しようとしていたのであった［Lodhi 1986：415］。

　その後行われた3回の選挙では，ASP と ZNP はほぼ同数の議席を獲得している。しかしながら1961年6月の選挙後，ZNP と ZPPP は連立を組んだため，議席数では ASP を上回り，政権与党となった［Loimeier 2009：45-46］。こうしてザンジバルでは，イギリス植民地政府と ZNP・ZPPP 連立政権主導のもと，独立に向けた準備が進められていった。一方の ASP の支持者であるアフリカ系住民（アフリカ大陸出身者やウングジャ島シラズィ人）は，単独で最も多くの議席を獲得したにもかかわらず，政治的主導権を持つことができないことに不満を募らせた［Martin 2007（1978）：56］。

第Ⅰ部　東アフリカにおける民衆のイスラームへの視座

独立後のザンジバル（1963年〜）

　1963年12月，ザンジバルは「ザンジバル王国（Sultanate of Zanzibar）」として
イギリスから独立し，ジャムシド（Jamshid bin Abdulla bin Khalifa，在位：
1963-1964）が11代目の王位を継承した（写真2-3）。政治面では引き続き，ZNP
（アラブ人主体）と ZPPP（ペンバ島シラズィ人主体）が主導権を握った。そのた
め，ZNP と ZPPP が率いる新政府側と，ASP 側との間で対立が起こった。新政
府は，アフリカ大陸出身の軍人たちを危険因子とみなして解雇したうえ，財政
難を理由に彼らが帰郷する費用も準備しなかったことから，元軍人たちの不満
は大きくなった。また，政府と敵対する政党は，激しく弾圧された。例えばウ
ンマ党（Umma Party，1963年〜）は，1964年1月6日に活動禁止を余儀なくさ
れた［Loimeier 2009：46］[12]。

　独立の1カ月後である1964年1月12日の明朝，ウガンダ人のオケロ（John
Okello）主導のもと，新政府に不満を持つ ASP の青年団員やウンマ党支持者，
解雇された元軍人たちが軍の武器庫や放送局，ザンジバル都市部の主要な場所
を制圧した（ザンジバル革命）［Loimeier 2009：46-47］[13]。ザンジバル政府は同日中
に降伏し，国王とその一族はイギリスに亡命した。ZNP と ZPPP のメンバーは
国政から一掃され，代わって ASP が政治の主導権を握った[14]。大統領は ASP の
指導者であったカルメ（任期：1964-1972）が就任し，ザンジバル・ペンバ人民
共和国（People's Republic of Zanzibar and Pemba）が誕生した（写真2-4）[15]。

　この革命によって，多くのアラブ人とインド人が，殺害されたりザンジバル
からの退去を命じられたり，女性はアフリカ系男性との結婚を強制されたりし
た［Martin 2007（1978）：68-69］。そのため，革命前にザンジバルに約2万人い
たアジア人（主にインド人）のうち，約1万3000人がダルエスサラーム（タンザ
ニア本土）やインド本国，イギリス，ケニアに移り住んだ。また，革命前に約
5万人いたアラブ人は，1964年末までに1万2000〜1万5000人がザンジバルを
離れた［Loimeier 2009：52］[16]。

　このように，ザンジバル革命後，人口の10％に相当する約3万5000人がザン
ジバルを離れ，その中には多くの知識人や技術者が含まれていた［Martin 2007

34

第2章 東アフリカ沿岸部の概要

写真2-3 第11代ザンジバル王ジャムシド
出所：al-Maamiry 1988：68-69.

写真2-4 初代ザンジバル大統領カルメ
出所：Martin 2007（1978）：58.

(1978)：71]。政府はこの人材流出の穴を埋めるため，主に社会主義国から技術者を招聘した。1960年代末には中国人700人，東ドイツ人200人，ロシア人50人がザンジバルに居住していた。中国人は医者や技術者，軍事顧問，農業の専門家，東ドイツ人は治安部隊の隊員や中学校教師，ロシア人は軍人として働いた[Martin 2007（1978）：60]。

　このような社会主義国との密接な繋がりに加え，ザンジバル革命がちょうどキューバ危機（1962年）の後に引き起されたため，ザンジバルは「アフリカのキューバ」とも呼ばれた。この状況を危惧したアメリカは，かつてザンジバルを保護領としていたイギリスに打開策を講じるよう求めた。それを受けてイギリスは，タンガニーカ大統領のニエレレ（Julius Kambarage Nyerere，任期［タンザニア大統領を含む］：1962-1985）に対し，ザンジバルと合併するように強く

35

第Ⅰ部　東アフリカにおける民衆のイスラームへの視座

表2-3　ザンジバルとタンザニアの歴代大統領

年	ザンジバル大統領	年	タンザニア大統領
1964	アベイド・アマニ・カルメ	1964	ジュリウス・カンバラゲ・ニエレレ
1972	アボウド・ジュンベ・ムィニ		
1984	アリ・ハッサン・ムィニ		
1985	イドリス・アブドゥル・ワキル	1985	アリ・ハッサン・ムィニ
1990	サルミン・アムール		
		1995	ベンジャミン・ウィリアム・ムカパ
2000	アマニ・アベイド・カルメ		
		2005	ジャカヤ・ムリショ・キクェテ
2010	アリ・モハメド・シェイン		
		2015	ジョン・ポンベ・ジョセフ・マグフリ

働きかけた（表2-3）。ニエレレは当初，難色を示したが，最終的にはイギリスの圧力に屈して承諾し，半ば強引に合併を進めた［Shivji 2008：72-76, 243］。

　初代ザンジバル大統領に就任したカルメは，タンガニーカとの合併が自身の政権運営に有利であると考え，1964年4月に合意した［Shivji 2008：98］。合併交渉は，限られた関係者によって極秘に進められ，ザンジバル側は大統領の側近でさえ決定後に初めて知らされたほどであった。そして，ニエレレを大統領，カルメを副大統領とする「タンガニーカ・ザンジバル連合共和国（United Republic of Tanganyika and Zanzibar）」が建国され，1964年10月には国名が現在の「タンザニア連合共和国（United Republic of Tanzania）」に変更された。

　カルメは，ASP をザンジバル唯一の政党であると宣言して敵対する者たちを追放し，独裁的な政治を行った［Lodhi 1986：416-417；Martin 2007（1978）：59］。また，ほとんどのプランテーションや土地，建物を国有化し，国営のザンジバル貿易会社（Zanzibar State Trading Corporation：ZSTC）が，クローヴなどの主な輸出品と，全ての輸入品を管理した。1971年，主食の米，小麦粉，砂糖は配給制となったが，配給はしばしば滞り，食糧不足が深刻化した。このようなあらゆるビジネスの国有化や技術者不足などから，ザンジバル経済は停滞していった［Lodhi 1986：416-417；Martin 2007（1978）：59-61］。

　社会面では，全ての学校が政府の管理下に置かれ，英語に代わってスワヒリ語が国語に採用された。また，アラビア語の出版物を販売していた店は閉鎖さ

れ，アラビア語の定期刊行物は出版禁止となった［Loimeier 2009：51；Martin 2007（1978）：59］。人々の生活面では，女性はタイトな服や短いスカートの着用，化粧，かつら，男性は半ズボンの着用や長髪が禁止された［Martin 2007（1978）：67］。タアラブ（東アフリカ，インド，アラブの影響を受けた，ザンジバル生まれの音楽）はアラブ的であるとして禁止され，あらゆる集会は政府の許可を要した。それは預言者ムハンマドの生誕祭やマクンドゥチ村（Makunduchi）で行われる新年祭（Sw：Mwaka Kogwa），さらに結婚式やダンス（Sw：ngoma）などの集会にまで及んだ［Loimeier 2009：54］。1972年4月，カルメは暗殺されたが，実行犯は未だ不明のままである。

　カルメの後継としてアボウド・ジュンベ・ムィニ（Aboud Jumbe Mwinyi，任期：1972-1984，以下ジュンベ）がザンジバル大統領に就任すると，専制政治は続いたが，経済の自由化が進み，食料品の輸入も解禁された。また，小学校に通う児童数も増加した［Martin 2007（1978）：71］。1977年にザンジバルのASPとタンザニア本土の単独政党であるタンガニーカ・アフリカ民族同盟（Tanganyika African National Union：TANU）が合併して革命党（Chama Cha Mapinduzi：CCM）を結成し，タンザニア本土とザンジバルの政治的関係が強化された。しかしその過程で，ジュンベは自身がニエレレの後任の大統領にふさわしいと主張したため，1984年に辞任に追い込まれた。

　ジュンベの後にはアリ・ハッサン・ムィニ（Ali Hassan Mwinyi，任期：1984-1985，以下ムィニ）がザンジバル大統領に就任した。彼の任期中，観光業の発展や湾岸諸国からの投資の推奨，司法制度の改革がなされた［Loimeier 2009：55］。しかし，ニエレレが1985年にタンザニア大統領の職を辞し，ムィニがその後任に選出されたため，ザンジバル大統領に就任してからわずか1年で，イドリス・アブドゥル・ワキル（Idris Abdul Wakil，任期：1985-1990，以下ワキル）が後を引き継いだ。

　ワキルの任期中，CCM内での権力争いが起こり，ザンジバルの政治と経済は停滞した。1990年の選挙でサルミン・アムール（Salmin Amour，任期：1990-2000）が大統領に選出されると，観光と貿易活動の促進によって，経済は

第Ⅰ部　東アフリカにおける民衆のイスラームへの視座

緩やかに回復した。また，1992年に複数政党制が導入されると，市民統一戦線（Civic United Front：CUF）が発足した。CUF は，これまで単独で政権を担ってきた CCM（元 ASP）の反対勢力であった，元ウンマ党から主なメンバーを募った［Loimeier 2009：56］。

　複数政党制が導入された後，初めて実施された1995年の国政選挙において不正や投票妨害が横行する中，ウングジャ島では CCM，ペンバ島では CUF が多くの票を獲得し，総合的には僅差で CCM が勝利した。そのため，次回の選挙では徐々に票数を伸ばしている CUF が勝つという期待が高まった［Loimeier 2009：57］。

　選挙後の1995～1998年にかけて，CCM 主導のザンジバル政府は，多くの CUF 支持者やペンバ島出身の官僚を解雇するなどした。1999年6月，次回の2000年の選挙に向けて，ザンジバル選挙委員会（Zanzibar Electoral Commission：ZEC）を改革するという条件で，CUF は CCM 主導の政府を承認した（ムアファカ［Sw：Muafaka, 合意]）。しかし，2000年の選挙が近づいても政府は選挙委員会を改革しなかった［Tronvoll 2006：234-235］。結局，2000年の選挙においても不正や不備，投票妨害が相次ぎ，結果的に初代ザンジバル大統領カルメの息子であるアマニ・アベイド・カルメ（Amani Abeid Karume）が，大統領選の勝利を一方的に宣言した［Keshodkar 2013：66］。

　選挙後，ザンジバルの治安は悪化し，300人以上が死亡，CUF 支持者が多いペンバ島からは約2000人がケニアへ避難した。この政治的混乱を受け，CCM と CUF は2001年，再び平和的な関係を維持することを掲げた「ムアファカⅡ」を締結したが，政府は前回同様に行動を起こさなかったため，2005年の選挙では再び混乱が起きる事態となった［Loimeier 2009：57］。選挙では，選挙委員会による妨害や投票者の不正，CCM 青年部隊による強迫行為が相次いだ。2007年，CUF は独立した選挙委員会と新しいザンジバル憲法が発布されなければ，2010年の選挙には参加しないと主張した。新憲法の発布という目的が CCM と CUF の間で一致すると，2009年9月，両者はマリズィアノ（Sw：Maridhiano, 和解）に合意した［Makulilo 2011：276］。

複数政党制導入後の 3 度の選挙を経て，ザンジバルの政局は大きく変わった。ウングジャ島での CUF 支持者が劇的に増加し，もともと少なかったペンバ島の CCM 支持者は，さらに減少した［Killian 2008：113］。2010年の選挙においても，ペンバ島住民の多くが選挙人として登録することを認められないなど，多くの問題があった［Makulilo 2011：273］。

マリズィアノでは，政治的混乱を避けるため，新しい連立政権が提案された［Bakari and Makulilo 2012：195-196］。2010年 7 月の住民投票で連立政権は承認され，2010年10月の選挙において，前タンザニア副大統領であった CCM のアリ・モハメド・シェイン（Ali Mohamed Shein）が50.1％の票を獲得し，初のペンバ島出身のザンジバル大統領となった。49.1％の得票という僅差で敗れた CUF 総書記のセイフ・シャリフ・ハマド（Seif Sharif Hamad）は，ザンジバル副大統領という新たに設置されたポストに就任した［Keshodkar 2013：68］。[18]

両者の関係は表向きには改善したようにみえたが，完全に良好になったわけではない。CCM は，「CUF がウアムショ（Sw：Uamsho，覚醒）のようなテロ行為を行うイスラーム組織と繋がりがある」と主張することで，CUF の信用を失墜させようとした［Loimeier 2009：58］。ウアムショ（正式名称：Jumuiya ya Uamsho na Mihadhara ya Kiislam, Association for Islamic Mobilization and Propagation）は，2002年に政府に NGO として登録されたザンジバルのイスラーム組織である［藤井 2015：183］。2004年，ウアムショは，ムフティー（法学裁定を出す法学者）の自宅や警察車両，酒場などに放火したとして，ザンジバル政府から「テロリストであるウアムショによる攻撃」と非難されている［Loimeier 2009：134；Terdman 2007：5-6］。しかしながら，ウアムショ自身はいずれの事件に対しても関与を否定している。

ウアムショは，2010年頃から，ザンジバルとタンザニア本土との連合体制の解消や政教一致などを主張し，多くのザンジバル住民からの支持を得るようになる。この背景には2010年に CCM と CUF が連立政権を樹立したことが大きく関係している。連立政権の樹立は，ザンジバルの政治的安定が目的であったが，両党は長い間対立関係にあったため，この決定に不満を持つ者も多く存在

第Ⅰ部　東アフリカにおける民衆のイスラームへの視座

した。それは CUF 側に顕著にみられ，CUF の支持者たちの中には，ウアムショに活動の場を移し，政治的発言を行う者もいたのである［藤井 2015：190］[19]。

4　イギリス統治以降の民族構成

　19世紀頃，ザンジバルには様々な出自を持つ人々が居住していた。その内訳は，先住のザンジバル人（ペンバ人，トゥンバトゥ人，「ハディム」を自称する人など），アフリカ大陸出身者，アラブ人（オマーン出身者，ハドラマウト出身者），インド人，マダガスカル人，コモロ人，イラン人，ヨーロッパ人などであった［Loimeier 2009：22］。

　ザンジバルの住民たちが自らの出自を明確に意識するようになったのは，イギリスの保護国時代であった。イギリスは1910年から，ザンジバルの人口調査を開始した。特に本格的な調査が始まったのは1924年で，それ以降ほぼ10年ごとに実施された[20]。前節でも述べたとおり，イギリスは，イギリス人を最高位として，上から順にアラブ人，インド人，アフリカ人に分類し，分割統治を行った［富永 1989：3-4］。

　明確に差異化されたこの分類は，その後，民族間の対立や，独立に向けての解放運動を引き起こした点で非常に重要である。そのため本節では，このイギリスの資料をもとに，アフリカ人，インド人，アラブ人が，どのような人々によって構成されていたのかについて概観する。

アフリカ人

　イギリスはアフリカ人をザンジバル社会の最下層に位置付け，さらに自己申告に基づいてコモロ人（Comorian），大陸アフリカ人（Mainland African），「先住の」アフリカ人（'indigenous' Africans）の3つに分類した。そして，大陸アフリカ人をさらにマニェマ人（Manyema），ニャサ人（Nyasa）・ヤオ人（Yao），その他の4つのカテゴリーに分け，「先住のザンジバル人」をハディム人（Hadimu），トゥンバトゥ人（Tumbatu），ペンバ人，スワヒリ人，シラズィ人（Shirazi）の

5つに分類した [Fair 2001：30]。

コモロ人は，多くのザンジバル住民と同様，スンナ派シャーフィイー学派に属する。コモロと東アフリカ沿岸部は古くから交流があり，スワヒリ語とコモロ語の語彙や文法体系，儀礼など，文化的側面において多くの類似点がある。

マニェマ人，ニャサ人，ヤオ人は，かつて奴隷としてアフリカ大陸からザンジバルに連れてこられた人たちであり，19世紀のザンジバル人口の3分の2～4分の3を占め，1895年にはアフリカ人人口の85％が奴隷や解放奴隷であった（奴隷制度廃止は1897年）[Fair 2001：29-30]。ハディム人は，奴隷や使用人を意味するアラビア語の「ハーディム（khādim）」に由来しており，アラブ人が先住のザンジバル人につけた呼称であった。トゥンバトゥとペンバは，それぞれの島民に便宜的につけられた呼称であった [富永 1989：3-4]。

スワヒリ人とシラズィ人もまた，先住のザンジバル人であった [富永 1989：4]。スワヒリ人の現在の定義は，一般的には東アフリカの沿岸部や島嶼部に暮らす人々であり，インド洋交易によって栄えた商業都市民であり，スワヒリ語を母語とするムスリムである [菊地 2002b：549]。しかしながら，「スワヒリ人」という言葉が内包する意味は，時期によって変化した。その理由は，スワヒリ人を名乗った人々の多くが，そもそも本来の出身民族名を確認できない奴隷の子孫であり，スワヒリ人を名乗ること自体，奴隷の子孫であることを自ら申告していることと同じであったためである [富永 2001：134]。スワヒリ人を名乗っていた人々の間で「スワヒリ人＝奴隷」という認識が広がると，彼らは他の名称で名乗り始めた [Prins 1967：11；富永 1989：4]。1924年から3度実施された調査において，スワヒリ人を自称する人は約3万4000人（1924年），2066人（1931年），290人（1948年）と大幅に減少し続けた（図2 - 7）。

シラズィ人の呼称の由来は本章3節で述べたように，イラン南部の都市シーラーズの王侯たちが7隻の船に乗り，東アフリカ各地にたどり着いたという伝説に基づいている。シラズィ人は，このシーラーズからの移住者の子孫を自認する者たちである [福田 1997：216；家島 1991a：109]。シラズィ人人口は，1924年では約2万6000人であったが，1931年には約4万1000人にいったん増加

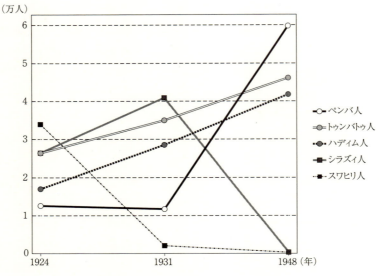

図2-7 「先住」ザンジバル人人口の増減
出所：富永 2001：133をもとに著者作成。

し，1948年には175人にまで減少している［Lofchie 1965：74-75；富永 1989：3］。このシラズィ人は，ペンバ島においては政治的に抑え込まれることなく，「中間層」のアイデンティティとしてより下層の人々を引きつけたために一時的に増加したが，1948年の調査においてイギリス当局は，出身を明らかにすることが目的である国勢調査では，シラズィ人は不適当と判断したため，住民たちはハディム人とペンバ人の名称を用いた［富永 1989：4-6］[21]。

インド人

インド人については，インド西部出身者が多く，ムスリム（シーア派十二イマーム派，シーア派ホージャー派，シーア派ボーホラー派，スンナ派ハナフィー学派，スンナ派シャーフィイー学派など）やヒンドゥー教徒，キリスト教徒などがザンジバルに居住していた[22]。サイード王の統治下，インド人たちは経済力を強め，活動の範囲を広げていった[23]。1819年頃にザンジバルにいたインド人は約200人

であったが，1840年代末には約1000人［福田 1997：239-240］，1870年には約3900人に増加した。その多くは，インド北西部のグジャラート州出身のシーア派ホージャー派（約2100人：貿易業者），シーア派ボーホラー派（約250人：ブリキ職人，鍵師，金物屋），スンナ派（250人以下）のムスリムであった。[24]かつてポルトガル領であったゴア出身のカトリック教徒の多く（約300人）は，事務官や会計係，公務員を担った［Martin 2007（1978）：34-36］。ヒンドゥー教徒は，前節で述べたように1820年頃からザンジバルの税関で徴税業務を請け負った［福田 1997：239］。

　また，1890年にザンジバルがイギリスの保護国となると，イギリスの植民地であったインドとの結びつきはさらに強まり，インド人人口は1924年には１万2903人，1948年には１万5211人に増加した［福田 1997：240-241］。インド人は商業や手工業の他にも教育分野で活躍したが，政治的には1963年にザンジバルが独立するまで，表立っての関与はしなかった［Loimeier 2009：31］。

アラブ人

　アラブ人は，大きくオマーン出身者とイエメンのハドラマウト出身者に分けられた。歴代のザンジバル王もオマーン出身のアラブ人であることや，イギリスはザンジバルに対して名目上，間接統治を行っていたことなどから，統治政策を実行するうえで，オマーン出身者を優遇しつつも都合良く利用した［Loimeier 2009：24-25］。

　その結果，イギリス統治下において「アラブ人」は統計上，急激に増加していった。実際，アラブ人人口は1924年に１万8884人（全体の8.7％）であったのが，1931年には３万3401人（14.2％），1948年には４万4560人（16.9％）に増加している［Lofchie 1965：74］。

　このアラブ人増加の背景には，スワヒリ人を自称していたアフリカ系の人々がアラブ人と名乗り始めたことがあげられる。前述のようにスワヒリを自称する人々は，同時期，急激に減少した（1924年：３万3944人，1931年：2066人，1948年：290人）。これについては，「スワヒリ」という語が奴隷と結びついて否定的

第Ⅰ部　東アフリカにおける民衆のイスラームへの視座

な意味で認識され始めたことに加え，アラブ人地主と元奴隷の間には多くの婚姻関係が結ばれたが，その場合，元奴隷とその子孫は，社会的地位を上げるため，アラブ人であると名乗ったことがあげられる［Loimeier 2009：25］。このときアラブ人であると名乗り始めた人の多くは，小規模農家や商人，小売店の店主などであった［Purpura 1997：160］。

　オマーン本国は，1970年にカーブース・イブン・サイード（Qābūs ibn Saʿīd, 在位：1970-）が国王として即位するまで，事実上の鎖国状態にあった。しかし，カーブースがオマーンの近代化を進めると，英語が堪能で教育レベルも高いザンジバル出身のオマーン人たちは重宝され，本国に戻った者も多くいた。また，1995年にはザンジバルからオマーンに戻ったアラブ人らによって，イスラーム教育のためのイスティカーマ・イスラーム学院（Maʿahad al-Istiqāma lil-Dirāsāt al-Islāmīya bi-Zinjibār）もザンジバルに設立されている［大川 2010：181-183］。(25)
このように，ザンジバルとオマーンは，現在まで緊密な関係を維持している。

　ハドラマウト出身者は，地形的に居住可能な場所が限られていたことに加え，政情不安や災害が起こった際，ハドラマウトから新天地を求め，インド洋周辺地域に離散していった［家島：1993；新井：2000］。東はインドネシアから，西は東アフリカ沿岸部まで，彼らはインド洋周辺の各地に存在する親戚や同郷人を頼り，比較的容易に移住先に溶け込むことができた［Le Guennec-Coppens 1989：186］。

　ハドラマウトは，少なくとも20世紀中頃までは高度に階層化された社会であった。階層の分け方には地域差があるが，上から順にサイイド（Ar：sayyid）層，シャイフ（Ar：shaykh）層，部族層，貧者・弱者層である。(26)最上位のサイイド層は，預言者ムハンマドの子孫とされており，主に学術や文芸，宗教活動を担ってきた。第2位のシャイフ層は，ムハンマド以前に南アラビアに現れた預言者や，その他の伝説的な人物に繋がる血統を持ち，サイイドと同様，宗教分野に携わってきた。第3位の部族層は，武装した血縁集団であり，半ば伝説的な各部族の英雄の子孫であるといわれている。第4位の貧者・弱者層は，祖先を辿ることができず，自らの名誉を守るだけの力を持ち合わせていない者た

44

第**2**章　東アフリカ沿岸部の概要

ちであった［新井 2002：217-218］。

　特に最上位のサイイド層の人たちは，高名な家系に属することと，預言者の子孫として彼らが有するとされる聖性から，移住先の東アフリカ沿岸部においても人々の尊敬を集めた［Le Guennec-Coppens 1989：186］[27]。サイイド層の人たちは生まれながらに有する特権によって，重要な宗教や裁判官の職に就くことができ，彼らの子孫にも受け継がれた。17世紀にオマーンが東アフリカ沿岸部支配に着手し始めたときには，すでにハドラマウト出身者の宗教権威は十分に確立されていた［Martin 1971：530］。ハドラマウト出身者は大多数のザンジバル住民同様，スンナ派シャーフィイー学派に属していたことからも重宝された[28]。

　19世紀になるとザンジバル王は，自国の統治制度を整備するため，さらにハドラマウトから多くのイスラーム知識人を招聘し，法学者や裁判官に任命した。19世紀のザンジバルにおいて，ハドラマウト出身者の占める割合は5％以下（アラブ人全体は約12％）であったが，イスラーム法学者の少なくとも4分の3以上が，ハドラマウト出身者で占められていた［Nimtz 1980：20-21］[29]。

　スワヒリ地域は，東アフリカの内陸部やインド洋周辺地域との交易活動をとおして経済的・文化的に発展してきた。特に18世紀中頃からザンジバルにおいてオマーンの影響が強まると，様々な出自を持つ人の往来も活発化し，イスラームに基づく統治制度も整備されていった。その後，イギリスの保護国となったザンジバルでは，分割統治によってアフリカ人，インド人，アラブ人の違いが明確化されたことから，これらのアイデンティティ別にグループが組織され，その後の政党の成立やザンジバル革命が起こるきっかけの1つとなった。

注
(1)　スンナ派四正統法学派の1つ。スンナ派には他に，ハンバル学派，マーリク学派，ハナフィー学派がある。シャーフィイー学派は他の3学派に比べて啓示的法源を重視する［柳橋 2002：459］。
(2)　イブン・バットゥータの記録以降の資料では長い間，サワーヒルやスワヒリという記述はみられなかったが，18世紀後半〜19世紀前半にインドのボンベイに政庁を置いたイ

45

第Ⅰ部　東アフリカにおける民衆のイスラームへの視座

　　ギリス人たちが，東アフリカ沿岸部の文化・社会を特有なものであるとして，はじめて
　　「Soowilees」や「Sowhyleses」などの名称を用いた［家島 1991a：122］。
(3)　イスラームでは，平等に接することを前提として，男性が同時に4人まで妻を持つこ
　　とを認めている。
(4)　ただし，内陸部だけをとっても多数の民族が居住しており，各民族は互いに緊張関係
　　にあった。
(5)　その他の交易都市としては，ブラヴァ（Brava），モガデシュ（Mogadishu，以上ソマ
　　リア），マリンディ（Malindi），モンバサ，ラム（Lamu，以上ケニア），キルワ，ザンジ
　　バル，バガモヨ（Bagamoyo，以上タンザニア）などがあげられる（巻頭地図1）。
(6)　7隻の船は，それぞれマンダ島（Manda），パテ島（Pate），マリンディ（Malindi），
　　モンバサ（Mombasa），ペンバ島，キルワ，アンジュアン（Anjouan，コモロ）に着い
　　たとされている［家島 1991a：109］。
(7)　キルワの衰退についてはその他にも，密接な繋がりを持っていたグレート・ジンバブ
　　エの衰退や，内陸部の民族からの攻撃が原因として考えられている［菊地 2002a：320］。
(8)　多くの奴隷たちが，内陸部からザンジバルを経由して，船で西アジアやインドへ送ら
　　れた。イスラーム法ではムスリムを奴隷にすることを禁止しており，沿岸部住民はすで
　　に多くがムスリムであったため，ムスリムが少ない内陸部の住民が，奴隷として連れて
　　こられた。ザンジバル内でもクローヴ栽培の労働力として奴隷が求められるようになり，
　　1850年代末のウングジャ島とペンバ島では，総人口約30万人のうち，20万人が奴隷であ
　　ったともいわれている［福田 1997：235-236］。
(9)　以下，ザンジバル王の名称は［al-Maamiry 1988］をもとに，スワヒリ語で表記する。
(10)　タンガニーカは第1次世界大戦でドイツが敗戦した後，イギリスの信託統治領となっ
　　た。
(11)　アフリカ協会は，本土側のタンガニーカで活動するタンガニーカ・アフリカ協会
　　（Tanganyika African Association：TAA）と密接な繋がりがあった。TAA はのちにタ
　　ンガニーカ・アフリカ民族同盟（Tanganyika African National Union：TANU）となり，
　　一党制をとるタンザニアの単独政党となる。
(12)　ウンマ党は，ZNP の若者たちによって結成された。彼らは1960年頃から，ザンジバル
　　におけるアラブ人の特権を批判し，王政の打倒とアフリカ系小作農への土地分配を主張
　　していた［Loimeier 2009：41］。
(13)　オケロは青年時代，建築資材のブロックを製造するためにザンジバルに渡った。1961
　　年に警官隊に入り，ペンバで ASP の指導者の1人となった。1963年12月，彼はウング
　　ジャ島に渡り，革命の準備を進めた［Martin 2007（1978）：57］。
(14)　ウンマ党は ASP に合流した。
(15)　オケロは，ウガンダ出身の外国人であることや，カルメの政策を支持しなかったこと

46

第**2**章　東アフリカ沿岸部の概要

などから，新政府にとっては疎ましい存在であった。革命後，オケロがケニア，タンガニーカ，ウガンダを歴訪し，1964年3月にザンジバルに戻ると，治安部隊は彼をダルエスサラームに強制送還した。その後，オケロはケニア，タンザニア本土，ウガンダで計約5年間投獄され，ザンジバルに戻ることはなかった［Martin 2007（1978）：58］。

⒃　そのうちの8000～1万人が出身国であるオマーンに移った［Loimeier 2009：52］。アラブ人の数は1972年までに，3500人まで減少した［Martin 2007（1978）：60, 69］。

⒄　ザンジバル南部に位置するマクンドゥチで毎年，7月の第3週に4日間開催される新年祭。この祭の起源はゾロアスター教にあるとされており，男性はバナナの茎（以前は棒が使われていた）で叩き合い，女性は人生や愛についての歌を歌いながら広場を練り歩く［Zanzibar.net］。

⒅　ハマドは1977～1988年までの間，CCMに所属しザンジバル州首相を務めたが，その後，CCMを除名された。1992年に複数政党制が導入されると，彼はCUFの立ち上げに大きく関わった。

⒆　さらに，これまでタンザニアとザンジバルそれぞれの憲法において，タンザニアの1つの州と記載されていたザンジバルの位置付けが，2010年に改正されたザンジバル憲法において，ザンジバルは1つの国家であると明記された。そのため，住民の「ザンジバル人」としてのアイデンティティが高まった。また，タンザニア連合共和国憲法も大幅な改正作業が進められており，2013年に出された草案には，「ザンジバルはタンザニア連合共和国を構成する2国のうちの1国である」と明記された。「ザンジバル人」としてのアイデンティティの高まりは，ザンジバル国家の樹立を訴えるウアムショの主張と合致し，結果としてウアムショは，ザンジバルにおいて多くの支持を集めた［藤井 2015：189-191］。しかし，2012年に最高指導者であるファリド（Farid Hadi Ahmed）を含む7人のウアムショ指導者が逮捕され，2015年の国政選挙時にザンジバル政府によって徹底的に活動を制限されると，ウアムショの活動はほとんどみられなくなった。

⒇　1924年以降は1931年，1948年，1958年，1967年，1978年，1988年，2002年，2012年に実施された［Loimeier 2009：541］。

(21)　しかしながら，シラズィ人としてのアイデンティティはその後も残った［富永 1989：6］。

(22)　ホージャー派とボーホラー派は，どちらもシーア派イスマーイール派の分派であるが，両者の違いは，ホージャー派がムスタアリー派である点である［井坂 2002a：892；2002b：896］。ムスタアリー派は，1094年のファーティマ朝第8代カリフ，ムスタンスィル（Abū Tamīm Ma'ad al-Mustanṣir billāh，在位：1036-1094）の死に際し，ムスタアリーのイマーム位（宗教指導者の座）を支持した人々によって形成された分派である［菊地 2002c：967］。

(23)　ザンジバルの経済的発展がインド人たちを引きつけた主因であろうが，ザンジバル―

47

第Ⅰ部　東アフリカにおける民衆のイスラームへの視座

インド間の交通網の改善や，シーア派マイノリティーとして彼らがインドで置かれていた状況も，移住の背景にあると考えられる［福田 1997：239-240］。

(24)　スンナ派は経済的には重要なグループではなかった［Martin 2007（1978）：34-36］。

(25)　イスティカーマ（Ar：istiqāma，まっすぐなこと，誠実）は，イバード派の精神を表す語として，イバード派の施設や組織名などに使用される［大川 2010：196］。

(26)　「部族」という用語は蔑称的なニュアンスを含むため，現在では使用を控える動きがあるが，イスラーム世界において部族（Ar：qabīla）と呼ばれてきた集団は，歴史的にも今日的にも重要な役割を果たしてきた社会的実体である［大塚 2002d：847］。

(27)　サイイドとして有力であった家系については，アブーバクル・ビン・サーリム家（Abū Bakr b. Sālim），ジャマル・ライル家（Jamal al-Layl），サッカーフ家（Saqqāf），アイダルース家（‘Aydarūs），バーカスィール家（Bā Kathīr），イブン・スマイト家（Ibn Sumayt）などがあげられる［Martin 1971：530］。

(28)　イバード派のオマーン出身者は，宗派の違いには寛容であったため，シャーフィイー学派の住民と対立することはなかった。

(29)　東アフリカ全体においても，イスラーム知識人の約85％がハドラマウト出身者であった。それに対してアフリカ系のイスラーム知識人は，3％以下にとどまっていた［Nimtz 1980：28］。

第Ⅱ部

東アフリカにおけるタリーカ

　　第Ⅱ部では，東アフリカにおけるタリーカ（イスラーム神秘主義教団）に焦点を当て，ザンジバルにおける「タリーカ」と「マウリディ」とは何か，について考察する。ザンジバルのタリーカは，困難な時期を経て消滅する教団がある中，柔軟に活動内容や組織形態を変えながら現在まで存続してきた。また，本来，預言者生誕祭を意味するマウリディも，タリーカと結びつきながら，ザンジバルではより広い意味で認識されてきた。現在のタリーカの姿とマウリディの意味の拡大は，東アフリカの民衆のイスラームを体現しているともいえる。

第3章
東アフリカのタリーカ

本章では，タリーカについての一般的な定義と歴史背景，先行研究の概観と現状について詳述する。第1節ではスーフィズム・タリーカに関する先行研究をもとに，タリーカについて概説する。第2節では，先行研究をもとに東アフリカにもたらされたタリーカの広がりについて，第3節では調査をもとに，現在のザンジバルに存在するタリーカについて詳述する。

1　タリーカとは

日本では「イスラーム神秘主義」と訳されることの多い「スーフィズム（sufism）」は，9世紀中頃，世を憂える一部のエリートの運動から始まった。[1]彼らは禁欲生活を送りながら個々に修行をしていたが，12世紀半ば以降に修行法が理論化されると，民衆を巻き込んだタリーカと呼ばれる教団が次第に形成され，世界各地に広がっていった。スーフィズムは民衆への広がりと組織化という新たな局面を迎えたのである［東長 1993：71-80］。

タリーカ（Ar：ṭarīqa）は，元来「道」を意味するアラビア語であり，スーフィズムの文脈では，真理，すなわち神そのものへ至る道をさす。タリーカの修行者は，スーフィー（Ar：ṣūfī）と呼ばれる。[2]神の名を繰り返し唱えて神との合一を目指す修行であるズィクル（Ar：dhikr）は，タリーカが組織され始めた12世紀にはすでに行われていた。

タリーカの修行方法は，それぞれの指導者の体験に基づいていたため，いくつかの流派が生じた。これらの流派もまたタリーカと呼ばれ，指導者の死後も弟子たちがその教えを継承しながら組織化し，教団の体裁を整えるようになっ

第Ⅱ部　東アフリカにおけるタリーカ

た。弟子に知識が伝授されると，それを証明する免状であるイジャーザ（Ar：ijāza）が指導者の名で発行される。イジャーザを受けた弟子は，代理人（Ar：khalīfa）として自らがその教団の指導者となることができる。また，教団としてのタリーカは，預言者ムハンマドにまでさかのぼることのできるスィルスィラ（Ar：silsila）と呼ばれる師弟関係の系譜を持つことによって，教団としての一体性を保持する［堀川 2002：616］。

　19世紀になるとタリーカは，イスラームが民衆レベルにはほとんど浸透していなかったインドや東南アジア，サハラ以南アフリカなどのイスラーム化に大きく貢献した。これらの地域において，それまでイスラームは高度な文明を持つ地域から来た人たちの宗教であったが，タリーカは既存の信仰や儀礼に寛容であったため，これらの地域においてイスラームが爆発的に広がるきっかけとなった［東長 1999：60-62］。

2　先行研究による東アフリカのタリーカ

　タリーカは，東アフリカではタンザニアを中心に普及している。本節では先行研究をもとに，タリーカの広がりについて，主要な教団をあげながら時代を追って詳述する。[3]

アラウィー教団（Sw：Alawiyya, Ar：al-Ṭarīqa al-Alawīya）

　東アフリカの多くのタリーカは，19世紀後半に沿岸部，特にザンジバルから入り，交易路を通じて内陸部にも普及した。しかし，アラウィー教団だけはすでに15〜17世紀頃から東アフリカ沿岸部で活動していた。

　アラウィー教団は，イエメンのハドラマウトで有力な教団であり，通称ファキーフ・ムカッダム（al-Faqīh al-Muqaddam）の名で知られるムハンマド・イブン・アリー（Muḥammad ibn ʻAlī, d. 1255）によって創設された。この教団は，預言者ムハンマドの末裔を名乗るハドラマウト出自の家系によって担われ，「神秘的な知」を継承してきた。ハドラマウト出身の特定の血族以外には広がらな

52

かったアラウィー教団員は，インド洋周辺地域に幅広く居住しており，東アフリカではケニアのラム島が主要な拠点となってきた［Bang 2003：33-34；Nimtz 1980：62］。

アラウィー教団がもたらすイスラーム思想や倫理，道徳，法体系などは，宗教としてのイスラームとその文化を柱とした国家体制を確立しようとする支配者たちによって，積極的に受容された［家島 1993：375］。アラウィー教団は，一般の人々の加入はなかったものの，東アフリカ沿岸部の文化と社会全般において，大きな影響を与えたのである。

カーディリー教団（Sw：Qadiriyya, Ar：al-Ṭarīqa al-Qādirīya）

カーディリー教団は，タンザニアにおける全タリーカの教団員数の約4分の3を占めるといわれるほど普及している［Nimtz 1995：183］。カーディリー教団は，アブドゥルカーディル・ジーラーニー（Muḥyī al-Dīn Abū Muḥammad ʿAbd al-Qādir ibn Abī Ṣāliḥ al-Jīlānī, d. 1166）を名祖とするタリーカである。彼はイラクで教育活動に携わり，死後の14～15世紀，彼の教えを伝えるために弟子たちによって教団が形成された。この教団は，最も初期のタリーカであり，イスラーム世界各地において多くの支派を形成した。そのため，カーディリー教団を名乗っていても組織としては一体ではなく，横の繋がりが希薄で，独立性が高い点が特徴である。

東アフリカには3つのカーディリー教団の支派がもたらされた。カーディリー教団が初めて東アフリカ沿岸部に伝えられたのは1875年頃で，フサイン・イブン・アブドゥッラー（Ḥusayn ibn ʿAbd Allāh al-Muʿin）によって，サウディアラビアのマッカからもたらされた。彼の教えは代理人たちによって，タンザニア南部のルフィジ地方（Rufiji）やキルワ，リンディ（Lindi），タンザニア内陸部のシニャンガ（Shinyanga），ブコバ（Bukoba），ムワンザ（Mwanza），マラウィのニャサランド（Nyasaland），モザンビークなどに伝えられた（図3-1）［Nimtz 1980：59］。

1889年になると，別のカーディリー教団の支派がウワイス・イブン・ムハン

53

第Ⅱ部 東アフリカにおけるタリーカ

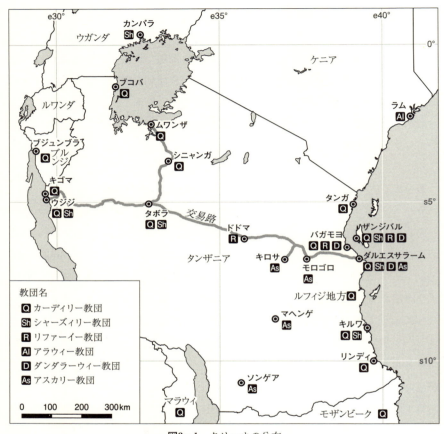

図3-1 タリーカの分布
出所：Trimingham 1964：99-101；Nimtz 1980：59をもとに著者作成。

マド（Uways ibn Muḥammad al-Bārāwī, d. 1909）によってもたらされた。この支派は，東アフリカのカーディリー教団の中で最も広く普及しており，内陸部でのタリーカの普及とイスラーム化に貢献した。ウワイスは南ソマリアのブラヴァ出身で，同地域でのタリーカの普及活動に成功した後，第3代ザンジバル王であったバルガシュによってザンジバルに招聘された［Nimtz 1980：57-59］。バルガシュの後継者である4代目のハリファや6代目のハメドも，ウワイスに対して経済的な援助を行い，同教団の活動を支えた。ウワイスの伝記にはバルガシュとハメドの名前が，代理人として記されている［Nimtz 1980：72-73］。

　ウワイスは多くの弟子を育てた。彼のもとからアフリカ系のイスラーム指導者が多く誕生したことは，同教団の普及とイスラーム化を促進させた。ザンジバルのトゥンバトゥ島（Tumbatu）出身であるシャウリ・ハジ（Shauri Haji, d. 1913）は，ウワイスからイジャーザを受けた後，ザンジバル北部で精力的に活動し，彼の教団は「キラマ（Kirama）」の名で知られた。シャウリ・ハジの弟子たちは，ザンジバルやダルエスサラーム，バガモヨ（Bagamoyo）といった沿岸部諸都市のほか，内陸部のタボラ（Tabora），ウジジ（Ujiji），キゴマ（Kigoma）などのタンザニア本土で，カーディリー教団の普及に努めた［Nimtz 1980：58-59］。

　また別のカーディリー教団の支派が1905年頃，ムハンマド・イブン・フサイン・ルーガーニー（Muḥammad ibn Ḥusayn al-Lūghānī, 没年不明）によってバガモヨにもたらされた［Nimtz 1980：59］。彼の代理人の1人で，通称ラミヤ（Ramiya）の名で知られたヤフヤー・イブン・アブドゥッラー（Yaḥyā ibn ʿAbd Allāh, d. 1931）が，バガモヨやタンガ（Tanga），その後背地に同教団を広げ，さらに彼の代理人たちによってウジジやマニェマ地方（Manyema, ザイール），ブジュンブラ（Bujumbura, ブルンジ），ルワンダなどに伝えられた［Nimtz 1980：59-60］。

シャーズィリー教団（Sw：Shadhiliyya, Ar：al-Ṭarīqa al-Shādhilīya）

　シャーズィリー教団は，モロッコ北部出身のアブー・ハサン・シャーズィリ

第Ⅱ部　東アフリカにおけるタリーカ

一（Abū al-Ḥasan ‘Alī ibn ‘Abd Allāh al-Shādhilī, d. 1258）を名祖とするタリーカ
で，現在ではエジプトやサハラ以南アフリカ，スリランカ，中国などで普及し
ている［私市 2002：453］。東アフリカに存在するのは，このタリーカのヤシュ
ルティー支派（al-Yashruṭīya）である。19世紀末，ザンジバルにこの支派を伝え
たのはコモロのモロニ（Moroni）出身で，通称ムハンマド・マアルーフ
（Muḥammad al-Ma‘rūf）の名で知られたムハンマド・イブン・アフマド
（Muḥammad ibn Aḥmad ibn Abū Bakr, d. 1905, 以下ムハンマド・マアルーフ）で
ある［Martin 1976：154］。

　ムハンマド・マアルーフの家系は，ハドラマウト出自で預言者ムハンマドの
血を引くとされており，代々アラウィー教団の構成員であった。彼はジェッダ
（Jidda, サウディアラビア）でクルアーンやタリーカについて学んだ。その後コ
モロに戻ると，彼はシャーズィリー教団ヤシュルティー支派の指導者であるア
ブドゥッラー・ダルウィーシュ（‘Abd Allāh Darwīsh, 没年不明）の代理人とな
り，コモロやマダガスカル北西部などで教団を広めた。

　ムハンマド・マアルーフは，公の場で植民地政府や王権を批判する演説を行
って政府から弾圧されると，1886年頃，コモロを後にして教団普及のために東
アフリカ沿岸部を歴訪した。ザンジバルではカーディリー教団の指導者である
ウワイスからもイジャーザを受けた。20世紀初め，キルワのフサイン・マフム
ード（Ḥusayn ibn Maḥmūd）が彼の代理人の１人となり，ダルエスサラーム，タ
ボラ，ウジジ，カンパラ（Kampala, ウガンダ）などで同教団を普及させた
［Martin 1976：155；Nimtz 1980：60］。[4]

　このタリーカは，中央集権的・ネットワーク的な組織運営を行っており，多
くの独立した支派からなるカーディリー教団とは対照的である。東アフリカの
シャーズィリー教団は，キルワのフサイン・マフムードが最高指導者の位置に
ある。そのため，教団に関係する指令は，アクレ（Acre, レバノン）にある教団
の国際本部からフサイン・マフムードへ送られた後，東アフリカ各地の指導者
たちに伝えられた［Nimtz 1980：60］。

第**3**章 東アフリカのタリーカ

リファーイー教団 (Sw：Rifaiyya, Ar：al-Ṭarīqa al-Rifāʿīya)

リファーイー教団は，イラク出身のアブー・アッバース・リファーイー (Abū al-ʿAbbās Aḥmad ibn ʿAlī al-Rifāʿī, d. 1182) を名祖とするタリーカで，13世紀にはエジプト，シリア，アナトリア（トルコ）に広がり，世界各地にも伝えられた。この教団は，アラビア半島の南端に位置するアデン (Aden) からザンジバルにもたらされ，バガモヨ近郊のカオレ (Kaole) をタンザニア本土側の拠点とし，ドドマ (Dodoma) などの内陸部にも広がった。リファーイー教団のズィクルは，マウリディ・ヤ・ホム (Sw：Maulidi ya Homu, モンスーンのマウリディ) と呼ばれている。この教団は，自身の身体に串を刺したり火を飲み込んだりヘビを操ったりなどの奇行を見せることで有名である [Nimtz 1980：62；Trimingham 1964：101]。

ダンダラーウィー教団 (Sw：Dandarawiyya, Ar：al-Ṭarīqa al-Dandarāwīya)

ダンダラーウィー教団は，モロッコ出身のアフマド・イブン・イドリース・ファースィー (Aḥmad ibn Idrīs al-Fāsī, d. 1827) によって設立された，アフマディー・イドリスィー教団 (Ar：al-Ṭarīqa al-Aḥmadīya al-Idrisīya) の支派である。東アフリカにはアフマド・イブン・イドリースの弟子であるエジプト人のアフマド・ダンダラーウィー (Aḥmad al-Dandarāwī) が，アフマディー・イドリスィー教団の支派としてダンダラーウィー教団を創設した。ザンジバルにはアフマド・ダンダラーウィーの弟子であるマフムード・イブン・ハーミド (Maḥmūd ibn Ḥāmid) によってもたらされ，その後，ダルエスサラームにも伝えられた [Nimtz 1980：61]。同教団は，他の東アフリカの沿岸部や島嶼部にも伝えられたが，あまり人々の支持を得ることができなかった [Trimingham 1964：102]。

アスカリー教団 (Sw：Askariyya, Ar：al-Ṭarīqa al-Askarīya)

アスカリー教団は，東アフリカで設立されたタリーカである。このタリーカは1930年頃，ダルエスサラームでイドリース・イブン・サアド (Idrīs ibn Saʿd,

第Ⅱ部　東アフリカにおけるタリーカ

没年不明）によって創設された。彼は当初，ウワイスからイジャーザを受けた
ザンジバルのカーディリー教団の指導者であるオマル・クッラタイン（Omar
bin Qullatain, 没年不明）のもとで修行をしたが，イジャーザを受けることがで
きなかった。その後，彼はダルエスサラームに戻り，高名なシャーズィリー教
団の指導者であったアブー・ハサン・アスカル（Abū al-Ḥasan al-ʻAskar, 没年不
明）の名を冠したアスカリー教団を創設した。彼はダルエスサラームで名声を
獲得し，急速に教団員を増やした。同教団はモロゴロ（Morogoro），キロサ
（Kilosa），マヘンゲ（Mahenge），ソンゲア（Songea）などのタンザニア中南部で
普及した［Nimtz 1980：60-61］。

その他の教団

　その他にも，サヌースィー教団（Sw：Sanusiyya, Ar：al-Ṭarīqa al-Sanūsīya），
ティジャーニー教団（Sw：Tijaniyya, Ar：al-Ṭarīqa al-Tijānīya），ハルワティー
教団（Sw：Khalwatiyya, Ar：al-Ṭarīqa al-Khalwatīya），ナクシュバンディー教団
（Sw：Naqshbandiyya, Ar：al-Ṭarīqa al-Naqshbandīya），アフマディー教団（Sw：
Ahmadiyya, Ar：al-Ṭarīqa al-Aḥmadīya），イドリースィー教団（Sw：Idrisiyya,
Ar：al-Ṭarīqa al-Idrīsīya）などが報告されているが，詳細は明らかではない
［Nimtz 1980：62；Trimingham 1964：98］。

　以上のように，東アフリカにおいてタリーカは，まず初めに沿岸部に伝えら
れ，交易路などを通じて内陸部へ広がった。タリーカが普及した地域は，現在
イスラームが普及している地域と一致する（図3-1）。また，特にタンザニアに
広くタリーカが普及した理由については，19世紀以降のオマーン支配により，
海・陸ともに交易網が整備され，タリーカの指導者の往来も活発になったこと，
イスラーム法に則った統治形態やイスラーム教育の整備に際し，タリーカの指
導者などのイスラーム知識人が必要とされたことなどがあげられる。

3　現在の東アフリカのタリーカ

　本節では，著者が2005年4～5月と2006年9～12月に実施したタリーカの指導者へのインタビューをもとに，現在のザンジバル（ウングジャ島・ペンバ島）のタリーカの活動について詳述する。特に2006年の調査では，島内50拠点のタリーカ指導者にインタビューを実施し，ザンジバルには少なくとも128のタリーカの活動拠点が存在していることが明らかとなった（図3-2, 3-3）[Fujii 2007b]。[6]

　この調査で明らかになった点は，都市部はもちろんのこと，ザンジバル（特にウングジャ島）のほぼ全ての村にタリーカの拠点となる場所が存在することと，タリーカの中でもカーディリー教団が，広く普及していることである。また，タリーカごとの活動内容は，修行の方法などが異なる程度で，違いはほとんどない。その理由について指導者たちは，教団は違っても神との合一を目指すことが，共通の目的だからである，と述べている [Fujii 2007b：136]

　ほとんどのタリーカの指導者は，同時に農業や漁業にも従事しており，出生地と居住地が活動拠点と同じである。指導者たちによると，教団員は登録制ではないため，正確な人数は不明であるが，各拠点において，大体数十人から数百人のメンバーが活動している。タリーカのメンバーとなるには，指導者が水の入ったコップを前に祈禱と誓いの言葉を口ずさみ，加入者がその水を飲んだり，指導者が祈禱と誓いの言葉を述べて加入者と握手をしたりする。教団同士の関係はおおむね良好であり，メンバーが複数の教団に所属したり，別の教団の行事に参加したりする場合もある。

　多くの拠点において，指導者は師弟関係の系譜であるスィルスィラが存在すると答えたが，中には数代前までしかさかのぼることができなかったり，指導者自身がスィルスィラについて知らなかったり，ないと答えたりする場合もあった。また，ザーウィヤ（Sw：zawiya, Ar：zāwiya）という修道場を有する拠点もある（写真3-1, 3-2）。しかし，建物内のスペースに限りがあることや建設

第Ⅱ部　東アフリカにおけるタリーカ

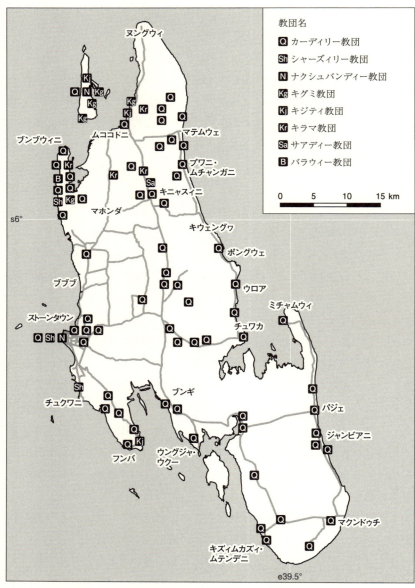

図3-2　ザンジバルのウングジャ島におけるタリーカの拠点
出所：Fujii 2007b：138を改変。

第3章　東アフリカのタリーカ

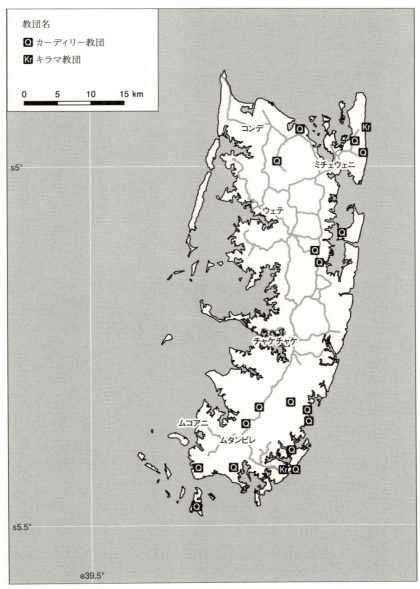

図3-3　ザンジバルのペンバ島におけるタリーカの拠点
出所：Fujii 2007b：138を改変。

第Ⅱ部　東アフリカにおけるタリーカ

写真3-1　修道場の外観
出所：2006年10月，著者撮影。

写真3-2　修道場の内部
出所：2006年10月，著者撮影。

第3章　東アフリカのタリーカ

費用がかかることなどから，多くの拠点では広場やモスクが活動場所となっている。

　このような活動スペースでは毎週，定期的に「ズィクリ（Sw：zikri）」という修行が行われる。ズィクリは本章1節で述べたアラビア語「ズィクル」のスワヒリ語であり，神の名を繰り返し唱えるスーフィズムの修行を意味する。各拠点ではズィクリに加え，預言者ムハンマドへの称讃詩や著名なタリーカの指導者を讃える詩などが朗誦される。木曜日の日没後にズィクリを行う拠点が多いが，その理由はイスラームでは日没後から1日が始まるとされており，集団礼拝を行う金曜日はすでに木曜日の日没後から始まっている，と考えられているためである。

　定期的に行われるズィクリはその他，預言者ムハンマドの生誕祭や著名な指導者の命日に加え，断食明けの祭や犠牲祭，葬式や死後40日の儀礼のときにも行われることがある。タリーカの教本には，主にアラビア語の書籍が使われる。それは次章で詳述する『バルザンジのマウリディ（Sw：*Maulidi ya Barzanji*, Ar：*Mawlid al-Barzanjī*）』や『カスィーダ（Sw：*kasida*, Ar：*qasīda*, 詩）』のように修行や儀礼の中で朗誦するものの他，『弟子の指導（Ar：*Tarbiya al-Murīd*）』や『聖者伝（Sw：*Manaakibu*, Ar：*Manāqib*）』，指導者が編纂したオリジナルテキストなども用いられている。

　いくつかのタリーカの拠点は，クルアーン学校も運営している。ザンジバルでは，5〜8歳になるとクルアーン学校に通い，イスラームやアラビア語の初歩を学ぶ。タリーカの指導者が運営するクルアーン学校ではこれらに加えて，ズィクリや預言者ムハンマドへの称讃詩なども教えられる。タリーカの指導者が運営しているか否かにかかわらず，どのクルアーン学校にも大小いくつかのタンバリンが設置されている。指導者がタンバリンを叩き，子どもたちがそれに合わせてアラビア語の詩などを朗誦し，身体で覚えていくのである。

　それでは次に，各教団に焦点を当ててみていこう。

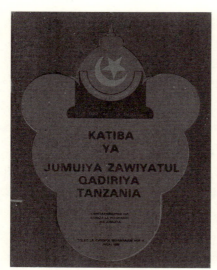

写真3－3　『タンザニア・カーディリー教団協会規約』の表紙

SILSILAH YA TWARIQATUL QADIRIYA UWEYSIYYAH
MAPOKEZI YA MKONO KWA MKONO KUANZIA
WA BWANA MTUME MUHAMMAD (S.A.W)

1. SAYYIDINA MUHAMMAD IBN ABDILLAH (S.A.W)
2. SAYYIDINA ALI BIN ABI TWALIB (K.W.)
3. SAYYID HASSAN EL-BISRIY (R.A.)
4. SAYYID HABIB EL-AJAMIY (R.A.)
5. SAYYID DAWOOD AT-TWAIY (R.A.)
6. SAYYID MAARUF EL-KARKHIY (R.A.)
7. SAYYID SIRRIY ES-SAQTIY (R.A.)
8. SAYYID ABUE-QASSIM JUMAYDI EL-BAGHDADIY (R.A)
9. SAYYID ABUBAKAR ASH-SHIBLIY (R.A)
10. SAYYID ABUL-FADH-LI ABDULWAHID ET-TAMIMY (R.A.)
11. SAYYID ABUL-FARJI ET-TWARSUSIY (R.A.)
12. SAYYID ABUL-HASSAN-EL-HIKARY (R.A.)
13. SHEIKH ABU-SAIDIL MUBARAK EL-MAKHZUMIY (R.A.)
14. SAYYID ABDULQADIR EL-JAYLANIY (K.S.)
15. SAYYID ABDUL AZZIZ (R.A.)
16. SAYYID MUHAMMAD EL-HITAKY (R.A.)
17. SAYYID SHAMSUDDIN BIN MUHAMMAD (R.A.)
18. SAYYID SHARAFUDDIN BIN SHAMSUDDIN (R.A.)
19. SAYIID ZAYNUDDIN BIN SHARAFUDDIN (R.A.)
20. SAYIID WALIYYDDIN BIN ZAYNUDDIN (R.A.)
21. SAYYID NURUDDIN BIN WALIYYDDIN (R.A.)
22. SAYYID YAHYA BIN NURUDDIN (R.A.)
23. SAYYID ABUBAKRI BIN YAHYA (R.A.)
24. SAYYID HISAMUDDIN (R.A.)
25. SAYYID MUHAMMAD DAR-WEISH (R.A)
26. SAYYID NURUDDIN BIN MUHAMMAD (R.A.)
27. SAYYID ABDULWAHHAB BIN NURUDDIN (R.A.)
28. SAYYID ISMAIL BIN ABDULWAHHAB (R.A.)
29. SAYYID ABUBAKRI BIN ISMAIL (R.A.)
30. SAYYID ABDULQADIR EL-QADIRY (R.A.)
31. SAYYID ALI EI-QADIRY (R.A.)
32. SAYYID MUSTAFA BIN SALMAN EL-QADIRY (R.A.)
33. SHEIKH UWEIS BIN MUHAMMAD EL-QADIRY (R.A.)
34. SAYYID OMAR QULLATAYNI EL-QADIRY (R.A.)
35. SHEIKH ABDALLA BIN HAMAD EL-QADIRY (R.A.)
36. SHEIKH MUHAMMAD NASSOR ABDULLA EL-QADIRY (R.A.)

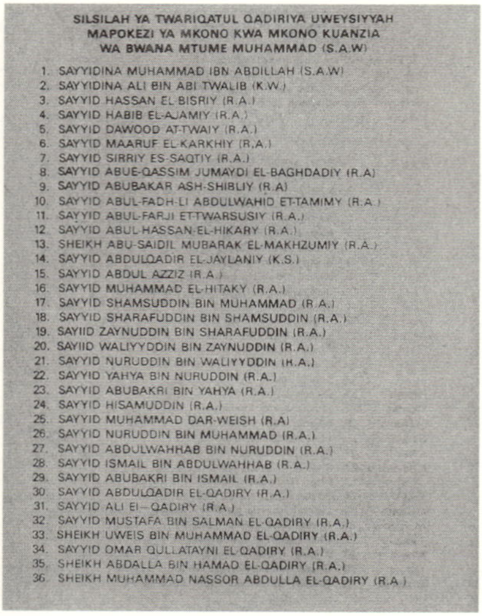

写真3－4　左の本の中に書かれているカーディリー教団のスィルスィラ
1番目に預言者ムハンマド，33番目に東アフリカに同教団を伝えたウワイスの名前が記載されている。

カーディリー教団

カーディリー教団は，タンザニアのアルシャ（Arusha）を本部とする「タンザニア・カーディリー教団協会（Sw：Jumuiya Zawiyatul Qadiriya Tanzania）」を組織している。この協会は，タンザニア国内での活動を基礎としながらも，ケニアやドバイ（アラブ首長国連邦），コンゴ，ブルンディなどにも拠点が存在し，国外での活動も行っている。タンザニアは，ケニア，コンゴ，ブルンディとは交易活動を通じて繋がりがあった。また，ドバイには1964年のザンジバル革命後，多くのアラブ人がザンジバルを出て移住した経緯がある。

ザンジバルにおけるカーディリー教団の中心拠点は，ストーンタウン近郊のウェレゾ（Welezo）である。ウェレゾには，カーディリー教団の修道場や有名な指導者の墓があり[(7)]，教団員にとって重要な場所となっている（2005年5月11日）。同協会は書籍の出版活動を盛んに行っており，著名な指導者の伝記や教

団員としての修行など，教団に関連した本をスワヒリ語やアラビア語で出版している。カーディリー教団の各拠点には協会の出版物が置かれており，組織図や規則，スィルスィラ，年中行事，協会が運営するクルアーン学校のリストなどが記されている（写真3－3，3－4）。

シャーズィリー教団ヤシュルティー支派

シャーズィリー教団は現在，ザンジバル南部に5つの拠点を持つ。ザンジバルの同教団の最高指導者は，都市部ストーンタウンの郊外に住んでいるハリファ・アリ（Khalifa Ali Aboud）で，さらに東アフリカの最高指導者は，ダルエスサラーム在住でレバノン出身のヌールッディーン・ガッサーニー（Nūr al-Dīn al-Ghassānī, d. 2007）である。[8]写真3－5のスィルスィラには，預言者ムハンマドからムハンマド・マアルーフ（東アフリカにこの教団をもたらした人物）までの名が記載されている。ムハンマド・マアルーフ以降は空欄になっており，これについてハリファ・アリは，「彼には多くの弟子がおり，書くとスィルスィラが汚れる。また，ムハンマド・マアルーフは非常に偉大な人物で，彼の後に名前を連ねることは畏れ多い」と述べていた（2005年5月5日，7日）。

リファーイー教団（マウリディ・ヤ・ホム）

リファーイー教団の指導者は，ザンジバル都市部のストーンタウンに居住している。指導者によると，この教団には活動拠点や，特定の行事は存在しない。そして現在では，もっぱら「ザンジバルの伝統文化」のパフォーマンスとして，同教団のズィクリが行われる。ズィクリは本来，スーフィズムの修行であるが，現在は祭などの主催者からの依頼があれば，ズィクリを披露するという。指導者は「出演料が支払われるならどこへでも行ってズィクリをみせる」と述べている。

この教団のズィクリは「マウリディ・ヤ・ホム（Maulidi ya Homu）」と呼ばれており，その意味は「モンスーンのマウリディ」である。ここでの「マウリディ」は，ズィクリの意味で使われている（マウリディの意味については第4章

第Ⅱ部 東アフリカにおけるタリーカ

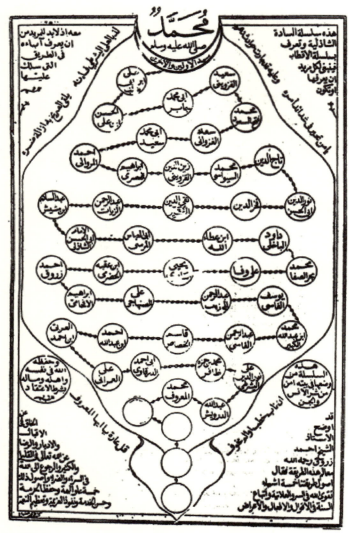

写真3-5 シャーズィリー教団ヤシュルティー支派のスィルスィラ
出所：Boulinier 1987：17.

第3章 東アフリカのタリーカ

写真3-6 ドンゲのモスク
右の建物の中にシャウリ・ハジの墓がある。
出所：2005年5月，著者撮影。

1節で詳述)。指導者によると，このズィクリはインド洋を往来するダウ船の帆が，季節風を受けて揺れる様子をあらわしている。また指導者によると，ザンジバルの人々は「マウリディ・ヤ・ホム」という名称で教団を認識しており，「リファーイー教団」という名称は知られていない（2005年5月4日)。

キラマ教団（Kirama）

キラマ教団は，ザンジバル北部のドンゲ（Donge）村にあるモスクを拠点とし，毎週木曜日，1日の最後の礼拝（午後8時すぎ）の後にズィクリを行う。また，ドンゲにキラマ教団を創設し，ズィクリの普及に務めたシャウリ・ハジの墓がモスクの隣に建てられている（写真3-6)。ドンゲ村には電気が通っておらず，ズィクリは真っ暗なモスクの中で，男性のみが行っていた。指導者が手拍子を打ちながらズィクリを先導し，それに続いて他のメンバーが神の名を繰り返し唱え，ズィクリを行うパターンが多い。女性である著者はモスク内に入ることは叶わなかったが，ズィクリに特徴的な小刻みな呼吸音が，モスクの外まで響いてきた。また，子どもたちのズィクリの声も，大人の声に交じって聞こえてきた。

67

第Ⅱ部　東アフリカにおけるタリーカ

　指導者によると，教団の正式名称は「ドンゲ・パンガマウア・シャーズィリーヤ・キラマ（Donge Pangamaua Shadhiliyya Kirama）」であり，「キラマ」はズィクリの名称である。指導者は，自教団がシャーズィリー系のタリーカであり，ドンゲがキラマ教団の中心地であると述べていた。また，タンザニア本土にはキラマ教団は存在せず，本土の他のタリーカとの交流もないが，ザンジバル内では他教団との交流があり，例えば預言者ムハンマドの生誕祭では，カーディリー教団やシャーズィリー教団と同じ場所でズィクリを行う，とのことであった（2005年5月5日）。

ドゥフ教団（Dufu）

　ドゥフ教団は，指導者によると，一般的なクルアーン学校の活動の中に組み込まれている。また，教団が創始された場所は，タンザニア本土の一都市であるタンガ（Tanga）であり，現在ではザンジバル全体に拠点が存在しているという。さらに，他の教団もドゥフ教団のズィクリを行うという。

　ドゥフ教団の指導者によると，彼自身はクルアーン学校の校長であり，子どもたちの教育の一環として学校でズィクリを行っているという。この指導者はスィルスィラを知らなかったため，著者が説明をすると，指導者はそのクルアーン学校の歴代校長の名前をあげた。また，使用している教本は，子どもがクルアーン学校で使用する道徳的な内容のものであった（2005年5月8日）。

　著者はドゥフ教団の指導者にインタビューを行う中で，そもそもドゥフ教団がタリーカであるのか疑問に思った。クルアーン学校の授業で使用するタンバリンが，ザンジバルでは「ドゥフ」と呼ばれており，預言者ムハンマドへの称讃詩が，タンバリンのリズムに合わせて朗誦される。この様子は，たしかに指導者の手拍子を伴うタリーカのズィクリと類似している。指導者に対してドゥフ教団がタリーカか否かを質問すると，指導者は楽器のタンバリンを打ち鳴らして朗誦するグループが，タリーカであると認識していた。実際，指導者によると，ドゥフ教団の拠点は，クルアーン学校の数と同じであるという。ザンジバルのタリーカの特徴については第5章で考察するが，さしあたり本節では，

第**3**章　東アフリカのタリーカ

同グループを指導者の説明にしたがい，タリーカと扱う。

キグミ教団（Kigumi）

キグミ教団は，足を地面に強く叩きつけながら喉の奥の方から声を出すのが特徴的なタリーカである。指導者によると，「キグミ」はタリーカ名である。また，入会費を払えば，誰でもキグミ教団に加入することができるという。スィルスィラについて指導者は，グループの創始年である1945年以降の指導者名に言及したのみで，預言者ムハンマドまでさかのぼることができるものではなかった（2005年5月8日）。

キジティ教団（Kijiti）

キジティ教団の指導者は，キジティをズィクリ名である，と答えた。また，キジティ教団はタリーカである，とも回答されたので，教団名を尋ねると，指導者はシャーズィリー教団である，と答えた。また創始年については1942年と比較的最近であり，スィルスィラについても創始者とされる4代前の指導者から始まっていた（2005年5月8日）。

ホチ教団，ハムズィーヤ教団（Hochi, Hamziyya）

この両教団については，指導者ではなく，トゥンバトゥ島での預言者生誕祭の開催前に，祭の主催者にインタビューを行った内容である。そのため，他の教団ほど情報は得られなかったが，創始年は両者とも約50年から100年ほどであり，ホチ教団に関しては，2代前までしかさかのぼることのできないスィルスィラであった（2005年5月8日）。

その他の教団

その他，ナクシュバンディー教団（Nakshbandiyya），サアディー教団（Saadiyya），バラウィー教団（Barawiyya）がそれぞれ1拠点ずつ存在していた。この3教団の中ではナクシュバンディー教団が先行研究で言及されていた[9]。サアディー教

69

第Ⅱ部 東アフリカにおけるタリーカ

団とバラウィー教団は，本調査でその存在が明らかになったタリーカであるが，ズィクリでカーディリー教団の名祖である『アブドゥル・カーディル・ジーラーニーの称賛詩（Sw：*Maulidi ya Jeilani*)』を用いることから，カーディリー教団から派生したタリーカであると考えられる。その他にも「キタング（Kitangu)」という教団名を聞いたが，詳細は不明である。

　本章では，東アフリカのタリーカの先行研究を考察し，著者の現地調査から，現在のザンジバルにおけるタリーカについて詳述した。その結果，特にウングジャ島全域にタリーカの拠点が存在し，その中にはスィルスィラを持たなかったり創始年が比較的浅かったり，ズィクリの名称が教団名になったりしているタリーカの存在が明らかとなった。

注

(1)　東長靖は，「イスラーム神秘主義」という邦訳が，スーフィズムの実態を十分にあらわしていないため，スーフィズムが神秘主義の要素を１つの核として持ちながらも，より広く日常倫理や社会変革の要素をも含んだものと考える必要性があると指摘している［東長 1999：53-57]。

(2)　スーフィーの言葉の由来については諸説があるが，有力説の１つに，修行者が預言者ムハンマドの生きた時代の質素な生活を理想形とし，羊毛であるスーフ（Ar：ṣūf）をまとって禁欲的な修行を行っていたためであるというものがある。

(3)　タリーカ名の表記は，代表的なタンザニアのタリーカ研究である［Nimtz 1980］に基づいている。

(4)　ウガンダは東アフリカの中で唯一，シャーズィリー教団が最も有力な国である［Nimtz 1980：60]。

(5)　カオレは現在，遺跡となっている。

(6)　本書では匿名性を保つため，一部を除いて具体的な調査地の言及は控える。図3-2，3-3は，タリーカの拠点が島全体に広がっていることを示すため，大体の場所を示している。

(7)　ウワイスの弟子であったオマル・クッラタインや，著名な指導者として知られるモハメド・ナッソル・アブドゥッラ（Mohammed b. Nassor Abdulla, d. 2003）など。

(8)　2007年にヌールッディーンが亡くなった後，彼の後任を引き継いだ者がいるのかは不明である。

第3章　東アフリカのタリーカ

(9) ナクシュバンディー教団は，1200年頃，中央アジアで誕生したスンナ派色が鮮明な教団であり，イスラーム法遵守の強調に特徴がある［東長 2002b：698］。

第4章
タリーカと預言者生誕祭

　預言者ムハンマドの生誕祭は，イスラーム世界では最も盛大に行われる宗教行事の１つである。本章では，著者がザンジバルで調査を行った預言者生誕祭について詳述する。第１節では預言者生誕祭をさすマウリディの意味の多様性と生誕祭の調査の概要について，第２節から第４節ではザンジバルの３カ所で行われた預言者生誕祭の事例をもとに，祭りの中でのタリーカの役割を明らかにする。

1　マウリディとは何か

　預言者生誕祭は，東アフリカでは「マウリディ（Sw：maulidi）」と呼ばれており，アラビア語の「マウリド（Ar：mawlid）」に由来する。マウリドの原義は「誕生の場所・時」で，転じて預言者ムハンマドや聖者の生誕祭を意味するようになった。東アフリカにおいてマウリディは，預言者生誕祭に加えて，預言者の生誕を祝う詩や誕生日，割礼，結婚式などの意味でも使われている[Trimingham 1964：95, 185]。

　ある調査協力者によると，マウリディはムスリムたちが神の恩寵に感謝して幸せを祝うものであり，上記に加えて出産や試験の合格などの祝い事，ヒティマ（Sw：hitima，服喪期間中にクルアーンを朗誦すること），アロバイニ（Sw：arobaini，死後40日目に行う儀礼），犠牲祭（Sw：Iddi Kubwa，マッカへの大巡礼の最終日にイスラーム世界各地で行われる祭り），断食明けの祭り（Sw：Iddi Ndogo），人生の通過儀礼などの他，カスィーダ（詩）やズィクリ（神の名を繰り返し朗誦するスーフィズムの修行）もマウリディと呼ぶ（44歳男性，2005年５月６日）。カ

73

第Ⅱ部　東アフリカにおけるタリーカ

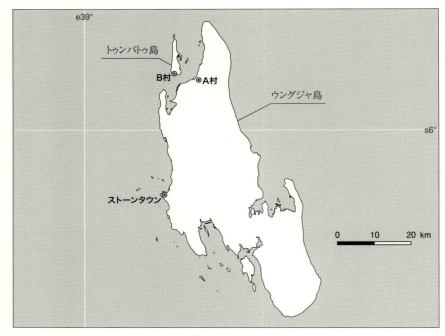

図4-1　調査地

スィーダやズィクリは，後述するように，預言者生誕祭の中で重要な要素となっている。

　預言者生誕祭の調査は，2005年4～5月の1カ月間，ザンジバルのウングジャ島とトゥンバトゥ島で実施した（図4-1）。この時期に調査を行った理由は，2005年は4月21日が預言者ムハンマドの生誕日にあたるためである。また，他のイスラーム世界の先行研究から，預言者生誕祭ではタリーカが盛大にズィクルを行うことが明らかであったため，ザンジバルにおいても預言者生誕祭を調査することで，多くのタリーカの儀礼の参与観察や指導者へのインタビューが可能となると考えられた。

　先行研究では，タリーカが東アフリカのイスラーム普及に重要な役割を果たした，という歴史的側面は明らかにされているが，現在のタリーカの活動につ

いて，全体像をとらえた研究がほとんどなかった。そのため，まずザンジバル
で現在どのようなタリーカが活動を行っているのかについて，明らかにする必
要があった。調査では第1に，預言者生誕祭を参与観察し，祭の構成を把握す
ること，第2に，各タリーカの指導者や，ザンジバルのタリーカに詳しいイス
ラーム知識人にインタビューを行い，タリーカの活動内容を把握することを主
として行った。

　イスラーム世界では一般的に，前日の日没後から1日が始まると考えられて
いる。そのため2005年は，イスラーム世界の慣例では4月20日の日没後から生
誕祭が開催されるはずであるが，ザンジバルでは4月21日の日没後から始まっ
た。さらに，ザンジバルで4月21日に行われた預言者生誕祭は，政府主催のも
ののみであり，その祭りを皮切りに，このヒジュラ暦3月が終わるまで，島内
各地で行われた。つまり，ザンジバルでは預言者の生誕を，その日1日だけで
はなく，約20日間をとおして祝うのである。

　生誕祭の実施日は各地域の主催者が決定するため，いつ，どこで祭りが行わ
れるのかについては，各地域の出身者や関係者に尋ねなければ，知ることがで
きない。また，政府主催の生誕祭には観光客の姿もわずかにみられたが，地方
の生誕祭に観光客の姿はなく，調査する際は，その土地の出身者に主催者と村
長を紹介してもらい，許可を得ることが必須である。

　調査では，異なる日時にザンジバルの3カ所で開催された預言者生誕祭の参
与観察を実施した。1カ所目は都市部ストーンタウン（Stone Town）でムハン
マドの生誕日当日に行われたザンジバル政府主催の預言者生誕祭，2カ所目は
北部のA村で行われた生誕祭，3カ所目はトゥンバトゥ島のB村で行われた生
誕祭である。

2　都市部ストーンタウンの生誕祭

　2005年4月21日，ザンジバルの都市部ストーンタウン南東部に位置するマイ
サラ広場で，預言者生誕祭が行われた。この広場は普段，青年たちがサッカー

第Ⅱ部　東アフリカにおけるタリーカ

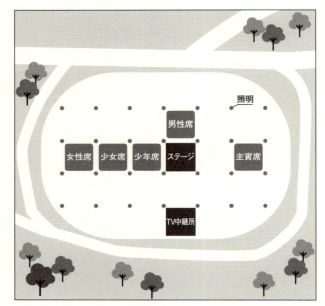

図4-2　マイサラ会場

場として利用している他，断食明けの祭りや犠牲祭のときなどに，多数の露店が並び，賑わいをみせる。この祭りはザンジバル政府が主催しており，翌日は祝日となる。都市部に居住するムスリムはもちろん，農村部からも多くの人がこの祭に参加する。

　会場は前日から本格的に設営され，蛍光灯が付けられた木のポールが等間隔に設置される。また，隣り合うポール同士を繋ぐように緑と白の旗が飾られ，会場を華やかにしている（図4-2，写真4-1）。緑と白は，イスラームでは好まれる色である。

　会場には開始15分前にはすでに多くの人が集まり，地面に敷かれたござの上に座っていた。会場に設置された舞台の前には，そろいの衣装をまとった少年たちが，十数人のグループごとに座っていた。子どもたちはカンズ（Sw：kanzu，白い貫頭衣）にコフィア（Sw：kofia，イスラーム帽）もしくはターバン（Sw：kilemba）を着用しており，デザインはグループごとに異なる。彼らは舞台上で

76

第4章 タリーカと預言者生誕祭

写真4-1 都市部ストーンタウンの預言者生誕祭
出所：2005年4月，著者撮影。

詩の朗誦を披露するために，ザンジバル各地のマドラサ（Sw, Ar：madrasa，イスラーム諸学を学習するための教育施設）から招待された生徒たちであった。

舞台の正面に少年たち，その後ろに少女たち，続いて成人女性たちの席が設けられ，成人男性の席は舞台の正面に向かって右側に設けられている。全体的に男性は真っ白のカンズにコフィア，女性は色とりどりのカンガ（Sw：kanga, 2枚1組の布を頭部と身体に巻きつけて着用する衣服）や白いスカーフなどを頭部に着用しており，各人がムスリムとしての正装をしている様子がうかがわれた。また，ステージから少し離れた場所にはテレビ中継の機材スペースも設けられており，生誕祭の様子は島内に生中継された。

預言者生誕祭は，スワヒリ語による預言者ムハンマドの伝記から始められた（表4-1）。次いでザンジバル大統領を乗せた車列が会場入りし，彼らが舞台後方の主賓席に着くと，全員が起立してザンジバル州歌が斉唱された(2)。そして，イスラーム法の権威である最高裁判所判事が挨拶し，次にカスィーダ（Sw：kasida, Ar：qaṣīda）と呼ばれる預言者を讃える詩とバルザンジ（Sw：Barzanji, Ar：al-Barzanji）と呼ばれるムハンマドの伝記が，交互に繰り返し朗誦された。バルザンジは，マディーナ（サウディアラビア）出身のシャーフィイー学派に属する法学者であったバルザンジー（Jaʿfar ibn Ḥasan ibn ʿAbd al-Karīm al-Barzanjī,

77

第Ⅱ部　東アフリカにおけるタリーカ

表4-1　ストーンタウンの預言者生誕祭プログラム

時刻	内容
21：00	ムハンマドの伝記
21：36	大統領の車列入場
21：38	ザンジバル州歌斉唱
21：43	最高裁判所判事の挨拶
21：45	クルアーン朗誦
21：50	クルアーンのスワヒリ語注釈
21：57	カスィーダ
22：03	バルザンジ（1章）
22：10	カスィーダ
22：17	バルザンジ（2章）
22：30	カスィーダ
22：35	宗教指導者による説教
22：45	バルザンジ（3章）
22：51	カスィーダ
22：57	バルザンジ（4章）
23：01	カスィーダ
23：13	バルザンジ（4章）の続き
23：17	宗教指導者による説教
23：31	カスィーダ
23：34	バルザンジ（5章）
23：41	カスィーダ
23：48	バルザンジ（6章）
23：55	カスィーダ
24：04	祈禱（バルザンジ最終章）
24：15	最高裁判所判事の挨拶
24：18	ザンジバル州歌斉唱

d. 1764）が著したムハンマドの伝記であり，インド洋周辺のイスラーム世界に広く伝わっている［Harries 1962：103］。

　カスィーダは，各地のマドラサから招待された少年たちが順番に舞台に上がり，スワヒリ語で朗誦する。少年たちは皆で声を合わせ，抑揚をつけてカスィーダを朗誦する（写真4-2）。バルザンジは主にマドラサの男性教師が，1人ずつ舞台に上がって1章分をアラビア語で朗誦する（写真4-3）。1章の中には何カ所か区切りがあり，決まったところで聴衆はそろって神を讃えるアラビア語の文言を挟み込む。バルザンジはクルアーン学校で学ばれるテキストの1つであり，子どもから大人までその内容や流れを把握している。

第**4**章　タリーカと預言者生誕祭

写真4-2　カスィーダを朗誦する子どもたち
皆，コフィアとカンズを着用している。
出所：2005年4月，著者撮影。

写真4-3　バルザンジを朗誦する男性
出所：2005年4月，著者撮影。

79

第Ⅱ部　東アフリカにおけるタリーカ

　予言者生誕祭では全体で約3時間，淡々とバルザンジとカスィーダの朗誦が繰り返された。この生誕祭が終了すると，人々は帰途についた。その後は自分の居住地近くのクルアーン学校で行われるタリーカのズィクリに参加する人もいる。他のイスラーム世界同様，ザンジバルでも予言者生誕祭の際に多くのタリーカがズィクリを行い，タリーカのメンバーではない人も参加することができるのである。

3　北部A村の生誕祭

　2005年4月29日，ザンジバル北部のA村で予言者生誕祭が行われた。夕方，乗り合いバスでA村近くの幹線道路沿いに到着した後，木々が生い茂った林の中を数キロメートル入っていく。すると，ヤシの葉で葺いた屋根に赤い土壁の家々がみえてくる（写真4-4）。この予言者生誕祭では，村の出身者である元ザンジバル大統領サルミン・アムールが主催者であった。

　会場はストーンタウンの生誕祭と同様，村の広場の前方に舞台が設営され，等間隔に設置された木のポールに沿わせて縦に蛍光灯が付けられている。また，ステージ正面のスペースにはござが敷かれており，式の途中で挨拶をする来賓やバルザンジの朗誦者，その他の成人男性などが座っている（図4-3）。来賓者たちの多くは，白いカンズの上に紺色のスーツを着用している。その隣のスペースには，各マドラサから招待された少年たちが，そろいの衣装を着用して座っており，その逆側には成人女性たち，ステージ横には少女たちが座っている。ござが敷かれていない場所にも，多くの地元の子どもたちが座っていた。

　予言者生誕祭のプログラムは都市部ストーンタウンのものとほぼ同じ構成で，バルザンジとカスィーダの朗誦が約3時間，交互に繰り返された（表4-2）[3]。夜中の1時半頃に祭りが終了すると，人々は立ち上がって会場を後にした。多くの子どもたちが，その場に横になって眠ってしまっていた。

　人々は，生誕祭が行われた会場とは別の近くの広場に移動していた。電灯の下でカマキリが飛び交う中，広場ではキグミ教団によるズィクリが始まってい

80

第4章　タリーカと預言者生誕祭

写真4-4　A村の様子
出所：2005年4月，著者撮影。

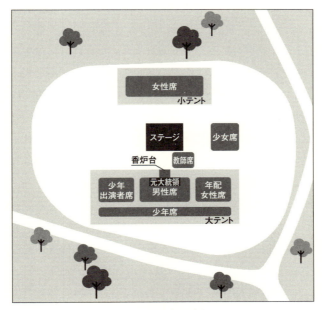

図4-3　A村の会場

第Ⅱ部　東アフリカにおけるタリーカ

表4-2　A村の預言者生誕祭プログラム

時刻	内容
22：22	神の99の美称の朗誦
22：27	ムハンマドの99の美称の朗誦
22：35	クルアーン朗誦
22：55	カスィーダ
23：03	バルザンジ（1章）
23：08	カスィーダ
23：19	バルザンジ（2章）
23：30	カスィーダ
23：39	バルザンジ（3章）
23：45	カスィーダ
23：54	カスィーダ
00：09	カスィーダ
00：20	バルザンジ（4章）
00：25	イスラーム指導者による説教
00：40	バルザンジ（5章）
00：47	カスィーダ
00：58	バルザンジ（6章）
01：06	カスィーダ
01：16	祈禱（バルザンジ最終章）
01：26	祈禱

た。このズィクリの特徴は，喉の奥の方から低い声を出し，足を強く地面に叩きつけてリズムをとる点である。また，ズィクリに集中するため，照明は白熱電球が1つ設置されているのみで，辺りは真っ暗である。広場には円になっているキグミ教団のメンバーの周りを，見物人が幾重にも取り囲んでいる。見物人たちもまた，メンバーたちの動きに合わせて身体を動かし，ズィクリを楽しんでいる。人々の輪の中心では，白いカンズの上にスーツを羽織った指導者が，手振りを交えながら，熱狂的にズィクリを指揮していた。

　次に，先ほどまで生誕祭が行われていた会場に戻ると，ハムズィーヤ教団がズィクリを行っていた（写真4-5）。その周辺では舞台やテントなどの片付けが始まっていたが，ござの上に男性たちが車座になり，横に身体を揺らしながらズィクリを行っていた。

　このときに生誕祭の会場付近でみることができたのは，ハムズィーヤとキグミの2教団であった。ズィクリは明朝まで続けられた。

82

第4章　タリーカと預言者生誕祭

写真4-5　ハムズィーヤ教団のズィクリ
出所：2005年4月，著者撮影。

4　トゥンバトゥ島B村の生誕祭

　トゥンバトゥ島はザンジバル北西部に位置する小島である。トゥンバトゥ島へはウングジャ島北部の村から，モーター付きの小舟に乗って30分ほどでB村の沖合に到着する（写真4-6）。トゥンバトゥ島の道は舗装されておらず，家々も入り組んで建てられて道幅も非常に狭いため，車が1台もない。島には電気が通っておらず，夜になると月明かりに加えて懐中電灯，発電機で点灯された電球，携帯電話の光のみが頼りとなる。
　2005年5月8日，ザンジバルで最も大規模ともいわれる預言者生誕祭が，トゥンバトゥ島南部のB村で開催された。トゥンバトゥ島ではこの日以降も，小規模な生誕祭があちこちで継続して行われるという。また，5月8日の13～16時には，カスィーダとバルザンジが交互に朗誦される祭りが行われたが，村の

第Ⅱ部　東アフリカにおけるタリーカ

写真4-6　トゥンバトゥ島行きの小舟乗り場
出所：2005年5月，著者撮影。

人々はあまり重視しておらず，参加者も少ない。人々はむしろ，同日の夜から翌朝まで行われる様々なタリーカのズィクリに参加することを楽しみにしている。B村では歩いて回れる範囲内の各広場で，タリーカごとにビニールシートなどで簡易の屋根をつくり，ズィクリを行うための会場が設営された。ズィクリは夜中の0時頃から，教団ごとに随時開始された。

　著者が最初に見たのは，ハムズィーヤ教団のズィクリである。この教団のズィクリは，A村で調査をしたハムズィーヤ教団と同じく，車座になって行われていた。次にカーディリー教団のズィクリを見学した。この教団は，照明もつけず，真っ暗な中でズィクリを行っていた。教団員が円になり，その中央では指導者が手拍子をしながらズィクリを先導する。指導者の隣には，赤と緑を基調とし，アラビア語でイスラームの信仰告白の言葉が縫いつけられた教団の大きな旗が立てられている。また，イスラーム世界では一般的に，ズィクリを行うのは男性教団員のみであり，女性教団員は参加しない場合が多いが，この会場ではすぐそばで女性たちが，女性指導者の掛け声に合わせて座ってズィクリをしていた。女性がズィクリを行う場所では防犯上，わずかな照明が設置されていた。

　次に村内を歩いていくと，聞き覚えのある特徴的な呼吸音が聞こえ，近づく

第**4**章　タリーカと預言者生誕祭

とＡ村でも目にしたキグミ教団がズィクリを行っていた。会場には拡声器が設置されており，彼らのズィクリの声と足を地面に強く叩きつけるような音が，大音量で周囲に流れている。暗闇の中，何重もの人が喉の奥を鳴らしながら足を地面に叩きつけ，迫力のあるズィクリを行っていた。

　翌朝になってもズィクリは行われていた。午前10時頃，ドゥフ教団の一団が，モスクの前でタンバリンを叩きながらズィクリを行っていた（写真4-7）。全てのメンバーは成人男性で，女性や子どもたちはその周辺でズィクリの様子を見守っている。行列の中にはラジカセを両手で持ち上げてズィクリの声を録音しながら，タンバリンのリズムに合わせて身体を揺らしている人もいる。しばらくするとタンバリンの音が激しくなり，人々は身体をくねらせ，足でもリズムを取りながらゆっくり前進し始めた。子どもたちも大人の動きを真似しながら，その後を追っていく。また少し行ったところでタンバリンの音が止まり，ズィクリと祈禱が始まる。そしてまたしばらくするとタンバリンが鳴りだし，一団はゆっくり前進し始めた。

　次に再び，前夜にみたカーディリー教団のズィクリの場所へ行った。男性のカーディリー教団員は，夜通しズィクリを行っていた（写真4-8）[5]。教団員たちは指導者を中心として輪になり，地面を強く踏み鳴らしながらズィクリを行っていた。

　以上，3カ所の預言者生誕祭をみてきたが，その構成をまとめると，表4-3のようになる。預言者生誕祭では，カスィーダとバルザンジの朗誦を交互に繰り返すプログラムと，各タリーカのズィクリが行われていた。カスィーダとバルザンジのプログラムは，3会場で実施されていたが，トゥンバトゥ島Ｂ村では参加する人は少なく，むしろ後半のズィクリに関心が向けられていた。ズィクリについては，都市部ストーンタウンの会場では前半の政府主催のプログラムが重視されているためか，引き続き同じ会場でズィクリが行われることはなく，その後，各地区のクルアーン学校などで行われた。北部Ａ村とトゥンバトゥ島Ｂ村では，教団ごとにズィクリが行われ，教団員以外の人々も思い思いに

第Ⅱ部　東アフリカにおけるタリーカ

写真4-7　ドゥフ教団のズィクリ
出所：2005年5月，調査協力者撮影。

写真4-8　カーディリー教団のズィクリ
出所：2005年5月，調査協力者撮影。

第**4**章　タリーカと預言者生誕祭

表4-3　各預言者生誕祭の構成

場所	カスィーダ＋バルザンジ	ズィクリ
都市部ストーンタウン	○	×（クルアーン学校などで行う）
北部A村	○	○
トゥンバトゥ島B村	△（参加者少）	○

ズィクリに加わっていた。見物人たちは，途中でその場を離れて自由に他の教団の場所に移動してズィクリに加わることも可能であった。

　また，本来，預言者生誕祭や預言者讃歌を意味するマウリディは，ザンジバルにおいてはタリーカのズィクリと関連付けられており，イスラームの祝祭や通過儀礼など，人々の様々な人生の場面において関わりがあることがわかった。ザンジバルにおける預言者生誕祭は，預言者生誕月の約20日間にわたって島の各地で行われていた。ズィクリはタリーカのメンバーだけではなく，ザンジバル住民も参加し，ともに一体となって祭りを盛り上げる重要な要素となっていた。

注

(1)　イスラームの行事は，ヒジュラ太陰暦をもとに行われる。預言者生誕祭は，ヒジュラ暦の3月12日に行われる。ヒジュラ暦は1年が354日のため，太陽暦に換算すると毎年11日もしくは10日ずつ早まることになる。

(2)　ザンジバルは独自の州歌を有している。

(3)　ただし，祭りの導入部が多少異なり，A村の預言者生誕祭では99の神の美称と99の預言者ムハンマドの美称が朗誦されていた。

(4)　信仰告白は，「ラー・イラーハ・イッラッラー（lā 'ilāha 'illa al-Allāh，アッラー以外に神はなし）と私は証言する」と「ムハンマド・ラスールッラー（Muḥammad rasūl al-Allāh，ムハンマドはアッラーの使徒である）と私は証言する」という文言であり，イスラームに入信する際に唱える他，五行の1つであることから，ムスリムにとって最重要の言葉である。

(5)　女性教団員たちによるズィクリは行われていなかった。

第5章
ザンジバルにおけるタリーカをめぐる状況

　本章では第II部のまとめとして，ザンジバルのタリーカとは何か，について検討する。第1節では，現在活動している各教団の由来について考察し，起源となったとされるタリーカと比較検討する。第2節では，ザンジバルのタリーカと従来のタリーカ像の相違点を考察する。第3節では，ザンジバルのタリーカの特徴について検討する。以上をふまえたうえで第4節では，ザンジバルのタリーカが現在の姿に変容するまでに至った原因について，歴史的側面に焦点を当てて考察する。

1　各教団の起源

　第3章3節で言及した現在のザンジバルのタリーカは，以下の9教団であった。

　カーディリー教団＊
　シャーズィリー教団＊
　リファーイー教団（マウリディ・ヤ・ホム）＊
　キラマ教団＊
　キグミ教団
　キジティ教団
　ホチ教団
　ドゥフ教団
　ハムズィーヤ教団

第Ⅱ部　東アフリカにおけるタリーカ

　この中で，先行研究で言及されていた教団は，＊印をつけた4つのグループ
である。カーディリー教団，シャーズィリー教団，リファーイー教団について
は，他のイスラーム世界にも存在するタリーカである。キラマ教団は，先行研
究の中でカーディリー教団から派生したと言及されている［Nimtz 1980：58；
Trimingham 1964：100］。

　しかし，著者の調査においてキラマ教団の指導者は，同教団の起源をシャー
ズィリー教団であると述べていた。またリファーイー教団については現在，そ
の教団名はほとんど一般の人々には認知されておらず，ズィクリ名である「マ
ウリディ・ヤ・ホム」の名で広く知られていた。

　先行研究に言及のない教団を分析する際，ザンジバルでは有数のタリーカに
関する知識人であるムハンマド・イドリス（Muhammad Idris Muhammad Saleh,
ザンジバル・イスラミック・ヘリテージ運営，ザンジバルイスラーム史研究,
d. 2012）と，ハリファ・アリ（シャーズィリー教団のザンジバル最高指導者）に意
見を求めた。2人の見解は一致しており，先述の各教団の起源は，次のように
説明された。

　　カーディリー教団＊
　　シャーズィリー教団＊
　　リファーイー教団（マウリディ・ヤ・ホム）＊
　　キラマ教団＊：カーディリー教団から派生
　　キグミ教団：カーディリー教団から派生
　　キジティ教団：カーディリー教団から派生
　　ホチ教団：カーディリー教団から派生
　　ドゥフ教団：アラウィー教団から派生
　　ハムズィーヤ教団：アラウィー教団から派生

　つまり彼らによると，先行研究に言及がないキグミ教団，キジティ教団，ホ
チ教団はカーディリー教団，ドゥフ教団とハムズィーヤ教団はアラウィー教団

90

が起源となるタリーカである。しかし，これらの教団が，カーディリー教団やアラウィー教団から派生していることを理由に，ザンジバルに現存するタリーカは4教団（カーディリー教団，シャーズィリー教団，リファーイー教団，アラウィー教団）である，と結論づけることには早計であろう。

なぜなら第1に，彼ら自身が自分たちのグループをカーディリー教団やアラウィー教団である，あるいはそれらに由来しているという認識を持っていないからである。例えばキラマ教団は，先行研究やムハンマド・イドリスとハリファ・アリの意見ではカーディリー教団に由来するが，現在の指導者はシャーズィリー教団に由来すると述べていた。第2に，現在のこれらの教団は，起源となっているタリーカの状況とは大きく異なるためである。例えばアラウィー教団については，先行研究では血統主義のため，教団員はハドラマウト出身者に限られているとされている [Bang 2003：36；Nimtz 1980：62；Trimingham 1964：102]。しかしながら，現在のドゥフ教団やハムズィーヤ教団はもっぱら，ザンジバルの人々が担い手となっているからである。

2　スィルスィラの有無

本節では，従来のタリーカ像とザンジバルの教団との比較を行うために，タリーカの重要な要素の1つであるスィルスィラに着目する。スィルスィラは，タリーカの師弟関係の系譜である。スィルスィラは従来，預言者ムハンマドに端を発し，彼の血を引く一族や教友（直接ムハンマドと接した第1世代のムスリム）を経てスーフィーに連なるのが一般的であり，スーフィーたちにとって自らのアイデンティティを示すものとして重視されてきた [矢島 2002：527]。ザンジバル北部のある村で著者がみたカーディリー教団のスィルスィラは，アラビア語で書かれた長い文章で，ムハンマドから現在の指導者までの繋がりを示している（写真5-1）。

スィルスィラを有するタリーカは，カーディリー教団とシャーズィリー教団であった。カーディリー教団のスィルスィラは，彼らの出版物にもスワヒリ語

第Ⅱ部　東アフリカにおけるタリーカ

写真5-1　カーディリー教団のスィルスィラ
出所：2006年10月，著者撮影。

で明記されており，誰でも容易に見ることができるものであった（第3章3節）。また，シャーズィリー教団のスィルスィラは，預言者ムハンマドからムハンマド・マアルーフ（コモロからザンジバルにシャーズィリー教団をもたらした指導者）までは明記されているが，それ以降の指導者は記述されておらず，この理由についてハリファ・アリは，「ムハンマド・マアルーフには多くの弟子があり，書ききれない。また，彼は非常に偉大な人物で，彼の後に名前を連ねるのは畏れ多くてできない」と述べていた（第3章3節）。ハリファ・アリもまた，自身まで続くスィルスィラについて記憶してはいるが，記述することには消極的であった。このような状況は，他のいくつかの教団のように，将来的にスィルスィラが忘却される可能性を示唆している。

　また，次に述べる教団については，各指導者にインタビューを行ったが，スィルスィラが確認できないか，預言者ムハンマドに繋がる本来のスィルスィラ

の意味ではとらえられていなかった。リファーイー教団（マウリディ・ヤ・ホム）については指導者自身が，もはやスィルスィラが存在していないことを明言している。キラマ教団の指導者は，スィルスィラについて認識していなかった。

キジティ教団の指導者は，スィルスィラはある，と述べたものの，教団の創始年が1942年であり，スィルスィラとしてあげられた指導者たちの名前も，創始年以降の人物４人のみであり，預言者ムハンマドまでさかのぼることができず，本来のスィルスィラの意味にとらえていなかった。ホチ教団も，創始年が1958/9年であり，スィルスィラについては２代前の指導者までしかさかのぼることができなかった。また，ドゥフ教団の指導者は，スィルスィラの意味を認識しておらず，著者がスィルスィラの説明をすると，教団の拠点となっているクルアーン学校の歴代校長の名前を答えた。ハムズィーヤ教団はスィルスィラの有無は未回答であったが，指導者は教団の創始年は100年前である，と述べていることから，スィルスィラは保持していないと考えられる。

3　教団名の由来

教団名には元来，指導者のもとに集まった弟子たちがその教えを継承するために，師の名前が付けられる。[1]教団名が指導者の名前か否かについては，弟子たちが師との知の繋がりを示すスィルスィラを重視するか否かにも関連しているであろう。

ザンジバルにおいては，指導者の名前に由来していない教団が多く存在した。キジティ教団，キグミ教団，ホチ教団，キラマ教団の名称の原義は，指導者たちも不明と回答しており，人名とも考え難い。「リファーイー教団」という名称は，指導者名に由来するが，ザンジバルの人たちにはリファーイー教団ではなく，ズィクリ名である「マウリディ・ヤ・ホム」で認識されていた。また，指導者自身もインタビューで当初，「マウリディ・ヤ・ホムのタリーカである」と述べたが，著者がリファーイー教団ではないのかと尋ねると，「そうである」

第Ⅱ部　東アフリカにおけるタリーカ

と答えており，リファーイー教団よりもズィクリ名であるマウリディ・ヤ・ホムの名称を，教団のアイデンティティの拠り所としていた。

　ドゥフ教団の名称は，アラビア語でタンバリンを意味するドゥフを用いてズィクリを行うことに由来している。「ハムズィーヤ」は，アラウィー教団員であったブースィーリー（Sharaf al-Dīn Muḥammad ibn Saʿīd al-Būṣīrī, d. 1296）が書いた詩の名称であり，彼らがそのテキストを用いてズィクリを行うことに由来していると考えられる。しかしながら，ドゥフ教団とハムズィーヤ教団の指導者は，ハリファ・アリとムハンマド・イドリスが教団の起源であるとするアラウィー教団との関係については，認識していなかった。

　キラマ教団について，指導者はキラマがズィクリ名であり，教団名はシャーズィリー教団であると述べていた（第3章3節）。また指導者は，ドンゲ村がシャーズィリー教団発祥の地であり，教団の本部である，とも述べていた。

　彼らがシャーズィリー教団から派生していると述べた理由について，ハリファ・アリとムハンマド・イドリスは，指導者の名前の中に「シャーズィリー」が入っているためであると指摘し，彼らが本来のシャーズィリー教団系のタリーカであることを否定した。ザンジバルでは自分の名前に父親，祖父……と名前を連ねるので，この場合，指導者の父系の中にシャーズィリーという名の人がいたことを示す。つまり，キラマ教団のメンバーにとって，自分たちのアイデンティティはキラマというズィクリにあり，シャーズィリー教団に属すか否かについては，「指導者の名前の中に入っているからそうなのであろう」というほどの認識にとどまっているのである。

　キジティ教団の指導者も，シャーズィリー教団が同教団の起源である，と述べていた。しかし，ハリファ・アリとムハンマド・イドリスによると，彼らがそのように主張する理由は，この教団についてもキラマ教団の場合と同様，指導者の名前の中に「シャーズィリー」が入っているためであるという。またキジティ教団の指導者は，キジティはズィクリの名前である，とも述べており，一般の人々にもキジティという名前で認識されていることから，ズィクリ名がこの教団の主なアイデンティティとなっていた。

第**5**章　ザンジバルにおけるタリーカをめぐる状況

4　ザンジバルのタリーカの特徴

　以上のように，ザンジバルにおけるタリーカには，スィルスィラを持ち，教団名が指導者名に由来するような従来のタリーカの特徴を継承している教団が存在する一方で，スィルスィラを持たず，教団名もズィクリ名に由来する教団が存在していることが明らかとなった（表5-1）。

　この表からわかることは第1に，全てのタリーカがズィクリを行っていることである。ザンジバルのタリーカは，キジティ教団やキラマ教団，ドゥフ教団，ハムズィーヤ教団のように，ズィクリ名が教団名となっている場合があった。つまり，ズィクリが彼らにとって最も重要なアイデンティティの根拠であり，彼らのグループをタリーカたらしめている要素となっていた。

　ザンジバルのいくつかのタリーカは，スィルスィラを保持しなかったり，教団名が指導者名に由来しなかったりすることから，ともすれば外部観察者からタリーカではない，とみなされる可能性もある。しかしながら，ザンジバルのような小さな島に，これほどまでに多様な教団が根付き，現在も活動を続けている。タリーカの活動は，人々の信仰心を支え，イスラーム実践を豊かなものにしてきたことを示しているのである。

　それでは，ザンジバルのタリーカのいくつかは，なぜスィルスィラや，指導者の名前を冠した教団名を持たなくなったのであろうか。その原因について，歴史的背景と本調査結果に基づいて考察していく。

担い手の変化

　19世紀，ザンジバルにおいてオマーンによる統治が始まると，イエメンのハドラマウトなどからザンジバルに，多くのイスラーム知識人が招聘された（第2章3節）。主にザンジバル都市部に居住していたイスラーム知識人たちは，それぞれに学徒を抱えており，毎日決まった時間に勉強会を開いていた。その内容は，法学やクルアーン解釈，アラビア語文法，詩，スーフィズムといった，

95

第Ⅱ部　東アフリカにおけるタリーカ

表5-1　ザンジバルのタリーカの特徴

	ズィクリ	スィルスィラ	教団名＝指導者名	教団名＝ズィクリ名
カーディリー教団	○	○	○	
シャーズィリー教団	○	○	○	
リファーイー教団 （マウリディ・ヤ・ホム）	○		△（リファーイー教団）	△（マウリディ・ヤ・ホム）
キラマ教団	○			○
キグミ教団	○			？
キジティ教団	○			○
ホチ教団	○			？
ドゥフ教団	○			○
ハムズィーヤ教団	○			○

高度なイスラーム諸学であった。

　しかし，そのような高度な授業を受けることができたのは，基本的に一部の
アラブ人エリート層の子弟に限られており，アフリカ系の人々がその機会を得
ることは難しかった。また，イスラーム知識人になるためにはこのような高度
な知識が必要とされるため，必然的にアフリカ系の人々は，イスラーム知識人
になることができない状況であった。

　19世紀末以降になると，他地域のタリーカの指導者たちもザンジバルを訪れ
た。当初，タリーカの指導者たちは，ハドラマウトやソマリア，コモロ出身者
などであったが，彼らはアフリカ系の人々にも，知識を伝授したことを証明す
る免状（イジャーザ）を与えた。これを契機として，アフリカ系のタリーカ指導
者が誕生し，彼らは東アフリカ各地でさらに多くの指導者を育てた。そして一
般の人々は，アフリカ系指導者を通して，タリーカとイスラームを受容したの
である。東アフリカの民衆へのイスラーム普及には，タリーカの貢献が大きか
った。

　今回の調査では，ズィクリを教団のアイデンティティの拠りどころとするタ
リーカが，ザンジバル北部において顕著であることがわかった。ザンジバル北
部では，20世紀初頭には，ソマリア出身のカーディリー教団の指導者であった
ウワイスからイジャーザを受けた，トゥンバトゥ島出身のシャウリ・ハジが，
ザンジバル北部のドンゲ村にキラマ教団を創設し，活発に活動していた

96

[Nimtz 1980：58]。シャウリ・ハジ自身がトゥンバトゥ島出身であったことから，多くのアフリカ系の弟子たちがのちに指導者となり，キラマ教団を始めとするタリーカを各地で創設した。この根拠は，キラマ教団の活動が現在もザンジバル北部を中心に盛んであることと，様々な名称を持つ北部タリーカ（キジティ，キグミ，ホチなど）の多くは，元来カーディリー教団に由来するキラマ教団から派生している，というムハンマド・イドリスの見解による。

ザンジバル革命の影響

次に，1964年に起こったザンジバル革命がタリーカに及ぼした影響に焦点を当てる。第2章3節で述べたように，ザンジバルは1963年12月，アラブ人主導の「ザンジバル王国」としてイギリスから独立したが，わずか1カ月後の1964年1月，この体制を不服とした人たちによって，ザンジバル革命が引き起こされた。その結果，カルメを大統領とするザンジバル・ペンバ人民共和国が誕生した。多くのアラブ人が殺害されたり島外に脱出したりしたため，アラブ人が独占していたイスラーム知識人の数は減少した。

革命後，タリーカのようなイスラーム組織の活動は，厳しく制限された[Freeman-Grenville and Voll 2002：447-451]。ズィクリを重視するタリーカが活動を制限される中，消滅したタリーカもあったであろう。教団の指導者や教団員がアラブ人である場合，彼らの多くは革命後の迫害を逃れるため，島外へ避難した。教団の指導者が不在であれば，たとえザンジバル出身の教団員が残ったとしても，弾圧を受ける中，存続し難い状況にあったと考えられる。

また，タリーカがアラブ人指導者らとの繋がりを示すアラビア語で書かれたスィルスィラを有することは，アラブとの繋がりを示すことでもあり，政府から弾圧される可能性があった。そのため，教団の中にはスィルスィラが破棄されたり，その存在が忘れられたり，重視されなくなった場合もあった。

リファーイー教団の例は，ザンジバルの歴史的背景に順応した形を示していた。つまり，リファーイー教団は元来，教団名が指導者名に由来しており，スィルスィラも存在した。しかしながら，リファーイー教団の指導者が「革命前

第Ⅱ部　東アフリカにおけるタリーカ

のスィルスィラの存在は不明であり，現在はない」と述べているように，革命
後の政策がスィルスィラの忘却に繋がったと考えられる。そして，教団の名称
はマウリディ・ヤ・ホムというズィクリ名で人々に知られるようになった。現
在のリファーイー教団は，従来のタリーカの要素を保持して存続する道を選ぶ
よりも，「ザンジバルの伝統的な宗教実践」のショーを披露する芸能集団とし
ての道を選び，生き残りを図ったのである。

　それは現在のザンジバル北部のタリーカについてもいえることであった。彼
らの多くは師と弟子の繋がりを示すスィルスィラを重視せず，ズィクリに特化
したグループとしての道を選択した。彼らもまた，タリーカにとって困難なザ
ンジバル革命後の時期を経て，アラブとの繋がりを示すスィルスィラをなくし，
教団を存続させる道を選んだと考えられるのである。

　本章では，ザンジバルの現在のタリーカが，アラブ人からアフリカ系の人々
への担い手の変化や，1964年に起きたザンジバル革命後のタリーカにとって困
難な時期を乗り越え，生き残りをかけて変容した形であることを示した。革命
後に消滅した教団もある中，アフリカ系指導者のもと，組織や活動を変容させ
てザンジバルの社会状況に適応することで，一般の人々にもタリーカの活動が
広く浸透したのである。

注

⑴　ただし，通常は指導者が意図的に教団を創設しようとしたのではなく，その弟子たち
　によって後に組織化され，指導者の名前が教団名となる場合が多い。

98

第Ⅲ部

東アフリカにおけるスンナの医学

　第Ⅲ部では，東アフリカにおけるスンナの医学（預言者ムハンマドの言行に基づく医学）について，(1)スンナの医学とは何か，(2)スンナの医学とはどのようなものか，(3)スンナの医学の実践が現在，なぜ人々の支持を集めているのか，の３つの問いをもとに論じていく。スンナの医学は，預言者の医学などに基づいて，現在のザンジバルで盛んに実践されている。スンナの医学の実践をとおして，人々がどのようなイスラーム実践を日々行っているのか，人々の病観はどのようなものか，について，精霊の存在にも着目して考察する。

第6章
預言者の医学

本章では，スンナの医学の基礎となる預言者の医学について詳述する[1]。第1節では，預言者の医学の内容を概説する。第2節では，預言者の医学が誕生し，学問の一分野として発展してきた過程を考察する。それらをふまえ，第3節では，預言者の医学の著作が書かれた理由について検討する。

1　預言者の医学とは

預言者の医学（Ar：al-ṭibb al-nabawī）とは，預言者ムハンマドが教えた医学という意味であり，クルアーンとハディースに基礎を置く医学である［竹下 2005：113］。預言者の医学に関する最も有名な著作は，イブン・カイイム・ジャウズィーヤ（Muḥammad ibn Abī Bakr ibn Ayyūb ibn Qayyim al-Jawzīya, d. 1350）の『預言者の医学（al-Ṭibb al-Nabawī）』である（写真6-1）。イブン・カイイム・ジャウズィーヤは，ハンバル学派の法学者であり，スーフィズムにも関心を持っていた［Perho 1995：41］。彼の『預言者の医学』は，『良き信徒の道における来世の備え（Zād al-Maʿād fī Hady Khayr al-ʿIbād）』という全4巻のハディース集の中から，預言者の医学に関する箇所を抜粋したものである［Perho 1995：42］。この『預言者の医学』は次節でも述べるように，預言者の医学の発展期に書かれた著作であり，イスラーム世界では広く読まれている。

以下，この著作の内容を紹介する。病については，次のハディースが引用されている。

<u>全ての病には治療法がある</u>。その病の治療法が見つかると，神の赦しによ

101

第Ⅲ部　東アフリカにおけるスンナの医学

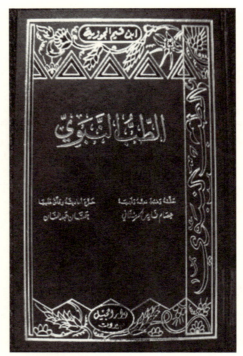

写真6-1　イブン・カイイム・ジャウズィーヤ著『預言者の医学』

ってその人は癒される（ムスリム『真正集』）[al-Jawzīya 1998：9-10，下線部著者]。

ウサーマ・イブン・シャリークによると，「私が預言者と一緒だったとき，あるベドウィンが来て『神の使徒よ，我々は病を治療するべきですか？』と尋ねた。すると使徒は，『神の僕よ，あなたの病を治療しなさい。実際，神はその病の治療方法をつくることなしに，病をつくらなかった。1つの病を除いては』と答えた。彼らが『それは何ですか？』と尋ねると，使徒は『老いである』と答えた」（イブン・ハンバル『ムスナド』）[al-Jawzīya 1998：9-10，下線部著者]。

第**6**章　預言者の医学

　このように，全ての病に対して治療法が存在するという預言者の言葉を引用し，病の治療を肯定している。これは，その時代において不治とされている病であっても，必ず治療法があり，治療法がみつかれば治るという立場を示している。この考え方は，治療行為を肯定するもので，病に対するタワックル（Ar：tawakkul）の立場を否定するものであった。タワックルとはスーフィズムの修行の1つであり，自らの意志を捨てて主体的に行動を起こさず，神に絶対的な信頼を置くことである。タワックルを重視する修行者の中には，病を患っても積極的に治療せず，神の意志に任せるべきである，と考える者もいた。

　預言者の医学では，人間の身体は土，空気，水，火の4要素から成り立っていると考える。これは，ギリシャ医学の4元素の考え方と同じである。身体の構成要素に火の要素を含めるか否かについては意見が分かれる。イブン・カイイム・ジャウズィーヤは，クルアーンには人間は土から創られ，イブリース（悪魔）は火から創られたとあることから，火の要素がもとになっているとされる体温は，人体の外部からもたらされるものであり，本質的なものではない，という立場をとっている［al-Jawzīya 1998：13, 16］。

精神の病

　預言者の医学では，病を精神的なものと身体的なものの2つに分ける。預言者の医学は，特に精神的な病を治療することに優れており，名医にも勝るという［al-Jawzīya 1998：8-9］。精神の病には，疑いと欲望の2種類がある。疑いの病については虚言や疑念の例として，次のクルアーンの章句を引用している。

　　彼らの心の中には病患が宿っておる。願わくばアッラーがその病患をますます悪化させたまわんことを。彼らはやがてひどい懲めをこうむることになろうぞ。虚言を吐いた罰として（クルアーン第2章9節）。

　　どちらが正しいか裁きを受けるため，アッラーと使徒（ムハンマド）の前に呼び出される段になると，一部の者はさも嫌そうに顔をそむける。もし

第Ⅲ部　東アフリカにおけるスンナの医学

自分が正しいのなら，いそいそと彼のところにやって来るはずではないか。
一体彼ら，心の中に病気でもあるのか，何か疑惑でもあるのか，それとも
アッラーや使徒に不公平な仕打ちでもされはせぬか心配だとでもいうのか。
なんのなんの，自分たちこそ悪いことばかりしているくせに（クルアーン
第24章27-29節）［al-Jawzīya 1998：3-4］。

また，欲望の病については，男性が女性に対して抱く欲望の例として，次の
クルアーンの章句が引用されている。

これ，預言者の妻よ，おまえたちは普通の女と同じではない。もしおまえ
たち本当に神をおそれる気持ちがあるなら，あまり優しい言葉つきなどす
るものではない。心に病患のある男の胸にいやしい欲情をかき立てるもと
になる。立派な言葉使いをするようにせよ（クルアーン第33章32節）［al-
Jawzīya 1998：4］。

このような精神の病を克服する方法は，使徒たちから学ぶことができるとさ
れている［al-Jawzīya 1998：8］。例えば，不安については，次のハディースが引
用され，預言者ムハンマドと同様の文言を唱えることが推奨されている。

神の使徒（ムハンマド）は，心配事のあるとき，こう言ったものです。「ア
ッラーの他に神はなし。力強いお方。寛容なお方。アッラーの他に神はな
し。力強い王座の王。アッラーの他に神はなし。7つの天国の神。この世
の神。崇高な王座の神。」［al-Jawzīya 1998：148］

その他，悲しみや恐れなどについても，預言者や預言者の相談者たちが治療
のために唱えた文言が，ハディースを引用して示されている。

104

第**6**章　預言者の医学

身体の病

　身体の病については，まず健康維持や有害物の除去，病の予防が重視されている。身体の病は，身体動作の制限や血液，精液，尿，便，呼吸，嘔吐，くしゃみ，眠り，飢え，渇きなどが原因とされている［al-Jawzīya 1998：5］。身体の病には，飢え，渇き，寒気，疲労といった，治療を必要としない軽度な症状と，4体液（血液，粘液，黄胆汁，黒胆汁）の均衡が崩れた場合に起こる症状がある［al-Jawzīya 1998：5-6］。

　例えば頭痛は，4体液のうちの1つが支配的である場合，胃潰瘍，胃の血管の炎症，過食，性交痛，嘔吐，排泄障害，悪寒，睡眠不足，頭部の圧迫，しゃべり過ぎ，激しい運動，ストレス，飢餓，脳膜の炎症，熱などが原因で引き起こされる。対処法は原因によって異なるが，排便，飲食，休息，包帯を巻くこと，冷やしたり温めたりすること，静かな環境に身を置くこと，動かないことなどがあげられている［al-Jawzīya 1998：63-64］。

薬の使用

　預言者の医学では，身近な飲食物が薬として用いられている。例えば蜂蜜は，万能薬として重宝される。クルアーンとハディースでは，次のように言及されている。

　　主はまたみつばちに語りかけて，「お前たち，山でも木でも，また（人間が）建ててくれるものでも，なんでも（好きなところを）住居とするがよい。そして（方々へ出掛けて行っては）あらゆる果実を食い，（食い終わったら）主の（用意してくださった）平坦な道を取って（おのが巣に帰って）行くがよい」と仰せられた。こうしておけば，やがてその腹からさまざまな色の飲物が出て来て，それが人間の薬になる。ものを深く考える人間にとってこれはたしかに有難い神兆ではないか（クルアーン第16章70，71節）。

　　アブー・サイードによると，「ある男が預言者のもとに来て『わたしの兄

第Ⅲ部　東アフリカにおけるスンナの医学

弟は，腹が悪いのですが』と言ったとき，彼は『蜂蜜を飲ませなさい』と命じ，2度目に来たときも『蜂蜜を飲ませなさい』と言った。3度目に男が来て『おっしゃる通りにしましたが（治りません）』と言ったとき，預言者は『アッラーの言われることは本当で，お前の兄弟の腹が間違っているのだ。彼に蜂蜜を飲ませなさい』と答えた。そこで蜂蜜を飲ませたところ，兄弟は治った」［ブハーリー 1994：873］。

　蜂蜜は，飲んだり皮膚に塗布したりすると，血管や腸などから不純物を取り除いて湿気を除去する効果があり，年輩者や痰が多く出る人，「冷・湿」の体質の人にとって有益であるとされている。また，蜂蜜は栄養価が高く，細胞組織を柔らかくする効能があり，肝臓と胸部の浄化，利尿作用，痰咳の薬として有効であるとされる。

　狂犬に嚙まれたり，細菌が口から体内に入ってしまったりした場合，蜂蜜を飲むと有効である。蜂蜜を皮膚や髪に塗布すると，シラミを駆除したり，髪の毛の質を高めて柔らかくしたりすることができる。蜂蜜を目に入れると，視界をはっきりさせる効果がある。また，蜂蜜で歯を磨くと，歯は白くなり，艶がでて歯と歯茎を健康に保つことができる。また，月経を整える効果もある。空腹時に蜂蜜を舐めると，胃の中の粘液を除去してきれいにすることができる［al-Jawzīya 1998：23-24］。

　預言者の医学では，クルアーンの章句も治療に用いられる。中でも，わずか7節で構成されている第1章はよく用いられ，預言者ムハンマド自身も朗誦した根拠として，次のハディースが引用される。

　　アブー・サイード・アル・フドリーによると，「預言者の教友の何人かがアラブのある部族を訪れて宿を求めたが断られた。そうこうするうちに部族の長がさそりに刺され，彼らが『あなた方のもとには薬かあるいは魔術師はいないか』と尋ねたとき，教友たちが『前にあなたたちは我々を受け入れなかったので，報酬を決めてくれるまでは何もできない』と答えると，

第6章　預言者の医学

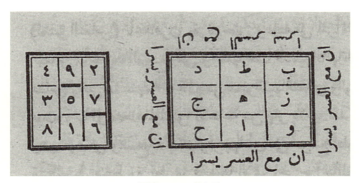

写真6-2　魔方陣
出所：伝スユーティー著『医学と知恵における慈悲の書』出版年不明, p. 170。

彼らは羊の群れを報酬として約束した。そこで教友の一人が『開巻』の章（クルアーン第1章）を唱え、唾を族長の口へ入れると、彼は治った」［ブハーリー　1994：883］。

イブン・カイイム・ジャウズィーヤ自身も、マッカ滞在中に病を患い、医者がみつからず薬もなかったとき、クルアーン第1章を朗誦し、ザムザム（Ar：Zamzam、マッカの聖モスク内にある泉）の水を飲むと、治ったという［al-Jawzīya 1998：134］。その他にも、さそりに刺されたりヘビに嚙まれたときや、痒み、潰瘍、傷、痛みなどがあるとき、預言者が唱えたとハディースに言及されているクルアーンの章句が示されている［al-Jawzīya 1998：136-141］。イブン・カイイム・ジャウズィーヤの『預言者の医学』の後半部分では、95種類の飲食物やクルアーンの文言が書かれた護符などの使用方法が、アラビア語のアルファベット順に並べられ、実用的な解説が付けられている。

また、他の著者による『預言者の医学』の中には、クルアーンの章句を朗誦するだけでなく、書いて使用する方法について言及したものもある。例えば、スユーティー（Jalāl al-Dīn Abū al-Faḍl ʿAbd al-Raḥmān ibn Abī Bakr al-Khuḍayrī al-Suyūtī, d. 1505）の著作とされている『医学と知恵における慈悲の書（Kitāb al-Raḥma fī al-Ṭibb wa al-Ḥikma)』では、クルアーンの章句だけではなく、アラビ

107

第Ⅲ部　東アフリカにおけるスンナの医学

ア文字や記号を組み合わせて作成された魔方陣や護符を用いることもまた，預言者の医学の治療方法として紹介されている（写真6-2）[2]。

2　歴史的背景

次に，預言者の医学の歴史的背景について，大きく萌芽期（9～12世紀）と発展期（13～14世紀）の2つに分けて述べていきたい。

萌芽期

預言者の医学は，9世紀中頃までにはハディースの中に医学に関する項目が立てられ，編集されている［Conrad 1995：124］[3]。ブハーリーによって編纂されたハディースである『真正集』の2.3％にあたる80節が，「病人」と「治療」という項目に収録されている［Bürgel 1998：54-55］。

預言者の医学は，治療に関するハディースを収集することから始まった。そのため，初期の著作には解説も付けられておらず，治療に言及したハディースを集めただけのものであった。また，著者の多くが医者ではなく，ハディース学者やイスラーム法学者であった［Bürgel 1998：58；Perho 1995：76；Savage-Smith 1996：928］。現存する初めての預言者の医学に関する著作は，ハディース学者であったイブン・スンニー（Aḥmad ibn Muḥammad ibn Sunnī al-Dīnawarī, d.974）によって書かれたものである［Perho 1995：54；Savage-Smith 1996：928］[4]。その後も様々な法学派の学者が著作を残したが，ハディースを収集した内容にとどまっており，医学的な分析までは加えられていなかった[5]。

その後預言者の医学は，医者にも関心を持たれるようになった［Perho 1995：56］。医学的な内容を含む最古の著作は，アブドゥッラティーフ・バグダーディー（Muwaffaq al-Dīn Abū Muḥammad ʿAbd al-Laṭīf ibn Yūsuf al-Baghdādī, d.1231）の弟子によって編纂された，『学生であるムハンマド・イブン・ユースフ・ビルザーリーによって準備されたイブン・マージャから引用した40の医学的なハディースとアブドゥッラティーフ・バグダーディー医師のコメント（al-

108

Arba'īn al-Ṭibbīya al-Mustakhraja min Sunan Ibn Māja wa-Sharḥuhā lil-'Allāma al-Ṭabīb 'Abd al-Laṭīf al-Baghdādī 'Amala Tilmīdhuhu al-Shaikh Muḥammad ibn Yūsuf al-Birzālī)』である [Perho 1995：56-58]。アブドゥッラティーフ・バグダーディーはバグダードで生まれ，シリアとエジプトで長年を過ごした人物で，哲学，医学，地理学，歴史に精通し，ハディースにも関心を持っていた。

　また，彼の弟子からは，医者でありハディース学者でもある者たちが輩出された⁽⁷⁾。彼らの著作は，まだハディース集の傾向が強かったが，医学的な解説も記されていた。このような著作が，13世紀以降の発展期の基礎を築いた [Perho 1995：56-58]。

発展期

　13～14世紀になると預言者の医学は，当時有力であったギリシャ医学の影響を受け，その内容を組み込むことで発展していった [Perho 1995：11, 63, 76]。預言者の医学の著者たちは，ギリシャ医学の有効性を認めていたが，ワインなどのアルコールのような，イスラームでは禁じられているものの使用は認めなかった [Perho 1995：79, 84；Savage-Smith 1996：927]。

　この時期，預言者の医学の発展に貢献した人物として，ペルホ (Irmeli Perho) はイブン・カイイム・ジャウズィーヤ，ザハビー (Shams al-Dīn Muḥammad ibn Aḥmad ibn 'Uthmān ibn Qāimāz al-Dhahabī, d. 1348)，イブン・ムフリフ (Shams al-Dīn Abū 'Abd Allāh Muḥammad ibn Mufliḥ al-Maqdisī, d. 1362) の３人をあげている。ザハビーはトルクメン人で，生涯のほとんどをシリアのダマスカス (Damascus) で過ごした著名なハディース学者・歴史家である。イブン・ムフリフはエルサレム (Jerusalem) に生まれ，ダマスカスに移住後，ハンバル学派の法学を学んだ [Perho 1995：43]。

　この３人は，マムルーク朝期 (1250～1517年) のダマスカスの同時代人であり，ハンバル学派の法学者であったイブン・タイミーヤ (Taqī al-Dīn Aḥmad ibn Taymīya, d. 1326) と繋がりがあった [Perho 1995：5, 11, 34, 82]。彼らは，イブン・タイミーヤのイスラーム法を厳守する思想と，ハンバル学派の教義を遵守

第Ⅲ部　東アフリカにおけるスンナの医学

した [Perho 1995：63]。イブン・タイミーヤ自身は，ワインや豚肉など，宗教的に禁忌とされているものでなければ，薬物療法も認めた。また，預言者から受け継ぐ知識のみが有効である，と述べながらも，ギリシャ医学にも敬意を示していた [Perho 1995：71, 79]。

3　預言者の医学の著作が書かれた理由

　先行研究による預言者の医学の評価は様々である。初期の研究者であるナスル（Seyyed Hossein Nasr）は，預言者の医学では医学に関するクルアーンの章句とハディースが体系化されてはいるが，ギリシャ医学の影響については議論されていない，と述べている [Nasr 1968：192]。

　ビュルゲル（J. Christoph Bürgel）とウルマン（Manfred Ullmann）は，預言者の医学が「外来の」ギリシャ医学に対抗するために作られたと述べている [Bürgel 1976：46；Ullmann 1978：5]。しかし，ハディースに言及されている薬や治療法のみではギリシャ医学に優ることができないため，9世紀頃から預言者の医学の中に，ギリシャ医学が取り入れられ始めた，と指摘している [Bürgel 1976：58]。

　これに対してラフマン（Fazlur Rahman）は，預言者の医学の著作がギリシャ医学に対抗するために書かれたという説では，預言者の医学の高い順応性を説明することができない，と述べている。彼は，預言者の医学の目的は，医学の中に高いイスラーム的価値を置くことと，一般のムスリムたちにとって有益な手引書を作成することであったため，預言者の医学はむしろ，ギリシャ医学と一体化するために書かれた，と述べている [Rahman 1998：42]。

　ペルホ（Irmeli Perho）は，預言者の医学はギリシャ医学を否定したのではなく，むしろ評価していた，と述べている。彼によると預言者の医学は，イスラームの教義とギリシャ医学の理論を統合させ，新しい医学体系を前進させる試みであった [Perho 1995：79]。預言者の医学の著者たちは，ギリシャ医学の理論に倣って預言者の医学を理論化し，一般の人々も利用可能な手引書を作成し

た［Perho 1995：5］。

　ジョンストン（Penelope Johnstone）もまた，預言者の医学の著作は，医療とイスラームを統合し，宗教的な行為に重点が置かれたものであり，医学的な専門書というよりもむしろ，一般大衆向けであった，と評している［Johnstone 1998：xxiii］。コンラッド（Lawrene I. Conrad）は，預言者の医学がギリシャ医学とイスラームの格言，基本的な教義，民間伝承，伝統，宗教的慣例を統合し，様々な薬の使用法や効果についての説明を加えた，と評している［Conrad 1995：124］。

　ドルズ（Michael W. Dols）は，預言者の医学の著作の目的が，預言者の慣行をもとに，毎日の礼儀や健康に関することを，一般ムスリムに教えることにあったと述べている。さらに，預言者ムハンマドの言行がムスリムとしての適切な振る舞いの模範であり，健康面については，ギリシャ医学に基づいて規定された，と述べており，イスラームの教えとギリシャ医学の役割が，明確に区別されていたことを指摘した［Dols 1992：244］。

　サベージスミス（Emilie Savage-Smith）は，預言者の医学の目的が医学分野においてイスラームの価値を証明し，外来のギリシャ医学よりもイスラームに医学的権威を与えることにあった，と述べている。しかしながら預言者の医学は，当時有力であったギリシャ医学が，医学分野を占有することを阻むために生まれたものにすぎず，医学的に首尾一貫した基礎をなすような総合的理論ではなかった，とも指摘している［Savage-Smith 1996：927-929］。

　本章では預言者の医学について，その内容と歴史的背景，著作物が執筆された理由について考察してきた。預言者の医学は，ハディース集として始まり，ギリシャ医学の影響を受けながら体系化され，発展した。預言者の医学の著者たちは，ギリシャ医学を預言者の医学に組み込むことに試行錯誤しつつも受容していった。その結果として，預言者の医学の著作は現在まで，広くイスラーム世界の人々に読まれるまでに成熟した分野となった。

第Ⅲ部　東アフリカにおけるスンナの医学

注

(1)　本章で言及するのは，スンナ派の預言者の医学である。シーア派には，これに相当する分野として「イマームの医学（ṭibb al-a'imma）」がある。イマームの医学の典拠は，初代イマームであるアリー（'Alī ibn Abī Ṭālib, d. 661）の経験と研究から得た医学的知識に基づいており，ギリシャ医学の影響も強く受けている［Perho 1995：62；Rahman 1982：83］。最も古い著作は，シーア派十二イマーム派の第 8 代イマームのエマーム・レザー（Emām Rezā, d. 818）が著した『医学の源泉と支流をめぐる金言（al-Risāla al-Dhahabīya fī Uṣūl al-Ṭibb wa-Furū'ihi）』である。この著作は，アッバース朝第 7 代カリフのマアムーン（在位：813-833）の依頼で書かれたものである。イマームの医学の大きな特徴は，薬の使用法であり，スンナ派が薬の使用を認めているのに対し，シーア派では他に代わるものがなく，病気が堪え難いものになったときにだけ薬の使用を認めた［Rahman 1982：83；Savage-Smith 1996：928］。

(2)　魔方陣は本来，写真6-2（左図）のように各マス内にアラビア数字が書かれ，縦・横・斜め，どの列を足しても同じ解になる方陣のことであるが，写真6-2（右図）のように，預言者の医学では，アラビア文字が各マス内に書かれているものもある。その場合，単語として意味をなす場合とそうでない場合がある。

(3)　アッバース朝時代（749～1258年），著名なハディース学者たちがイラクのバグダードで活躍した。そのようなハディース学者として，ティルミズィー（Abū 'Īsā Muḥammad ibn 'Īsā al-Tirmidhī, d. 892），イブン・ハンバル（Aḥmad ibn Ḥanbal, d. 855），アブー・ダーウード（Abū Dāwūd Sulaymān ibn al-Ash'ath al-Sijistānī, d. 889），ナサーイー（Abū 'Abd al-Raḥmān Aḥmad ibn 'Alī al-Nasā'ī, d. 915）などがあげられる［Perho 1995：40］。

(4)　記録に残っている最も初期の預言者の医学に関する著作は，アンダルス（イベリア半島）出身の哲学者であり，詩人，歴史家，マーリク学派の法学者でもあったクルトゥビー（'Abd al-Malik ibn Ḥabīb al-Sulamī al-Qurṭubī, d. 853）によって書かれた。しかしながら，著作が現存しておらず，その内容は不明である［Perho 1995：53-54］。

(5)　例えば，ハナフィー学派の法学者であったムスタグフィリー（Abū 'Abbās Ja'far ibn Muḥammad al-Mustaghfirī al-Nasafī, d. 1041），ハンバル学派の神学者であったイブン・ジャウズィー（Abū al-Faraj 'Abd al-Raḥmān ibn al-Jauzī, d. 1200），ハディース学者で歴史家のディヤーウッディーン・マクディスィー（Ḍiyā' al-Dīn Muḥammad ibn 'Abd al-Wāḥid ibn Aḥmad al-Maqdisī al-Ḥambalī, d. 1245），ハンバル学派で法学者でありハディース学者であったアブー・アルファス・バアリー（Shams al-Dīn Muḥammad ibn Abī al-Fatḥ al-Ba'lī, d. 1309）の著作などがある［Perho 1995：54-56］。

(6)　イブン・マージャ（Abū 'Abd Allāh Muḥammad ibn Yazīd ibn Māja al-Qazwīnī, d. 887）は，ハディース学者で，スンナ派で権威のあるハディース集の六書のうちの 1

112

第**6**章　預言者の医学

つを編纂した。

(7)　ビルザーリー（Muḥammad ibn Yūsuf al-Birzālī, d. 1239），ティファーシー（Aḥmad ibn Yūsuf al-Tifāshī, d. 1253），カッハール・イブン・タルハーン（'Alā' al-Dīn al-Kaḥḥāl ibn Ṭarkhān, d. 1320）など [Perho 1995：56-57]。

第7章
「イスラーム的」医療と精霊の関わり

　本章では，ザンジバルに存在する医療について検討する。第1節では先行研究をもとに考察し，第2節では，著者が実施した調査をもとに，ザンジバルの医療の類型について詳述する。そのうえで第3節では，ザンジバルのムスリムが持つ病の概念の中でも重要な要素である，精霊について考察する。

1　先行研究における「イスラーム的」医療の位置付け

　ザンジバルの医療に関する初期の著作に，ルート（Emilie Ruete, d. 1924）の『ザンジバルのアラブ王女による回顧録（*Memoirs of an Arabian Princess from Zanzibar*)』がある。この著作は，ザンジバルのブーサイード朝時代の王族や人々の生活の様子を知るうえでも重要な記録である［Ruete 1989（1888）］。ルートは1代目ザンジバル王であったサイードの娘で，サルマ（Salma）という名であったが，使用人であったドイツ人と恋に落ち，ドイツに移住した［Ruete 1989（1888）：XV］。

　ルートはザンジバルの人々について，身体や健康にあまり注意を払わない，と述べている。彼女によると，治療は吸角法（皮膚にカップを付けて中を真空状態にして吸引し，悪血や膿汁などを吸い取る方法）がほとんどであった。吸角法はコレラや天然痘などの治療にも用いられ，悪血を体外に出すことが，全ての病気に対する普遍的な治療や予防であると考えられていた。そのため，健康な人であっても，年に1度は吸角法を受けていたという［Ruete 1989（1888）：205］。

　重病の場合は神のみが頼りであり，クルアーンの文言が最良の治療であると考えられた。その場合，病人は水にサフランを溶かした黄色いインクで白い皿

115

第Ⅲ部　東アフリカにおけるスンナの医学

にクルアーンの文言を書き，それを水で溶かしたものを，1日3回飲用した。ルート自身，高熱が出たときに何度かこの治療を受けている。しかし，彼女がチフスを患った際，この治療では回復しなかったため，最終的にはヨーロッパ人医師に診てもらったという［Ruete 1989（1888）：206-207］。

　ルートは精霊による病についても言及している。彼女によると，1度も精霊に憑依されたことのない子どもは記憶にないという。落ち着きがなく，よく泣く新生児は，確実に精霊に憑依されていて，ただちに精霊を追い払う儀礼が行われる。また，精霊に憑依される大人の多くが女性である。ある人が痙攣を伴う発作や本能的な欲望（食欲，性欲など）の欠如，無感動，暗い部屋で叫び続けることなどをした場合，その人は精霊に憑依されていると判断される［Ruete 1989（1888）：211］。

　イングラムス（W. H. Ingrams）はイギリス人のザンジバル地区次官であり，1919～1927年までザンジバル王の個人秘書としても従事した［Ingrams 2007（1931）：裏表紙[(1)]］。彼によると，病の治療には(1)アニミズム，(2)外科的な方法，(3)内科的な方法，(4)呪術の4つがある［Ingrams 2007（1931）：441-477］。(1)のアニミズムは，イスラームと対立するものであり，外来の精霊であるシェイタン（Sw：sheitan）やジニ（Sw：jini）に加え，クズィム（Sw：kuzimu）という場所に住む死霊，ペポ（Sw：pepo），ミズィム（Sw：mizimu），パンゴ（Sw：pango），ズィムウィ（Sw：zimwi），ピンガ（Sw：pinga），ミズカ（Sw：mizuka）などと呼ばれる精霊が，特定の地域や場所に存在するという［Ingrams 2007（1931）：435-437］。これらの精霊に憑依されると，追い払うための儀礼が行われる。

　イングラムスは，パンゴに憑依された事例を，次のように描写している。パンゴと呼ばれる精霊は，乾期に水が涸れる，岩の多い川の洞穴に住んでいる。呪医（Sw：mganga）は，いつも明るい気性だが，ひとたびパンゴに憑依されると，洞穴の中でしゃがみ込んだり全裸になったりし，表情は険しくなり，目は充血し，呪医自身と精霊の2つの人格があらわれた。そして呪医は裸で奇声を発し，精霊を追い払おうとして悶え苦しんだ。イングラムスの友人が呪医をな

116

だめると，呪医はパンゴと思われる声で「さらば！」と叫び，動かなくなった。しばらくして呪医は目を覚まし，いつもの様子に戻った [Ingrams 2007 (1931)：438-439]。

　(2)の外科的な方法について，イングラムスによると，実際に行われていたのは，吸角法と割礼のみである。吸角法では，ナイフで背中の約4カ所に傷を付け，そこに牛の角で作られた器具を乗せ，器具の中がいっぱいになるまで血を吸い出す [Ingrams 2007 (1931)：441]。(3)の内科的な方法としては，主に薬草が使用されている。対象となる症例は，過多月経，嘔吐，切り傷，腹痛，高熱，腫れ，過期産，耳痛，喘息，妖術による梅毒などである [Ingrams 2007 (1931)：445-449]。

　(4)の呪術については，白魔術と黒魔術の2種類があるという。白魔術は，呪医によって行われる。その内容は，病を治療したり恋愛を成就させたり，姿を消したり，預言者ムハンマドの生誕祭で妙技を披露したり，邪悪なものを撃退するための護符を作成したりすることである。このような白魔術の中には，クルアーンの章句が書かれた紙片をネックレスにして護符を作成するなど，イスラーム的な要素も多く含まれる [Ingrams 2007 (1931)：455-465]。

　黒魔術は，妖術師（Sw：mchawi）によって執り行われ，依頼者に敵対する者に危害を加えることを目的としている。妖術師は，意のままに自身の姿を消したり，動物に変身したり，死者を起き上がらせたり，動物を操って人に危害を加えたり，人を殺すための薬を作ったりするという。その際，数字やアラビア文字を書いた魔方陣が用いられたり，占いが行われたりする場合もあるという [Ingrams 2007 (1931)：465-477]。

　最も初期の東アフリカのイスラーム研究者であるトリミンガム（J. Spencer Trimingham）は，ザンジバルにおける民衆宗教（popular religion）として(1) 精霊崇拝，(2) （非イスラーム的）魔術・妖術，(3) イスラーム魔術の3つをあげている。(1)のカテゴリーの精霊は，(a) 祖霊，(b) 土地を守る精霊，(c) 憑依霊の3種類に分けられる。精霊崇拝の儀礼は，木や岩の周辺，深い藪，洞穴，山の中腹にある谷間，墓地，特定の小屋などで行われ，子授けや病の治癒などを祈る。

第Ⅲ部　東アフリカにおけるスンナの医学

また，農民や猟師，漁師などは，仕事の安全や成功を祈り，精霊をなだめる儀礼を行う。(c)の憑依霊は，中東や北東アフリカで行われているザール祭祀（Ar：zār，ある種の精霊の名称およびそれらに関連する儀礼）と同様のもので，スワヒリ社会ではンゴマ（Sw：ngoma [ya kupunga pepo]：[精霊を追い払う] 儀礼）と呼ばれている。ある人が突然叫び声を上げたり，ある特定の種類の病を患ったりすると，呪医に相談される。呪医が病の原因を精霊であると判断すると，治療儀礼が行われる。その他にも，患者に憑依した精霊を追い払うため，呪医自身が持つ精霊を自分に憑依させ，呪医を介して精霊が患者にアドバイスをする場合もある [Trimingham 1964：114-118]。

(2)の（非イスラーム的）魔術・妖術について，トリミンガムによるとその活動内容はほとんど知られておらず，彼自身も未調査ではあるが，(1)～(3)の中でも最も人々の支持を得ているという。トリミンガムは，魔術・妖術が実際に行われているかどうかよりも，人々の間でそれに対する恐怖が共有されていることが重要であると述べている [Trimingham 1964：120-121]。

(3)のイスラーム魔術では，魔術や占い，占星術，クルアーンの朗誦や祈禱，護符，薬草などが用いられる。トリミンガムはこのイスラーム魔術について，他の治療儀礼と比べると副次的なものにすぎない，と評している [Trimingham 1964：122-125]。

ニスラ（Tapio Nisula）は，病の治療方法を，(1)西洋医療，(2)精霊憑依を伴わない治療儀礼，(3)精霊憑依を伴う治療儀礼の3つに分類している。(2)の精霊憑依を伴わない治療儀礼の1つであるムズィム（Sw：mzimu）は，村の土地や水の守護者も意味する。憑依する精霊はジニ（Sw：jini）やペポ（Sw：pepo），シェタニ（Sw：shetani）と呼ばれる。病の原因がこのような精霊であると判断された場合，人々は呪医のもとを訪れる。ムズィムの儀礼では，精霊に対して供物が用意され，共同で祈禱などがなされ，精霊をなだめる [Nisula 1999：39-47]。

キム（Caleb Chul-Soo Kim）は，イスラーム（Sw：dini, 宗教），慣習（Sw：mila），その他の民衆のイスラーム実践（other popular Islamic practices）の3つの要素

第7章 「イスラーム的」医療と精霊の関わり

が統合された，憑依した精霊を追い払う儀礼（Sw：ngoma ya kupunga majini）に言及している。この儀礼ではクルアーンの朗誦や魔方陣の使用，ズィクリなどが行われるという。キムはこの儀礼をとおして，スワヒリ文化がいかにアフリカ的要素とイスラーム的要素が混淆しているかを指摘している［Kim 2001：189-202］。

　ポーウェルズ（Randall L. Pouwels）は，「都市の」学問（'town' learning）であるエリム（elimu，教育，学問）と，「未開の」学問（'bush' learning）であるウガンガ（uganga，治療）の2つの概念を用いて分析している。ポーウェルズによると，都市の学問とはイスラームであり，未開の学問とは，皮膚の切除や吸角法，身体の熱と冷の利用，祖先から受け継がれてきた薬の知識のような，身体の病を扱う治療実践などである。しかしながら，ポーウェルズ自身も指摘するように，都市の学問を担う者の中にも未開の学問を担うとされる呪医は存在し，都市の学問の中にもアフリカ的・非イスラーム的特徴がみられる［Pouwels 1987：89］。

　以上のように，イスラーム的要素を含む治療儀礼は，先行研究ではアフリカ的要素が混淆したものとしてとらえられてきた。そのため，イスラーム的要素は，宗教をまとった「スワヒリ地域の伝統」であるとされ，イスラーム学の知識の1つとしてはとらえられてこなかった。また，先行研究では，正統イスラームに対する民衆イスラーム，イスラーム的な都市の学問に対する非イスラーム的な未開地域の知識のような二項対立で分けられ，イスラーム的な治療は付随的なもの，アニミズム的要素が混交したもの，「未開地域の知識」であるとして，過小評価されたり，研究対象としての重要性を見落とされたりしてきたのである。

　しかしながら，近年の歴史研究からは，これまでの研究者の視点に疑問が投げかけられている。デクリッチ（Lorenzo Declich）とロイマイヤー（Roman Loimeier）は，ザンジバルにおける治療に関する19世紀のアラビア語の書籍について，詳細に分析している［Declich 2004；Loimeier 2009］。デクリッチは，ザンジバル州立文書館（Zanzibar National Archives）が所蔵する最古の書物として，

第Ⅲ部　東アフリカにおけるスンナの医学

1728年の日付が記載された伝スユーティー著『医学と知恵における慈悲の書』の写本をあげている。これは前章で述べたとおり，預言者の医学に関する有名な著作である。

　当時，このような著作を参照して治療を行うことができたのは，アラビア語の読み書きができ，この写本が入手可能な宗教的エリートに限られていた。宗教的エリートとは，イスラーム法学者や裁判官，文官，王室顧問といった，王室と密接な関係にある者たちであった [Declich 2004：266][4]。預言者の医学は，決して「未開の」学問ではなく，ザンジバルの宗教的エリートの間で広まっていた，高度な学問であった [Loimeier 2009：199]。

2　ザンジバルにおける医療の類型

　次に，現在のザンジバルにおける医療の類型についてみていきたい。著者は20人のザンジバル人（男性17人，女性3人）に対して，自身の病歴や，それを治療した方法，健康維持のために普段行っていること，家族の病歴とそれを治療した方法といった，個人的な病の経験についてのインタビューを行った。その結果，彼らは病を患った際，以下のような医学に頼っていることがわかった。

西洋医学

　人々が体の不調を感じた際，まず最初に訪れるのが西洋医学の病院である。ザンジバルに初めて西洋医学がもたらされたのは，1860年代初期，フランスのローマカトリック聖霊教会によってであった [Bennet 1963：56-57]。また，1993年の時点でザンジバル州立医療機関は，プライマリ・ヘルスケア・センター120カ所[5]，病院4カ所，産院1カ所，精神科病院1カ所があり，病床数は計800床存在した [Nisula 1999：199]。

　西洋医学の薬は即効性があり，確実な治療効果が期待できると人々はとらえている。また，ザンジバル州立病院の受診料や薬代は無料であるが，私立の医療機関に比べて一般的に質が低いと考えられている。そのため，有料であって

120

第**7**章　「イスラーム的」医療と精霊の関わり

も，まず私立の病院を受診する人も多い。

　ザンジバルの人々がよく患う病気の1つとして，マラリアがあげられる。著者のインタビューでも，20人中15人がマラリアにかかった経験を持っており，その内の11人は西洋医学の病院を受診した。また，頭を怪我した際，病院で縫合したという人もいる（30代男性，2007年8月28日）。症状が重いときや外科的な処置が必要な場合は病院に行くが，軽いときは家の薬を使用する，と述べる人もいる（20代男性，2007年8月18日；40代男性，2007年8月30日）。このように，急病やケガをした場合，多くの人が最初に西洋医学を利用しているのである。

中国・韓国系の医学

　タンザニアは他のアフリカ諸国同様，中国との関係が強い。医療分野においても，1960年代初頭〜1980年代初頭まで，中国は主要な援助国の1つであった[Nisula 1999：46]。ストーンタウン郊外には，「中国・ザンジバル友好診療所（China-Zanzibar Friendship Dispensary）」という2階建ての建物がある。この診療所は，中国人だけでなく，現地の人々も利用する。[6]診察室には，身体の様々なツボの位置を示した人体のポスターや模型が置かれており，問診の際に適宜利用される。

　ある男性は，15歳のときにヘルニアを患った際，中国系の診療所で治療を受けた。治療内容は，患部をマッサージされ，ニームの木（Neem Tree，インド原産の広葉常緑性高木，後述）の根を噛む，というものであった。しかし回復しなかったため，後日西洋医学の病院を受診したという（20代男性，2007年8月22日）。

　韓国系の診療所もまた，ストーンタウン郊外に存在する。著者は知り合いから，この病院が中国系の診療所であると聞いており，近くで数人にこの診療所の場所を尋ねた際も，全員が中国系の病院であると認識していた。この診療所の表看板には，「東洋伝統医学診療所（Oriental Traditional Medicine Clinic）」と書かれているだけであったので，著者がこの病院を韓国系であると知ったのは，医師と直接話をしたときであった。診療所の1階に入ると，入り口付近には患

121

第Ⅲ部　東アフリカにおけるスンナの医学

者たちの待合スペースが設けられており，多くの人で混雑していた。カーテンで5カ所に区切られた奥の診察室では，韓国人医師がスワヒリ語で診察を行っていた。薬は韓国の生薬をもとに作られた粉末や錠剤が用いられていた。

在来の医学

ザンジバルには，様々な地域や民族の間で継承される知識に基づく医学が存在しており，それらは「在来の医学（Sw：tiba ya asili）」と呼ばれている。在来の医学は，後述するウガンガやスンナの医学をさして呼ばれることもある。著者がザンジバルで調査したのは，マアサイ人とスクマ人の医学である。マアサイ人は従来，ケニア南部からタンザニア北部にまたがる地域で遊牧生活を行ってきたが，近年では土産物の販売やホテルなどの守衛としてザンジバルでも働いている。マアサイ人は，人通りの多い路上に商品の陳列台を置き，日傘を立てて色鮮やかなネックレスや腕輪を販売している。そしてそれらの商品とともに，植物の枝や根，葉を原料とした薬を販売している（写真7-1）。これらは，彼らの故郷であるアルシャなどで採取されたものである。

スクマ人もまた，タンザニア本土出身の民族である。彼らは都市部ストーンタウンに，院長の名前を冠した「マトゥンゲ・ハーバリスト診療所（Matunge Herbalist Clinic）」を開院している。彼らの診療所はザンジバルに数カ所ある他，タンザニア本土側のムワナニャマラ（Mwananyamala），ダルエスサラーム，ムワンザにも存在する。また，ラジオCMも頻繁に流し，ホームページも開設している。[7] 彼らもスクマ人の間で用いられる薬草類を，錠剤や粉末などに加工して使用している。病気も慢性的な高（低）血圧や糖尿病，喘息などをはじめとして，様々な病気に対応している。

アーユル・ヴェーダ

アーユル・ヴェーダ（Āyurveda）は，主にインド人の間で取り入れられている。あるインド人男性によると，アーユル・ヴェーダの薬の特徴は，時間をかけて治す点である（50代男性，2007年8月18日）。また，彼はアーユル・ヴェーダ

第7章 「イスラーム的」医療と精霊の関わり

写真7-1　マアサイ人の店
ビーズの装飾品とともに薬類（写真立ての後ろ）が販売されている。
出所：2007年8月，著者撮影。

の薬の専門店として，ストーンタウンのS店をあげた。この店は，創業者がインド人であり，インドから輸入した商品を多く取り扱っている。S店はまた，一般の人々にはザンジバルで最も古い薬草店として知られており，次に述べるウガンガの薬も同店で買い求められる。

ウガンガ

「ウガンガ（Sw：uganga）」は元来，「医療，治療」を意味するが，「伝統的な医療，治療」という意味でも用いられる。ウガンガの治療者は，「呪医（Sw：mganga）」や「職人（Sw：fundi）」などと呼ばれ，親や祖父母（ウガンガの治療者である場合が多い）からの伝承や，治療者同士の情報交換，アラビア語の専門書などから知識や技術を習得する。治療者のもとには，身体の不調をはじめ，不妊，人間関係のもつれ，精神的な病，原因不明の病など，様々な問題を持っ

123

第Ⅲ部　東アフリカにおけるスンナの医学

た人々が訪れる。

　次に，ウガンガの治療実践を紹介する。イディ（Idi, 27歳男性）がウガンガの治療者の家を訪れた理由は，ある日突然，身体全体が痛みだし，会話も仕事もできなくなってしまったためである。彼は，突然自分がどこにいるのかわからなくなったり，目がみえなくなったり，人を叩いたり，泣き出したりするようになった。彼は西洋医学の病院に行って様々な検査を受けたが異常はみつからず，姉の知り合いのウガンガの治療者にみてもらったところ，彼は女性のジニ（精霊，後述）を持っていることがわかった。治療者によるとこのジニは，イディが幸せそうに暮らしていることに嫉妬したイディの前妻によってもたらされたものだという。

　イディは1週間ほどザンジバル中部にある村の治療者の家に滞在した後，治療が行われた（2007年11月28日）。場所は治療者の家で，2人の治療者に加えてイディの姉2人，ペンバ島に住む彼の母や叔父，従兄弟が集まった。治療は朝9時頃から開始され，約1時間続いた。まず，1人の治療者が場を浄めるため，コップ1杯の液体を部屋の中央と四隅にまいた。この液体はコンベ（Sw: kombe，後述）と呼ばれ，クルアーンの章句を書いた紙をバラ水に浸し，そのインクを溶かしたものである。イディは，クルアーン第1章をはじめとしたいくつかの章句を朗誦しながら，治療者にこのバラ水を身体に振りかけてもらい，身体を浄めた。

　治療儀礼を行う場所にはござが敷かれ，一同はイディを中心にして向かい合って座った。イディはマッカの方角を向いて足を伸ばして座り，身体全体を覆う白い布を被せられた（写真7-2）。治療者によると，マッカに向かって足を伸ばすのは，マッカが全ての道へ通じる鍵だからである。イディの左隣には，彼の叔父が黒い布を被せられ，同様にマッカの方向に足を伸ばして座った。叔父に問題はなかったが，治療者によるとイディのジニは，いつもは彼の周囲に存在しており，時折イディに憑依して体の不調を引き起こす。治療をするためにはイディにジニを憑依させる必要があるが，イディはまだ若く，直接ジニが憑依すると身体に負担がかかるため，先に彼の叔父にジニを憑依させた後，移す

124

第7章 「イスラーム的」医療と精霊の関わり

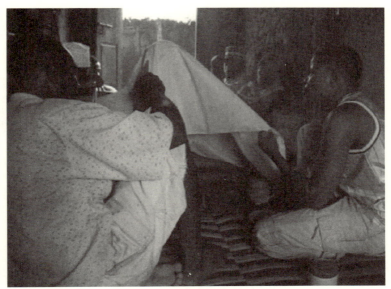

写真7-2　ウガンガの治療
手前の男性2人が治療者，白い布を被っている者がイディ。
出所：2007年11月，著者撮影。

ようにしてイディにそのジニを憑依させるという。

　治療では，最初に全員でクルアーン第1章を朗誦した後，治療者がクルアーンを数章（第113章，第114章など）朗誦する。治療者はイディが被った布の中に香炉を近づけ，彼に香の匂いを嗅がせる（写真7-2右の男性）。その後，もう1人の治療者が，表紙に「アッラー，心優しきお方（Ar：Allāh Laṭīf）」と手書きで書かれたアラビア語の書籍を，抑揚をつけて大声で朗誦する（写真7-2左の男性）。

　しばらくすると，イディの前方に座っていた彼の姉の1人が，小刻みに震えだした。周囲の人々の反応から，彼女はジニに憑依されているようであった。しばらくすると，彼女の震えは止まり，もとの様子に戻ったが，次にイディの隣で黒い布を被っている彼の叔父が，突然「あっ！」と高い声で叫んでイディの方へ飛び出してきた。叔父はイディによって取り押さえられ，すぐに元の場

125

第Ⅲ部　東アフリカにおけるスンナの医学

所に戻され，再び布を被せられた。そして治療者は，本を一通り朗誦し終える
と，疲れた様子で退出した。すると，もう1人の治療者が，手拍子をしながら
スワヒリ語で次のような短い歌を繰り返し歌い始めた。参加者たちも，治療者
と一緒に歌いながら手拍子を始めた。

Mi si mgeni wa ruhani natokea Basara	私はルハニ（ruhani, ジニの一種）のよそ者ではない 私はバスラ（Basra, イラク）からきた
Mwana wa jini jini hapandi mrana	ジニの子だ　ジニは塔には登らない
Wa Saidi Suleimani na chuchiya yungi manga	（内容不明，Saidi Suleimani はクルアーンの中でジニを家来にしたとされる預言者）
Ile manga ile ile manga ile	あれがアラブだ，あれが あれがアラブだ，あれが
Kuna jabari jeupe ruhani majini asali yapo	白い山があるぞ，ルハニよ，ジニよ，蜂蜜があるぞ
Hicho hicho kimanga see ruwa	準備ができた，さあ来い

　皆で歌を歌い始めてしばらくすると，イディの隣の叔父が身体を前後に揺ら
し，ズィクリを始めた。治療の参加者たちはタリーカとは無関係であるが，ズ
ィクリはしばしばジニを患者に憑依させるために，ウガンガの治療の中で行わ
れる。

　この日，イディがジニに憑依されることはなかったため，後日，治療者と姉
とともに故郷のペンバ島に渡り，引き続き治療を行うとのことであった。治療
者によると，イディの両親が住むペンバ島は，より治療に適した環境であると
いうことであった。

126

第**7**章 「イスラーム的」医療と精霊の関わり

スンナの医学

スンナの医学（Sw：Tiba ya Kisunna）の「スンナ（Ar：sunna）」は，アラビア語で慣行，慣習を意味し，イスラームの文脈では預言者ムハンマドの慣行をさす。「ティバ（Sw：tiba）」はアラビア語で医学を意味する「ティッブ（Ar：ṭibb）」に由来する。そのため，「ティバ・ヤ・キスンナ」は，「預言者ムハンマドの慣行に基づく医学」という意味である。スンナの医学の治療者は，先生を意味するムワリム（Sw：mwalimu）やウスタズィ（Sw：ustadhi）と呼ばれる。また，治療者のほとんどが，クルアーン学校やモスクで行われている子どもや成人を対象とした授業の教師を兼務している。

ある女性はマラリアにかかった際，病院には行かずに黒種草（地中海沿岸から西アジアに分布する一年草）の種子と蜂蜜を混ぜたものを飲むという（30代女性，2007年8月18日）。黒種草と蜂蜜は，預言者の医学でよく用いられている[8]。また，イスラームに関する本を販売する露天商の男性は，3年ほど前からスンナの医学の薬も取り扱っている。彼は，スンナの医学の本を販売するようになってからその有効性を知り，自らも日常生活の中に取り入れているという。例えば，彼は腰痛を患った際，まず病院に行ったが，スンナの医学の薬も併用したという（40代男性，2007年8月18日）。この2人以外にも，身体の不調の際や心身が不安定のとき，クルアーンを朗誦すると述べる人もいる。

スンナの医学の治療実践については第9章3節で詳述するが，ここでは一例を紹介しよう。30代のあるアラブ人女性は既婚者で，3人の子どもがいる。彼女は夫との性交渉を望まず，代わりに夢の中でジニと関係を持つという。治療者によると，彼女はジニ・マハッバ（Sw：jini mahaba；Ar：jinnī al-maḥabba，愛人のジニ）を持っており，このジニに憑依されるようになったのは，他人からの妬みが原因であるという。

彼女の治療では，まず沈香が焚かれた。彼女はマッカの方角に足を伸ばして座り，足先まで布で覆った。治療者2人が彼女の両耳元でクルアーンを朗誦し始めると，彼女はすぐに泣き出した。その後もクルアーンが朗誦されている約30分間，彼女は大声で泣き叫んでいた。治療者たちは彼女を制止しながら，何

第Ⅲ部　東アフリカにおけるスンナの医学

度も「名前は何か」,「誰に遣わされたのか」,「ムスリムか否か」と問いかけた。しかし,彼女に憑依したジニは,彼女をとおして何も話そうとせず,結局この日の治療は失敗に終わった。

　3日後,昼過ぎから再び治療が行われた。今度は女性の夫も同席した。2人の治療者が,彼女の両耳元でクルアーンを朗誦し始めると,彼女はすぐに耳を押さえて泣き叫び始めた。家族たちは,彼女が大声を出して取り乱すたびにしっかりと押さえつけたが,彼女は激しく抵抗し続け,ついに彼女は自分を押さえつけている人々の手や腕に噛みつき始めた。

　治療は2時間以上にもおよび,その甲斐もあってか彼女に憑依したジニは,自分の正体を明らかにし始めた。彼女のジニは,あるインド人男性によってもたらされたという。この男性は,彼女との結婚を望んでいたが,彼女が現在の夫と結婚したことを知って嫉妬し,あるウガンダの治療者に依頼して彼女にジニを送ったという。その後,自らの正体を明かしたジニは,治療者の説得を受け入れて彼女の身体から出ていった（2008年1月6,9日）。

キリスト教の治療儀礼

　教会においても治療儀礼が行われている。あるタンザニア本土出身のキリスト教徒の男性は,身体を洗っているときに右耳に水が入り,痛むようになった。そのため,教会に行き牧師に祈ってもらった。牧師は痛む右耳に手を当て,スワヒリ語で祈った。すると,2日後に治ったという（20代男性,2007年8月23日）。

　また,著者はある日,ストーンタウン郊外のプロテスタント教会を訪問した。教会は,コンクリートのブロック塀にトタン屋根といった,ザンジバルでは一般的な住居と同様のつくりをしていた。教会では日曜礼拝を中心に,毎日何らかの集会が行われている。著者が訪問した際の日曜礼拝では,全員で手拍子を打ったり足でステップを踏んだりしながら賛美歌を歌った。その他,スワヒリ語の聖書を皆で順番に読んだり,牧師の説教を聞いたりした。

　そして,参加者の中に身体に不調のある人がいると,その人に対して治療儀礼が行われる。著者もどこか悪いところがないか尋ねられたので,時折,右太

ももが突然痛むことを伝えた。すると，人々は椅子に座っている著者を囲み，賛美歌を歌い始めた。しばらくすると，牧師は著者に1人の女性と抱擁するように言い，そのようにすると，著者の不調が彼女に移ったかのように彼女はぐったりとして倒れこんだ。しばらくすると，彼女は正気に戻った（2007年8月26日）。

祖霊による治療儀礼

　ムズィム（Sw：mzimu）と呼ばれる祖霊による治療儀礼は，ザンジバル南部のマクンドゥチ（Makunduchi）で盛んに行われている。マクンドゥチの人々は，祖霊のことを「ムゼー（Sw：mzee，長老，年長者）」と呼ぶ。ここでは食欲不振の少女に対して行われた事例を紹介する（2008年1月20日）。治療を行う場所は，大木の下にある大きな洞穴である。祖霊は黒色を嫌うとされており，黒い衣服や履物は，儀礼の前に脱がなければならない。参加者たちは治療者を先頭として，木の根が無数に張った洞穴の中を裸足で降りて行く。その際，治療者は祖霊に対して「ごめんください（Sw：hodi）！」と繰り返し挨拶をする。

　洞穴の中では香が焚かれ，東西南北に位置する四隅で，クルアーンの章句が朗誦される。そして，少女は足を伸ばして頭から布を被って座り，治療者がスワヒリ語で歌を歌い始めた（写真7-3）。15分ほど経つと，治療者は祖霊に対してスワヒリ語で少女の症状や祈禱の言葉を述べ，儀礼が終了した。少女の病気が完治すれば，再び儀礼を行った場所を訪れ，屠殺した動物や新品のカンガなどが，礼として祖霊に捧げられる。

ンゴマの治療儀礼

　ンゴマ（Sw：ngoma）は「太鼓」や「ダンス」を意味するが，専用の音楽などを用いて精霊を患者に憑依させて行われる治療儀礼も意味する。ここではマダガスカルから伝来したといわれているキブキ（Sw：kibuki）というンゴマの例を紹介する（2007年8月19日）。

　キブキは基本的に女性しか参加を許されないが，必ず女装をした男性も数人

第Ⅲ部　東アフリカにおけるスンナの医学

写真7-3　ムズィムの様子
治療者（右）が少女（中央）の頭に手を乗せ，祈禱をしている。
出所：2008年1月，著者撮影。

参加する。キブキに参加している女性たちは皆，この儀礼を経て自分のジニを持つに至っており，コミュニティー内でキブキが行われるたびに出席する。儀礼は夜に屋外で行われ，会場は外からみえないようにビニールシートで覆われている。会場には大量のお酒と沈香が用意され，女性たちは露出の多い服を着て，ヴェールは着用せず，髪飾りなどを付けておしゃれをする。著者は最初，頭にヴェールを巻いて参加していたが，途中，近くにいた女性にヴェールを引っ張られ，取るように言われた。

　儀礼が始まるとキブキの音楽が流され，十数人の参加者たちの中には，槍を持ったり両手に棒を持って振り回したりする人もいる。会場はまるでディスコのような雰囲気で，香が焚かれた会場で酒を飲んだり踊ったりしながら，ある女性にジニが憑依するのを待つ。ジニが患者の女性に憑依すると，ジニは女性をとおして自分は何者か，どこから来たのか，ということを告白し，女性はそ

第7章 「イスラーム的」医療と精霊の関わり

のジニと生涯を共にすることとなる。

家庭の医学

　軽い身体の不調には，「家庭の薬（Sw：dawa ya nyumbani）」といわれるような，身近な飲食物や薬草類が用いられる。その中でもよく使われるのが，スワヒリ語で「ムアロバイニ（Sw：mwarobaini）」と呼ばれるニームの木である。ムアロバイニとは「40の木」，つまり，「40種類もの病を治すことができる木」という意味である。ザンジバルでは，都市部でも地方でもこの木が自生しており，病のときには葉や樹皮をすり潰したものを噛んだり服用したりして重宝されてきた。例えばマラリアを患った際，解熱剤としてニームの葉が使われる。また，腹痛の際，ニームの葉の煮汁を飲むという人もいる（20代男性，2007年8月18日；20代男性，2007年8月22日）。

　その他にも，喉が痛いときは生姜の入った茶やコーヒーを飲んだり温かい牛乳を飲んだり，便秘の際にはココナッツの果汁を飲んだりする。このように，軽い身体の不調は，身近にある飲食物で対処されているのである。

3　精霊の存在

　これまでみてきたように，ザンジバルの人々は身体の不調を感じた際，その症状に応じて様々な治療方法を選択している。また，病の中には，精霊が原因とされる場合も多くあった。そこで本節では，精霊がザンジバルではどのような存在としてとらえられているのかについて論じる。

　精霊はアラビア語でジン（Ar：jinn）といい，イスラーム誕生以前から存在するとされている。クルアーンでは，人間が土から創造されたのに対し，ジンは火から創造された，とされている（クルアーン第55章5節）。また，良いジンも存在するが，悪いジンはシャイターン（Ar：shayṭān）やイフリート（Ar：'ifrīt），グール（Ar：ghūl），マーリド（Ar：mārid）などと呼ばれ，人間に危害を加える存在と考えられている［大塚 2002c：509］。

131

第Ⅲ部　東アフリカにおけるスンナの医学

　ザンジバルでは，ジンをジニ（Sw：jini）と呼ぶ[9]。ある年輩のイスラーム知識
人によると，ジニの数は人間の9倍にものぼり，海を好むため，ザンジバルに
は特に多く存在する（2007年8月8日）。また，「家族や親戚の中でジニに憑依さ
れたことのある人がいるか」という質問に対して，ほとんどの人が「いる」と
回答した。著者がある日，友人の家に滞在しているとき，突然近所から女性の
叫び声が聞こえてきたことがあった。その際，友人たちは「彼女の頭にはジニ
が登っている」と話した。人々はジニに憑依されることを，「ジニに登られる
（Sw：kupandwa na jini）」と表現する。ジニに憑依された人は，通常とは異なる
身体の動きをしたり言葉を発したり，突然意識を失ったりする。

　スンナの医学の治療者たちは，患者の抱えている問題の約80〜90％がジニに
起因し，患者の90％以上が女性であるという。これについて治療者たちは，女
性は月経の間，礼拝することができないため，その期間にジニに憑依されやす
くなるという。ジニの属性は，女性／男性，ムスリム／キリスト教徒／ユダヤ
教徒／その他の異教徒，人間／動物，ザンジバル人／タンザニア本土のアフリ
カ人／アラブ人／エチオピア人／ヨーロッパ人など，様々である。

　ジニに憑依されると，そのジニに特徴的な言動や性質がその人に表れる。例
えば，未婚者が異性のジニに憑依されると，そのジニと恋人関係になって婚期
が遅れ，既婚者であればパートナーとの性交渉を望まなくなる。ヘビのジニに
憑依されると，その人は身体を前後にくねらせるようになり，ヒヒのジニに憑
依されると，常に両手をこすり合わせるしぐさをするようになるという。

　例えば，耳に不調があるためにスンナの医学の治療所を訪れた20代女性につ
いて，治療者はヘビのジニが憑依していると判断した。その理由は，彼女がジ
ニに憑依されている際に身体を前後に揺らすためである。彼女は，治療者に耳
元でクルアーンを朗誦されたり，ヘッドホンを付けてクルアーンの章句を聞い
たりすると，叫びながら不快感をあらわにする。治療者によると，このジニの
性別は女性であるが，彼女の「愛人のジニ」であり，彼女との結婚を望んでい
る，ということであった（2007年8月20日）。

　ただし一方で，ジニの存在自体は否定しないまでも，ジニに憑依されること

や，ジニを除去するような治療は，偽りであり金儲けにすぎないと考えている人もいる。例えば，著者がウガンガの治療者の家に出入りしていると知ったある友人は，「ウガンガの治療はイスラームに反している。その場所に出入りしているおまえも火獄行きだ」と著者を激しく非難した。

しかし数カ月後，彼は突然，一切言葉を発することができなくなり，身体も動かすことができないという原因不明の症状を訴えた。彼は病院で様々な検査を受けたが，異常はないと診断されたため，最終的にウガンガの治療者のもとを訪れ，ジニに憑かれていると判断された。その後，彼はそれを事実として受け入れ，治療者の家に約1週間泊まり込んで治療を受け，快方に向かった。著者が「あれだけジニの存在を信じないと言っていたのに」と彼に問うと，「今は信じる」と笑いながら答えていた。

このように，たとえジニを追い払う行為に否定的な見解を持っていたとしても，多くの人はそれまでの経験として，身近な人がジニに憑依された様子を目の当たりにしたり見聞きしたりしたことがある。このような経験から，ジニは身近な存在として，ザンジバルの人々の心の中に深く刻み込まれているのである。

本章では，ザンジバルにおいては様々な医療が存在し，病や問題の原因として，精霊の存在が大きく関わっていることを示した。人々は多くの場合，まず西洋医学の病院を受診するが，ジニが病や問題の原因であると考えられる場合，その他の医療も用いた。ジニは目にみえないが，どのような人に対しても憑依し，身体の不調や人間関係の不和をもたらしうる，人々にとっては非常に身近な存在となっているのである。

注
(1) 当時，ザンジバルはイギリスの保護国となっており，イングラムスもイギリス政府によって派遣された役人であった。
(2) トリミンガムは，イスラームの精霊も存在するが，(1)の精霊崇拝には含まれないとし

第Ⅲ部　東アフリカにおけるスンナの医学

ている［Trimingham 1964：114］。

(3)　身体の温感の指標として，「熱」と「冷」が用いられる。両者は体内でバランスが保たれている状態が良いとされ，バランスが崩れると病気になると考えられている。

(4)　デクリッチは，ザンジバル州立文書館の記録の中から，医学に関心を持っていた人物として，ムハンマド・アリー・ムンズィリー（Muḥammad ibn ʿAlī ibn Muḥammad al-Mundhirī, d. 1869），スライマーン・アリー・ムンズィリー（Sulaymān ibn ʿAlī ibn Muḥammad al-Mundhirī, d. 1887頃），ナースィル・ジャーイド・ハルースィー（Nāṣir ibn Jāʾid ibn Khamīs al-Kharūṣī, d. 1847）の３人をあげている。彼らは全員，王宮で重用された宗教学者であった［Declich 2004：266-268］。

(5)　プライマリ・ヘルス・ケア（Primary Health Care）とは，「全ての人に健康を」を目標とし，健康を基本的な人権として認め，その達成の過程において，住民の主体的な参加や自己決定権を保障する理念のことである。1978年，ソビエト連邦のアルマ・アタ（Alma-Ata）で開催された世界保健機関と国際連合児童基金の合同会議における宣言文（アルマ・アタ宣言）で，初めて定義づけられた。

(6)　ザンジバル都市部では観光客向けのレストラン経営や，タンビ（Sw：tambi）という麺を製造・販売している中国人も居住している。

(7)　マトゥンゲ・ハーバリスト診療所［http://matunge.fortunecity.ws/menu.htm, 2016年9月6日閲覧］。

(8)　黒種草については，以下のハディースで言及されている。「アブー・フライラによると，神の使徒は『黒い種はサーム以外のあらゆる病を癒す』と言ったが，イブン・シハーブによると，サームは死であり，黒い種とは，黒種草である，という」［ブハーリー 1994：874］。

(9)　その他にもジニは，ほぼ同義で「シェタニ（Sw：shetani, Ar：shayṭān, 悪魔）」と呼ばれる場合もあるが，本書では表記をジニに統一する。

第8章
ウガンガとスンナの医学の比較

　本章では，前章でも言及したウガンガとスンナの医学を比較し，両者の共通点や相違点を検討する。ウガンガとスンナの医学は，ザンジバルに存在する様々な医学の中でもイスラーム的要素を多く含んでいる。両者は観察者からは一見，同一のようにもみえるが，当事者たちは明確に区別している。両者の相違点と類似点を明らかにするため，第1節では典拠となっている著作，第2節では治療手段，第3節では治療に用いられているモノを比較する。第4節ではそれらをまとめ，両者の特徴を明らかにする。

1　典拠となる著作

ウガンガの治療者は，次のような著作を参照している。

(a) 伝スユーティー (Jalāl al-Dīn al-Suyūtī, d. 1505)『医学と知恵における慈悲の書 (*Kitāb al-Raḥma fī al-Ṭibb wa al-Ḥikma*)』：預言者の医学に関する著作

(b) アフマド・ブーニー (Aḥmad ibn ʿAlī al-Būnī, d. 1225)『諸知識の太陽 (*Shams al-Maʿārif*)』：魔方陣，魔術，占星術，占いに関する著作

(c) イブン・ハッジ・ティリムサーニー・マグリビー (Ibn al-Hajj al-Tilimsānī al-Maghribī, d. 1325)『輝く諸太陽と大いなる秘宝 (*Shumūs al-Anwār wa Kunūz al-Asrār al-Kubrā*)』：精霊や魔術に関する著作

このようにウガンガでは，預言者の医学，魔術，占星術，占い，精霊などに

135

第Ⅲ部　東アフリカにおけるスンナの医学

関するアラビア語の著作が参照される。一方で，著者はウガンガに関するスワヒリ語の書籍をこれまで目にしたことがない。これについてはウガンガの知識が，多くの人々が解するスワヒリ語で公にするようなものではなく，むしろ秘儀的なものとして代々受け継がれていくものであると考えられているためであろう。

　スンナの医学の治療者も，上記(a)(b)の著作を参照する。ただし(a)の著作については，魔方陣のようにスンナの医学ではモノ信仰にあたり，非イスラーム的であると治療者が判断する要素は，省いて参照される。

　また，ウガンガではスワヒリ語の著作が皆無であるのに対し，スンナの医学では一般向けにもスワヒリ語で多数の書籍が出版されている。書籍の内容は，祈禱による治療と，薬草や飲食物による治療の2つに大きく分けられる。

　まず，祈禱による治療に関する書籍を紹介しよう。サイディ・ムサ（Saidi Musa）は，祈禱を用いて災難から逃れる方法を解説した書籍を数多く出版している。彼は，現在のタンザニアのイスラーム知識人の中で最も著名な人物の1人である（第10章3節で詳述）。彼は，有名なウガンガの治療者であった母から様々な治療法を学んだ。また，彼はタンガ出身の治療者にも3年間，スンナの医学を学んだ。

　タンザニア本土の都市ダルエスサラームにある彼の自宅は，人通りの多い通りに面しており，玄関先では彼の執筆した小冊子が並べて販売されている。室内に入ると6畳ほどの書斎があり，古い書物が積み上げられていた。昼間は計画停電で電気が使用できないため，彼はロウソクの火と外から差し込む光で執筆作業をしている。また，自宅では希望者が訪れると随時，祈禱が行われる（2008年1月27日）。

　ここではサイディ・ムサ著『災難を回避する祈禱（*Dua ya Kuondoa Maafa*）』（1983年）を取り上げる。この著作では，まずハディースがアラビア語のまま引用され，次にその読み方がアルファベットで表記されている。それに続いてスワヒリ語訳が書かれており，最後にどのような問題を抱えているときに，いつ，どのように祈禱を行えばよいか，などが解説されている。これらの祈禱の目的

第8章　ウガンガとスンナの医学の比較

写真8-1　ムハンマド・アブダッラ・リダイ著『あらゆる病には薬がある』1，2，4（2003～2004年）。

は，災難の回避，邪視（邪悪な目で凝視されると災いに見舞われるという民間信仰）やジニからの防御，病の治癒祈禱，幸運祈願などである。

その他にも彼の著作は，祈禱で苦難や病気を克服するという内容が多く，他にも『毎日の幸運のための祈禱（Dua za Kheri za Kila Siku）』（1985年）や『悪から自分を守り，人生を良くする祈禱（Dua za Kujikinga na Shari na Maisha Kuwa Mazuri）』（1982年），『この世とあの世で神の恩恵を得るための祈禱（Dua za Kupata Baraka: Duniani na Akhera）』（1984年）などがある。彼の著作に掲載されている祈禱やクルアーンを朗誦する方法は，ハディースに根拠があり，出典も明記されている。

飲食物や薬草による治療について，ここではムハンマド・アブダッラ・リダイ（Muhammad Abdalla al-Riday）著『あらゆる病には薬がある（Kila Ugonjwa Una Dawa Zake）』（2003～2004年）を取り上げよう（写真8-1）。この著作は2008年の時点で4巻まで出版されている人気のシリーズである。この著作では，身体と精神の健康を維持するための生活指導に加えて，様々な飲食物を取り上げ，

137

第Ⅲ部　東アフリカにおけるスンナの医学

それぞれがどのような病に効くかを説明している。

　例えば，性交過多，夜に大量の水を飲むこと，寝不足，長時間の昼寝，過食，尿意を我慢することの6つが，多くの病の原因になるという［al-Riday 2003：8］。また，飲食物については，例えば蜂蜜は，やけどや嘔吐，肺の病，発熱，難産，産後の不調，精力増進などのために用いられる。それらの飲食物の使用方法は非常にシンプルであり，例えば嘔吐の際は，よく煮詰めたクローヴに蜂蜜を加え，それを食前にコーヒーカップ1杯分飲むように，と説明されている［al-Riday 2003：33-34］[2]。

　このような飲食物や薬草の使用を解説する本に特徴的であるのは，化学物質でできた西洋医学の薬は即効性があるが，副作用や他の病気をもたらすと説明される点である。それに対してスンナの医学は，治癒までに時間はかかるが，副作用がないためにより優れている，と解説される。

　また，スンナの医学の著作では，イブン・カイイム・ジャウズィーヤやザハビーの『預言者の医学』，伝スユーティーの『医学と知恵における慈愛の書』のような，預言者の医学に関する著作が頻繁に引用されている。特に『医学と知恵における慈愛の書』では，魔方陣や護符の使用のような，スンナの医学の治療者たちが多神崇拝につながる非イスラーム的要素と判断するような内容も含んではいるが，著者たちはそれを取捨選択し，彼らがイスラーム的であると判断する内容のみを引用しているのである。

2　治療の手段

　次に，ウガンガとスンナの医学の治療手段を比較する。

肉声によるクルアーンの朗誦

　ウガンガとスンナの医学では，治療者はクルアーンを頻繁に朗誦する（写真8－2）。特に朗誦されることが多いのが，第1章，第113章，第114章である。この3つの章は非常に短く，少なくともザンジバルのムスリムであれば，ほぼ全

第8章 ウガンガとスンナの医学の比較

写真8-2 スンナの医学の治療
治療者(左)が,患者(右)の耳元でクルアーンを朗誦している。
出所:2008年1月,著者撮影。

員が暗記している。ハディースによると,この3つの章は,病の原因とされるジニを追い払うことにも有効である。その他にも,第2章255節の「玉座の句」は,ハディースによると預言者ムハンマドが呪術的な効力を有すると信じたとされており,朗誦される機会が多い。治療者は患者の症状に応じて,クルアーンの章句と朗誦に適した時間などをアドバイスする。

その他,ウガンガとスンナの医学では,治療者が治療を行う前に部屋の四隅に向かって指をさし,クルアーンを朗誦する場合がある。これは,ジニが部屋の隅に集まりやすいと考えられており,それらを部屋から追い出し,場を清めるために行われる。

オーディオ機器によるクルアーン再生

治療者の肉声によるクルアーンの朗誦に加え,スンナの医学ではオーディオ機器を用いたクルアーンも治療に用いられる。オーディオ機器は預言者ムハンマドの時代には存在しなかったものであるが,クルアーンの文言自体に効能があるので,音源としてオーディオ機器を利用しても,問題はないと考えられて

第Ⅲ部　東アフリカにおけるスンナの医学

写真8-3　クルアーンが流れるスピーカーを患者（中央2人）の耳元に当てるスンナの医学の治療者（両端）
出所：2008年1月，著者撮影。

いる。スンナの医学では，ジニが宿っているとされる身体の部位にスピーカーを直接当てることで，ジニが患者の「頭に登って」憑依し，自らの正体を明かして身体から出ていきやすくなると考えられている（写真8-3）。また，患者自身がクルアーンの朗誦に不慣れである場合や，患者に代わって朗誦する者が身近にいない場合は，クルアーンのカセットテープやCDを自宅で流して聴くことが推奨される。

　オーディオ機器は，スピーカーを身体に直接当ててジニに働きかける目的でも用いられるが，一度に多くの人に対してクルアーンを聴かせるという効率性が目的の場合もある。その例としては次章でも述べるように，クルアーン学校などの部屋に数十人を集め，大音量でクルアーン朗誦のテープやCDをかけて聴かせるというものである。その規模は，会場となっている建物の大きさにもよるが，著者が調査した中で最も大規模であったのは，ザンジバル都市部アマニ（Amani）にある武道館で行われているものであった（2011年9月24日）。柔道はサッカーとともにザンジバルの「州技」であり，この武道館は日本政府の資

140

第8章 ウガンガとスンナの医学の比較

写真8-4 クルアーンの朗誦を聴くために武道館に集まった人たち
出所：2011年9月，著者撮影。

金で建てられたものである。クルアーン学校の教師である43歳の男性指導者が，毎週土・日曜日の午前中に開催しており，平日は彼の自宅で個人的に患者を受け入れている。

ある日曜日の朝，著者がこの武道館を訪れると，約400人（ほとんどが女性）が館内に集まっていた（写真8-4）。指導者がマイクを通して大きな声でクルアーンの一部を繰り返し朗誦すると，館内は熱気を帯び，次々と座っていた女性たちが，叫び声を上げたり激しく身体を動かしたり，建物の外に飛び出して嘔吐をしたりし始めた。

このオーディオ機器を治療に用いる方法は，ウガンガではみられない。その理由は，ウガンガの治療が，治療者と患者との間で個人的に，人には知られないように行われていることや，スンナの医学でオーディオ機器が利用され始めたのが，2000年以降と比較的新しいためであると考えられる。

第Ⅲ部　東アフリカにおけるスンナの医学

祈禱

　祈禱（Sw：dua, Ar：du‘ā’）は，ウガンガとスンナの医学の両方において，治療の最中に適宜，行われる。スンナの医学の治療者の中には，前述のサイディ・ムサのように，クルアーンの朗誦と祈禱のみを組み合わせて行う者もいる。治療者は全てアラビア語で祈禱をするが，依頼者は自分が祈願する内容を心の中で，どの言語で唱えても問題はない。

その他のテキストの朗誦

　クルアーンや祈禱以外の朗誦は，ウガンガの治療で行われる。それらは前節で述べたように，アラビア語やスワヒリ語のテキストの朗誦や歌，ズィクリなどであり，ジニが治療中に患者自身に憑依することを促す目的で用いられる。そのため，使用されるテキストや歌詞も，ジニを患者に引き寄せるような内容である。

　また，ズィクリは本来，アッラーの名を繰り返し唱えるスーフィズムの修行であるが，ウガンガの治療では，治療者や患者がスーフィーではなくても，ジニを患者に憑依させるためにズィクリが行われることがある（第7章2節）。また，ジニが患者に憑依した際も，ジニが自らの正体を明かさなかったり，ジニがズィクリをするように治療者らに要求したりした場合は，ズィクリが行われる。

　それに対して，スンナの医学では歌が歌われたりズィクリが実施されたりすることはない。その理由としては，スンナの医学の治療者たちが，歌をイスラーム的に好ましくないものであると考えていることや，スーフィズムが預言者ムハンマドの生きた時代の後に誕生したものであり，非イスラーム的な迷信であるとして否定的であること，ジニが患者に憑依するように誘導したり呼びかけたりする行為は，ジニを崇拝することに繋がるため，神のみを信じることを基礎とするイスラームの教義からの逸脱であると考えていることがあげられる。

142

第8章 ウガンガとスンナの医学の比較

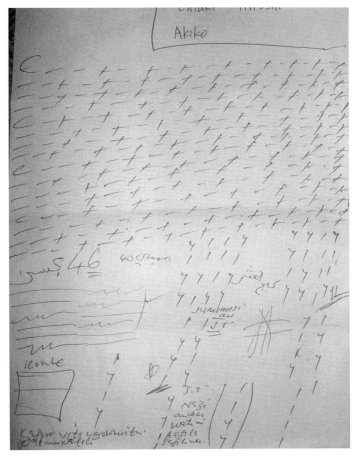

写真8-5 占いの紙
横と斜めの線を素早く引いて相談者が抱える問題を明らかにし，治療方法を決定する。
出所：2006年10月，著者撮影。

第Ⅲ部　東アフリカにおけるスンナの医学

占い

　ウガンガの治療者の中には，相談者とその両親の名前などを聞いて占い（Sw：ramli）を行い，問題の原因を明らかにする治療者もいる。一例をあげると，ある治療者はまず患者に抱えている問題を聞き，続いて患者の名前と両親の名前を聞いて紙の右上に書き，ペンを走らせて素早く横と斜めの線を引く（写真8 - 5）。一通り線を引き終えると，治療者は紙の下方に問題の解決方法やそのために準備する必要のあるもの，朗誦するクルアーンの章句などを記載する。

　一方のスンナの医学では，アッラーのみが未来を創造することができるのであり，例えば人間が未来を予言したり，占いを用いて問題を明らかにすることは，神を冒瀆する行為であるとして実施されない。

3　治療に用いられるモノ

香油

　香油（Sw：mafuta）は，ジニを追い払ったり，ジニから身を守ったりするために使用される。よく用いられるものは麝香油（Sw：miski, Ar：musk）で，香油を販売する店の他，薬草店やイスラーム関係の書店などでも入手することができる。麝香油は，預言者ムハンマドがマッカに巡礼をする際，その衣服につけていたというハディースがあり，現在の人々も好んで使用する。

　著者の知人の中には，ジニから身を守るために，就寝前に両手足の指先，目の周り，鼻，口，へそ，陰部などに微量の香油をつけるという人もいる。男性は日中でも香油を使用することが推奨されているが，女性は家の中のみで使用することが良いとされる。これは，イスラームにおいて女性は外出時，肌や髪の露出を避けることが推奨されていることや，男性の気を引くような良い香りをつけることは避けた方が良いと考えられているためである。

　スンナの医学の治療者は，特に麝香油を好んで使用する。著者が治療者の家で昼食をごちそうになった際，飲料水に麝香油が混ぜられていて驚いたことが

144

ある。またある治療所では，人々は麝香油や蜂蜜，黒種草などを混ぜて作った粘り気のある液体を，ジニから身を守ることや治療のためとして飲んでいた。皆は大さじ一杯ほどの量を一口で飲んでいたが，著者にとっては少し舐めるだけでも頭痛が起こるほど，非常に濃く苦みのあるものであった。

またあるスンナの医学の治療所では，仰向けになった患者の鼻に，香油を流し込むことも行われていた。[4]これは，ジニをその患者に憑依させたり，体内を浄化したりするために行うという。これも著者は経験したが，鼻から香油が入るとすぐに粘膜に激痛を感じ，涙が止まらなくなった。そしてあまりの痛さに耐えきれず，起き上がって香油を流し込んだ治療者の手を振り払ったほどであった。鼻の痛みは１日中続いたが，定期的にこの方法を受けている者は，「痛みは感じるものの，脳内が浄化されるので我慢している」と述べていた。

香

香は，ウガンガとスンナの医学の両方で用いられる。よく使用されるのは，沈香（Sw：udi）と乳香（Sw：ubani）である。ウガンガの場合，香は治療の開始時から焚かれる。そして時折，全身を布で覆った患者にその香炉を近づけて香りを嗅がせ，ジニが憑依することを促す。ウガンガの治療者の中には，『知らせの時間（al-Sā'a al-Khabar）』というアラビア語の書籍を参照し，相談内容や患者の状況などによって，治療を行う曜日や時間帯，香の種類を使い分ける者もいる。香は，良い香りでジニを誘ったり，悪い香りで汚いものや悪臭を好むジニを引き寄せたりするために用いられる。その一方でスンナの医学では，治療の場を清めたり，ジニを追い払ったりする目的で室内に香が焚かれる。

クルアーンが朗誦された水

クルアーンが朗誦された水（Sw：maji）とは，コップやバケツなどに入れた水に向かって，治療者がクルアーンの章句を朗誦したものである。スンナの医学とウガンガでは，治療の間や治療後，患者がこの水を飲んだり浴びたりして身体を清めるために使用される。水に向かってクルアーンを朗誦するだけの治

第Ⅲ部　東アフリカにおけるスンナの医学

療者もいれば，朗誦しながら水に向かって唾を吐き入れる治療者もいる。これは，クルアーンを朗誦しながら水に唾を吐き入れることで，クルアーンの持つ力が治療者の口元から水に移ることを意味している。ある治療所では治療者がクルアーンを朗誦して唾を吐き入れた，ドラム缶ほどの大きさのバケツいっぱいの水に，インドナツメの葉を漬けて麝香油を少量加え，ペットボトルに小分けして販売していた。この水は500ミリリットルあたり300〜500シリンギ（約30〜50円，2007年）で治療所を訪れた人に販売され，飛ぶように売れていた。

薬草類

　植物の根や葉，茎，種などを利用した薬は，スワヒリの薬（Sw：dawa ya Kiswahili）や伝統薬（Sw：dawa ya kienyeji, dawa ya asilia），薬草類（Sw：mitishamba）などと呼ばれている。薬草類は，ウガンガとスンナの医学の両方において不可欠なものである。両方の治療者たちは，草木は神が創造したものであり，預言者たちも利用したことから，薬草類の使用はイスラームでは問題がないと考えている。

　薬草類は，ザンジバル都市部とその郊外の薬草店で販売されている。ザンジバル中部は土地が肥沃であり，様々な薬草が自生しているため，これらを自ら採取して使用する人もいる。スンナの医学でもウガンガでも，薬草の知識は，親や師から耳学問で伝えられたり，書籍などで学習されたりする。薬草の使用方法は先述のように，アラビア語の他，スワヒリ語の書籍からも容易に知ることができる。

魔方陣

　魔方陣（Sw：talasimu, Ar：ṭilasm）は，2×2以上のマス目の中にアラビア数字やアラビア文字，図形などを組み合わせて描かれたものである（写真8-6）。魔方陣は，護符（Sw：hirizi）やコンベ（後述）として描かれる。例えば護符は，紙や布などにクルアーンの章句や魔方陣などを描いて作成される。護符は，魔除けとして新生児の首や腕に巻いたり，大人がネックレスのように首にかけた

146

第8章　ウガンガとスンナの医学の比較

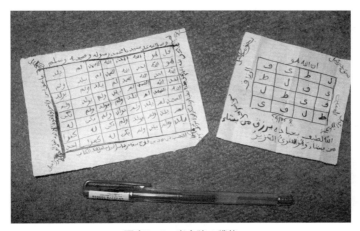

写真8-6　魔方陣の護符
著者が帰国する際，ウガンダの治療者が旅の安全を願って作成してくれた。
出所：2006年12月，著者撮影。

りポケットに入れたりして身につける。魔方陣の作成方法については，現在販売されているアラビア語の書籍からも知ることができる。

　魔方陣は，その物自体が力を持つと考えられたり，信仰の対象となったりするおそれがあるため，スンナの医学では基本的に用いられない。また，一般的に預言者ムハンマドは文盲であったと考えられており，預言者は文字を使用した治療を行わなかったという見解からも，スンナの医学で魔方陣が用いられることはない。これは，次に述べるコンベについても同様である。スンナの医学の治療者たちは，「魔方陣などが掲載されている書籍を読むことはあっても，その部分は参照しない」と述べている。

コンベ

　コンベ（Sw：kombe）は，スワヒリ語で2枚貝や大深皿を意味するが，ウガンダでは，大きな平皿や紙にクルアーンの章句や魔方陣を描いたものに，水やバラ水を注いで溶かした液体のことを意味する（写真8-7，8-8，8-9）。インクは，黄色のサフランや赤い色紅の粉末を水に溶かしたものが使用される。患

第Ⅲ部　東アフリカにおけるスンナの医学

写真8-7　コンベ1
平皿にサフランのインクでクルアーンの章句が書かれている。
出所：2007年6月，著者撮影。

写真8-8　コンベ2
平皿にバラ水が注がれ，インクが溶かされる。
出所：2007年6月，著者撮影。

写真8-9　コンベ3
インクを溶かした液体を空のペットボトルに移す。
出所：2007年6月，著者撮影。

第**8**章　ウガンガとスンナの医学の比較

者は，この水をコップやペットボトルに入れて持ち帰り，飲んだり身体を洗う
際にコンベの液体で身体を清めたりする。コンベもまた，スンナの医学では預
言者ムハンマドは文盲であったことを根拠に，用いられることはない。

サダカ

　サダカ（Sw：sadaka, Ar：ṣadaqa）は本来，自発的な喜捨や施しを意味する。
ウガンガでは，患者が治療前にサダカとして鶏や鳩などを準備し，治療の後，
心付けのような形で治療者に渡される（金銭の場合もある）。これらの鳥は，足
を紐などで縛った状態で室内に置かれ，クルアーンの朗誦や祈禱をしている最
中に，香煙にかざされる。サダカとして治療者に渡されるものは，占いによっ
て治療者が事前に決めたり，治療の中で患者に憑依したジニ自身が要求した場
合は，後日追加で渡されたりすることもある。

　スンナの医学では謝礼として，患者から治療者へ主に現金が手渡される。喜
捨としてジニが要求したものを捧げることは，神以外の命令に従う行為である
として否定される。スンナの医学の治療所の中には，初診料や受診料のような
ものが設定されている場合もある。初診料として支払われる金額を 1 万シリン
ギ（約1000円，2007年）に設定している治療所が数カ所あるが，この額は多くの
患者にとっては非常に大きな負担である。良心的な治療所では初診料は取らず，
毎回の受診料を1000シリンギ（約100円，2007年）に設定している場合もあるが，
薬代なども含めると，患者にとってはやはり大きな出費になっている。

カファラ

　カファラ（Sw：kafara）の原義は「捧げ物」であるが，これはココナッツや
キュウリ，卵などの球体に近い食物の表面に，クルアーンの章句や魔方陣が書
かれたものである（写真8 - 10）[(6)]。カファラは，例えばジニから身を守ったりジニ
を満足させたり，飲酒や大麻の乱用を克服したり，他人を不幸にしたりするこ
とを目的として使用される。

　カファラは，ウガンガでのみ用いられる。治療者は，あらかじめカファラを

149

第Ⅲ部　東アフリカにおけるスンナの医学

写真8-10　カファラ
ココナッツの実にクルアーンの章句が書かれている。
出所：2007年6月，著者撮影。

数個準備し，治療の途中で香煙にカファラを順にかざし，床に叩きつけて割る。また，このときに割られなかったカファラは，治療後の真夜中に，森の中など人目につきにくい場所で，患者自身が地面に投げつけて破壊する。一方のスンナの医学では，カファラもクルアーンやスンナに言及のない，預言者が生きた時代の後に付け加えられた迷信であるとして，使用されることはない。

その他

その他にもウガンガでは，内臓を取り除いた生魚の腹部にクルアーンの章句を書いた布片を入れ，香にかざして祈禱を行った後，墓場に埋めた事例や，患者が足を伸ばして座り，その周りを火のついたロウソクで囲んで治療を行う事例などもあった（写真8-11）。ウガンガの治療方法は，治療者によって様々であるといえる。

第8章　ウガンガとスンナの医学の比較

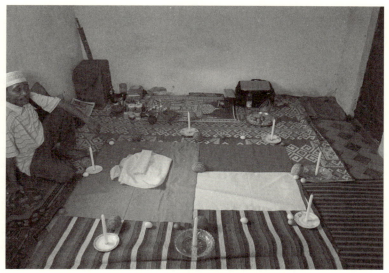

写真8－11　ウガンガの治療開始前の様子
患者が座る中央部の周りには，ココナッツや卵のカファラ，ろうそくが置かれている。
出所：2007年6月，著者撮影。

4　両者の類似点と相違点

　それでは次に，ウガンガとスンナの医学を比較し，類似点と相違点を考察する。

相互認識

　治療者たち自身は，互いのことをどのようにとらえているのであろうか。ウガンガとスンナの医学は，イスラームを基礎としてジニを追い払うことを目的としていることから，多くの類似点がみられるが，治療者たちは，両者の違いを明確に区別している。スンナの医学の治療者は，クルアーンとハディースに忠実であることに努めており，いかにウガンガが非イスラーム的であり，多神

第Ⅲ部　東アフリカにおけるスンナの医学

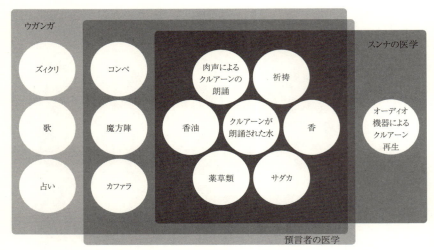

図8-1　ウガンガとスンナの医学の比較

崇拝にあたるかを説く。ウガンガとの違いを述べることで，彼らはスンナの医学のイスラーム的な正しさを語るのである。ある治療者は，先人たちはスンナの医学を知らなかったため，多神崇拝にあたる治療方法を行っていた，とも述べている（2008年1月16日）。

　一方のウガンガの治療者は，「スンナの医学はクルアーンとハディースのみに基づいており，不十分である。様々な病気があるのだから，治療法も多様でなければならない。自分は様々な分野の本から学んでおり，治療方法もたくさん知っている」と述べている。彼は，人を不幸にすることを目的としないのであれば，全てがイスラーム的な方法である，とも述べている（2008年1月7日）。

ウガンガを洗練させたスンナの医学

　ウガンガとスンナの医学の共通点は，双方が預言者の医学を基礎としていることである（図8-1）。イブン・カイイム・ジャウズィーヤの著作を始めとして，預言者の医学は治療者たちの知識の基礎となっている。また，ウガンガは，預言者の医学に加え，ズィクリや歌，占いなど，これまで受け継がれてきた先人

第**8**章　ウガンガとスンナの医学の比較

表8-1　ウガンガとスンナの医学の比較

	ウガンガ	スンナの医学
治療者の名称	ムガンガ（mganga, 呪医） フンディ（fundi, 職人）	ムワリム（mwalimu, 先生） ウスタズィ（ustadhi, 先生）
肉声によるクルアーンの朗誦	○	○
オーディオ機器によるクルアーン再生	×	○
祈禱	○	○
香油	○	○
香	○	○
クルアーンが朗誦された水	○	○
薬草類	○	○
サダカ	○	○
歌	○	×
ズィクリ	○	×
占い	○	×
魔方陣	○	×
コンベ	○	×
カファラ	○	×

たちの知識と，様々な内容のアラビア語書籍に基づいており，その内容は多岐にわたっている。

　その一方でスンナの医学は，預言者の医学から，彼らがモノ信仰に繋がると考えたり，預言者は実践しなかったと治療者が判断したりする要素を排除している。つまり，現在のスンナの医学は，治療者がクルアーンとハディースに基づいてウガンガの内容を精査し，取捨選択した治療方法なのである（表8-1）。

オーディオ機器を用いるスンナの医学

　両者の大きな相違点であるオーディオ機器の使用について，ウガンガでは用いられず，スンナの医学でのみ利用されていた。オーディオ機器は，預言者ムハンマドの時代には存在しなかったものではあるが，スンナの医学ではクルアーンを聴くことが重視されるため，手段として用いることについては問題ないと考えられていた。

　オーディオ機器を用いる治療者側のメリットは，一度に多くの患者に対してクルアーンを聴かせることができて効率的であることや，治療者と患者が異性である場合（多くは治療者が男性で患者が女性），直接身体に触れずに済むこと，

第Ⅲ部　東アフリカにおけるスンナの医学

治療者がマイクを使用してクルアーンを朗誦し，大音量で流すことで患者が興奮状態になることを促し，ジニを憑依させやすくなることなどがあげられる。

　一方の患者側のメリットとしては第1に，スンナの医学がクルアーン学校のようなオープンな場で実践されており，容易にアクセスすることができることがあげられる。中には，治療者の問診を個人的に受けなくとも，少し気分が優れないときにクルアーンの朗誦を聴くためだけに気軽に訪れる人も多くいた。第2に，例えば武道館のような大きな会場で多くの人を集めてクルアーンを聴かせる場合，人々が実際にジニに憑依され，叫んだり身体を激しく動かしたりする様子を目の当たりにすることで，次々と他の人にもジニが憑依する状況が生まれることである。

　つまり，それぞれの人は大勢の中の1人となって匿名性を保つことで，自己を解放することができるのである。場内の様子は，まるでコンサート会場や球場に来たかのような熱気に包まれており，終わったときに人々は「すっきりしたわ」と言いながら会場を後にする。このような状況は，人々にとって治療を受けに来ているというよりもむしろ，娯楽やストレスを発散するために来ていることに近いようにも感じられた。しかも彼らは，宗教的な感情を増幅させることができる。このような経験をした人々は，その後もリピーターとして何度も会場に足を運ぶのである。

　以上のように，オーディオ機器を用いるスンナの医学は，公の場において，自分たちの実践はイスラームに則っているという強い信念のもと，いわば堂々と実施されている。しかしながら，ウガンガがプライベートな場のみで実施されているのは，その実践が「非イスラーム的」だからではないであろう。ウガンガでは患者と治療者との関係が個人的である。また，相談内容も病や夫婦間の問題など，非常にプライベートなものであり，このような状況をみても，ウガンガの実践は，治療者や患者の自宅で，あまり他の人に知られない形で実施される。

　オーディオ機器を用いたスンナの医学の会場において，来訪者が個々に抱える病や問題は問われないため，気分をスッキリさせるためや，イスラーム的な

第**8**章　ウガンガとスンナの医学の比較

行いの一環として，治療所に足を運ぶ人も多い。次章で詳述するように，ス
ンナの医学でもプライベートな問題は扱われるが，その場合，相談内容はウガ
ンガのように個別に聞き取りをされる。

　ウガンガとスンナの医学は，預言者の医学を基礎としており，多くの類似点
があるものの，明確な違いが存在した。スンナの医学は，ウガンガからクルア
ーンとハディースに基づくと治療者たちが判断した要素のみを抽出したもので
あった。また，スンナの医学におけるオーディオ機器の使用により，効率性に
加え，特に問題を抱えていない人も治療所を訪れるようになった。結果として，
スンナの医学は多くの人々を対象に公の場で実践されるようになり，活動の裾
野を広げるに至った。

注
(1)　例えば著者がサイディ・ムサの自宅を訪問した際，男性2人と女性1人が彼の書斎に
　　招き入れられた。そして彼はクルアーンの朗誦や祈禱を行い，途中で一同に対し，「自
　　分の願いを心の中で言うように」と指示した。一同は胸の位置で手のひらを上に向けて
　　広げ，彼の指示に従ってクルアーン第1章を朗誦した（2008年1月27日）。
(2)　ザンジバルで使われているコーヒーカップは，日本のおちょこのような形と大きさを
　　している。
(3)　ハディースでは，クルアーンの第113章と第114章について次のように言及されている
　　（クルアーン第1章については第6章1節を参照）。「アーイシャは言った。死の病のとき，
　　預言者は<u>クルアーンの魔除けの言葉（「おすがり申す……」で始まるクルアーンの章，</u>
　　<u>例えば第113章，第114章など</u>［中略]）を唱えながら自分の体に息を吹きかけていたが，
　　病が重くなったときは私がそれを唱えながら彼の手をもって体をさすりました，と。」，
　　「アブー・カターダによると，預言者は『良い夢はアッラーから，そして悪い夢はシャ
　　イターンから。あなた方のうちの誰かがいやな夢を見て目覚めたときは3回息を吹きか
　　け，災いから身を守るために『おすがり申す……』というクルアーンの言葉を唱えよ。
　　そうすれば，夢によって害を蒙ることはないであろう』と言った」，「アーイシャは言っ
　　た。神の使徒は床につくとき『言え，アッラーは唯一なる神』という言葉，および『<u>黎</u>
　　<u>明</u>』と『<u>人間</u>』の章（第113章，第114章）を唱えて両手に息を吹きかけた後，その両手
　　で顔や体の各部分を擦りました。そして彼は病気になったとき，私が彼のためにそうす
　　るように命じました」［ブハーリー　1994：883, 885, 下線部著者]。

155

第Ⅲ部　東アフリカにおけるスンナの医学

(4)　鼻から液体を流し込む行為の妥当性の根拠は，次のハディースを引用して説明された。
　　「イブン・アッバースによると，預言者は瀉血してもらい，それを行った人に代金を払い，
　　また鼻から薬を入れてもらった」［ブハーリー　1994：874］。

(5)　ただし著者の調査では，1カ所だけ魔方陣を使用する治療所が存在した。治療者は，
　　クルアーンの文言であれば問題はない，と説明していた。

(6)　ザンジバルのキュウリは，日本のものよりも短く，丸い形状をしている。

第9章
スンナの医学の実践

　前章ではウガンガとスンナの医学を比較し，両者が預言者の医学を基礎としながらも，ウガンガは多様な要素を取り入れている一方で，スンナの医学はよりクルアーンとハディースに忠実であろうとするものであることを示した。そこで本章では，ザンジバルにおけるスンナの医学の実践について詳述する。第1節では，スンナの医学の知識を発信する情報媒体について述べ，第2節では，治療者と治療所の属性について，第3節では，治療実践の内容について，第4節では，対象とする病と問題について，第5節では，病との付き合いについて詳述する。

1　情報媒体

書店

　宗教書を専門に扱う書店の多くは，都市部ストーンタウンにあるモスク周辺に8件存在する（2008年時点，露天商を含む）。書籍は，スワヒリ語もしくはアラビア語で書かれたものが主に販売されている（写真9-1）。このような書店では，数珠やイスラーム帽，クルアーン朗誦のカセットテープなどの宗教関連グッズも販売されている。

　書店で最も多く販売されているのは，スワヒリ語の書籍である。書籍のページ数は，数十ページほどの薄い小冊子が多い。また，イスラーム関連書籍を出版・販売しているあるインド人店主によると，同店の書籍は，インドで印刷されているという。このような小冊子は，約1000シリンギ（約100円，2007年）で販売されている。イスラームに関するあらゆるトピックが扱われており，スン

第Ⅲ部　東アフリカにおけるスンナの医学

写真9-1　ストーンタウンの書店
出所：2007年6月，著者撮影。

ナの医学の本ではジニについての解説，災いから身を守る方法，神からの恩恵を受けるための祈禱，飲食物の摂取で病気を治す方法などが取り上げられている。

　ハードカバーのアラビア語の書籍の多くは，エジプトやレバノン，インドで出版されたものである。これらの書籍は，祈禱やクルアーンなど，主にアラビア語で朗誦することを目的としているものから，ジニを除去する方法や食事療法に関するものなどがある。アラビア語の書籍は，イスラーム知識人のほか，クルアーン学校で行われている成人を対象とした授業でもテキストとして用いられているため，受講生たちも購入する。

　著者は，都市部ストーンタウンのある本の露店商が販売する書籍のリストを作成した（2007年6月28日）。この店は品揃えが良く，人通りの多いモスクの前ということもあり，客足が絶えない（写真9-2）。店主はペンバ島出身の30代男性で，月に1度，書籍を仕入れるためにダルエスサラームに行く。販売している書籍はスワヒリ語で書かれたものが多く，アラビア語のものは，主に祈禱やクルアーンの章句を抜粋したものなどである。2007年の調査時，彼が販売して

第**9**章　スンナの医学の実践

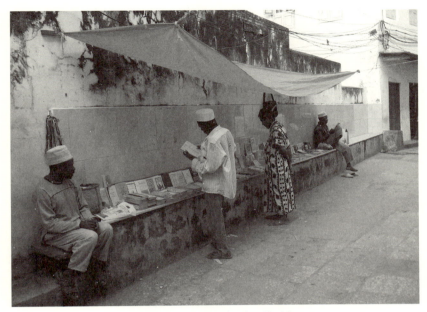

写真9-2　モスク前の本の露天商
出所：2007年6月，著者撮影。

いる書籍全145冊のうち，91冊がスワヒリ語の書籍で，残りの54冊がアラビア語の書籍であった。また，スンナの医学に関する書籍は，ほぼ全てがスワヒリ語で書かれており，スワヒリ語の書籍91冊中，28冊を占めていた。スンナの医学に関する書籍の割合は，イスラームに関する様々なトピックが扱われている中の1つのテーマとしては，大きいといえるであろう。

さらに，このような書店では，スンナの医学に基づいて調合された薬草や原材料なども販売されている（写真9-3）。その代表的なものが，黒種草の種子をすり潰したものや蜂蜜，香油を調合した薬などである。黒種草に関連する商品は，種子を小分けにしたものや，他の薬草と調合して作られた薬，石鹸，シャンプーなどが販売されている。香油もほとんどの書店で販売されている。香油の容器は約5ミリリットルが入るほどの小瓶で，約1000シリンギ（約100円，2007年）で販売されている（写真9-4）。

159

第Ⅲ部　東アフリカにおけるスンナの医学

写真9-3　書籍と一緒に販売されている石鹸や薬
出所：2007年6月，著者撮影。

写真9-4　香油（左4本）と黒種草の種（右1本）が入ったケース
出所：2007年12月，著者撮影。

第**9**章　スンナの医学の実践

写真9-5　ストーンタウン郊外の薬草店
出所：2007年9月，著者撮影。

　これらの商品は，店主自らが調合して販売していることもあるが，多くの場合，薬の調合を専門的に行っている個人が店に販売を委託する。スンナの医学の関連商品が，書籍と同じ場所で販売されていることは，売り手と買い手の双方にとって，メリットがあるといえる。

薬草店

　スンナの医学で使用される薬草類は，専門に取り扱う店舗で販売されている。薬草店では，植物の種や葉，枝，根のほか，動物の皮や脂なども取り揃えられており，その数は常に100種類以上にのぼる（写真9-5）。店主たちによると，これらの薬草類は，化学物質でできている西洋医学の薬に対し，自然由来の薬であるため，治療には時間がかかるが，副作用が少ない。また，西洋医学の薬は即効性があるが，副作用によって結局，より病が悪化する，という人も多い。

　薬草店の扉の両端には，目印として動物の毛皮がぶら下げられている。薬草

第Ⅲ部　東アフリカにおけるスンナの医学

は，仕切られたマス目に入れられ，壁には備蓄のものが，瓶に入れて並べられている。店主は客に病状を聞き，数種類の材料をスプーンや素手で手際よく取って調合していく。店主は症状によっては，クルアーンの特定の章句をいつ何回朗誦すればよい，といったアドバイスを付け加える。その中には，客の悩みを聞き，自分で魔方陣を作成して手渡したり，客の家を訪問して祈禱をしたりしている者もいた。

　また，店主の多くはアラビア語にも精通している。客の中には，アラビア文字で表記されたスワヒリ語のメモを持って来店する者もいる。⁽¹⁾このようなメモを持ってくる客はたいてい，ウガンガの治療者に買い物を頼まれており，メモは店主にのみわかるように，いわば暗号のように書かれたものである。また，同じ薬草であっても，アラビア語名，スワヒリ語名，ザンジバル各地に存在する固有名が存在する場合もあるため，店主には幅広い知識が必要とされる。

　薬草類は，ザンジバルや東アフリカで自生しているものもあれば，インドやドバイなどから輸入されているものもある。また，ザンジバルで現在販売されている薬草の多くがクルアーンやハディースに言及のないものであるが，薬草類は神の創造物であるため，イスラーム的には問題がない，と考えられている。ただし，薬草であっても，ジニの要求に応えるためのものは，スンナの医学では非イスラーム的であるとされる。

　ザンジバルには都市部ストーンタウンとその郊外に，15の薬草店が存在する（2007年 9 月時点）。これらの薬草店の店主は，ストーンタウンのダラジャニ（Darajani）市場のそばにある，薬草類を安価でまとめ売りをする店で購入したり，ザンジバルの地方やタンザニア本土から直接，原材料を買い付けたりしている。まとめ売りをするダラジャニの店は，主にドバイから薬草を輸入している。その中には，ヒンディー語で書かれたパッケージのものもあり，インド製の商品もドバイ経由で輸入されていることがわかる。⁽²⁾

　著者は2007年 9 月，この15店の主人に対してインタビューを行った（表9-1）。その結果，同系列の店が 2 種類存在しており（表9-1のCとF），グループ店の主人たちは，創業者の親族であった。また，薬草の知識は，祖父や父から耳学

第**9**章　スンナの医学の実践

表9-1　薬草店の店主へのインタビュー

店名	場所	開店した年	薬の知識を学んだ方法	薬草の特徴
A	ストーンタウン郊外	1930	親から。親はジニに関する薬の専門家であった	副作用がない
B	ストーンタウン	1962	先生から	
C	ストーンタウン郊外	1995	親から	化学物質でできた薬よりも良い
C	ストーンタウン郊外	1996	店頭や本から	化学物質が含まれていない
D	ストーンタウン郊外	2000		毒がない
E	ストーンタウン郊外	2002	店で経験を積んだ	化学物質が含まれていない
C	ストーンタウン郊外	2002	親から	安価。みな薬草の使用に慣れている
C	ストーンタウン	2002	親から	安価。みな薬草の使用に慣れている
F	ストーンタウン郊外	2003	親から	副作用がない
G	ストーンタウン	2004	親から。祖父は薬を調合して売っていた	化学物質でできた薬はすぐに治るが，また病気になる。それに対して薬草は，数日かかるが治る。薬草は預言者たちも使っていた良薬である
F	ストーンタウン郊外	2005	ブブブのマダワと兄から	預言者たちの時代から使われており，良いものである
F	ストーンタウン郊外	2006	薬草店主の兄から（兄はイスラーム教師から学んだ）	
E	ストーンタウン郊外	2007（6カ月前）	兄弟から	無害である
F	ストーンタウン郊外	2007（8カ月前）	親から	化学物質が含まれていない
H	ストーンタウン郊外	2007	祖父や父，セミナー，本，インターネットから	副作用がない点が良い

注：複数あるCとFは，同名の系列店。

163

第Ⅲ部　東アフリカにおけるスンナの医学

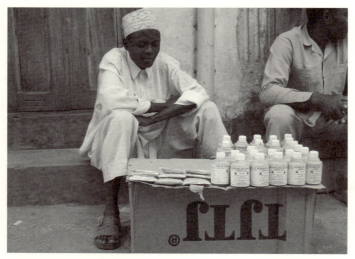

写真9-6　ストーンタウンのモスク前で薬を売る露天商
出所：2008年1月，著者撮影。

問で受け継いだ者が多い。店主の中には，代々受け継いでいるという薬草や治療方法に関する知識を書きためたノートを持っている者もいた。

　著者はまた，2007年9月と2008年1〜2月に，ザンジバルで4人の薬の露天商にインタビューを行った（写真9-6，表9-2）。薬の露天商に特徴的な点は，タンザニア本土の出身者が多いことである。彼らはアルシャやタボラ，ドドマ，ムワンザといったタンザニア国内の主要都市に一定期間，滞在しながら薬を売り，ときには各地で知り合った薬草店の主人に，自分の薬を委託する。タンザニア最大の市場であるダルエスサラームには，特に多くの薬の露天商が集まり，互いの薬を交換して販売している。このような彼らの活動から，スンナの医学の薬は，少なくともタンザニア国内では広く普及していることがわかる。

ラジオ放送

　ラジオ放送については，タンザニア本土のモロゴロ（Morogoro）に放送局がある「ラジオ・イマニ（Sw：imani，信仰）」が，毎週火曜日11時からの30分間，

第**9**章　スンナの医学の実践

表9-2　薬の露天商へのインタビュー

	主な売り場	店主の年齢	民族名	出身地	薬を売り始めた時期	学習方法	薬草の特徴
1	モスク前（ストーンタウン）	56	（ザンジバル人）	トゥンバトゥ（ザンジバル）		先生，父親から	預言者たちも使ったもので，化学物質を含まないので良い
2	モスク前（ストーンタウン郊外）	30	ムニャトゥ（Mnyatu）	スィンギダ（Singida, タンザニア）	5年前，スィンギダで（ザンジバルに来たのは3年前）	ダルエスサラームの先生，スワヒリ語とアラビア語の書籍から	化学物質を含む薬と違って，病気が悪化しない
3	ダルエスサラーム	40	ムンギンド（Mngindo）	ダルエスサラーム		治療で有名なオマーン人のイスラーム教師から	神が同意した正しい医学やスンナの医学は，全ての病人を治すことができる
4	モスク前（ダルエスサラーム）	30	マアサイ（Maasai）	アルシャ（タンザニア）	10年前	ウガンガの治療者であった父と祖父から	

注：3，4の店主は，主にダルエスサラームで活動しているが，インタビューはザンジバルに滞在している際に実施した。

「みんなの健康番組（Sw：Kipindi cha Afya ya Jamii）」で，スンナの医学に基づいた治療法に関する内容を放送している。この番組は，タンザニア各地のスンナの医学の専門家たち数人が，持ち回りで担当している。毎回1つの病気がトピックとしてあげられ，その病因や症状，治療法などが解説される。

　ここでは2008年2月5日に放送された番組の内容を紹介しよう。この回の担当講師は，ダルエスサラームに「スンナ・ハーブズ（Sunnah Herbs）」という薬草店と「スンナの伝統医学病院（Sw：Hospitali ya Tiba za Asili za Kisunnah）」という診療所を構えている。彼は番組の中でも自身の診療所の紹介をしており，ラジオを聴いて彼の診療所を訪れる人も多い。また，別会場を借りての集中講義も時折開講し，スンナの医学の普及にも尽力している。[3] 他にも，ダルエスサ

第Ⅲ部　東アフリカにおけるスンナの医学

ラームのみで受信可能な「ラジオ・クルアーン」という番組を週1回担当しており，生放送でリスナーの病気の相談を，電話やハガキで受け付けている。この回のテーマは胃潰瘍であった。[4]

> テーマ：胃潰瘍
> 原因：化学物質を含む薬，大量の飲酒（胃壁に有害）
> 兆候：慢性的な膨満感／吐き気／胸部の痛み／腰痛／倦怠感／精力減退
> 　　　／胃が燃えるように熱くなること／便秘／食欲不振／吐血／刺激
> 　　　物を食べた後の胃痛
> 治療法：
> 　・甘草の使用
> 　　甘草の粉末スプーン1杯分と，コップ1杯分の湯を混ぜる。1日3
> 　　回，2～3週間飲む
> 　　甘草の粉末スプーン1杯分と，蜂蜜スプーン2杯分を混ぜる。1日
> 　　3回，2～3週間飲む
> 　・ジャガイモかサツマイモのジュースを飲む。長期間病んでいる人で
> 　　も2週間～1カ月で治る
> 　・アーモンドの粉末30グラム，コップ1杯分の湯，蜂蜜スプーン2杯
> 　　分を混ぜる。朝食と夕食の15分前にコップ1杯分を1カ月間飲む

　番組の中では，頻繁にハディースやイブン・カイイム・ジャウズィーヤの『預言者の医学』の内容がアラビア語で引用されていた。また，番組で紹介される治療方法の材料は，身近な食べ物や薬草店で手に入るものばかりであった。西洋医学の「化学物質でできた薬」は副作用がある点や，即効性があるが他の病気をもたらす点が指摘され，スンナの医学の薬の優位性が強調された。しかし同番組は，必ずしも西洋医学を否定しているわけではなく，スンナの医学では西洋医学の病院で行われるような検査ができないため，胃潰瘍かどうかはっきりしない場合は，まず病院で検査を受けることを勧めていた。

第**9**章 スンナの医学の実践

モスクやクルアーン学校での授業

　ザンジバルではモスクやクルアーン学校において，成人を対象にした授業が
行われている。このような授業は，モスクでの1日5回の礼拝や，クルアーン
学校での子どもたちの授業の時間帯以外で実施される。通常，成人を対象とし
た授業は，男女別に行われる。授業内容は，クルアーン解釈やハディース，イ
スラーム法，ムスリムとしての振る舞いなど，様々である。

　多くの場合，レバノンやエジプトで出版されたアラビア語の書籍をもとに授
業が進められる。受講生たちは，教師が読みあげるアラビア語を聞きながら，
テキストのアラビア文字に母音符号を書き加えたり，スワヒリ語の意味を書き
込んだりしていく。受講生によると，最初はアラビア語を理解することが難し
く，授業についていくことも大変であったが，次第に慣れていったという。

　著者は，ザンジバル郊外のあるクルアーン学校で行われているスンナの医学
の授業に定期的に参加した。この授業は，毎週月曜日のアスル礼拝からマグリ
ブ礼拝の間（17～18時頃）に行われる。女性講師は，このクルアーン学校の近所
に住むペンバ島出身者である。彼女は，月曜日と火曜日の午前中に，このクル
アーン学校でスンナの医学に基づいて診察をしている。[5] 彼女はいつも黒いブイ
ブイ（Sw：buibui, 女性用の貫頭衣）を着用し，頭にはスカーフを巻いている。
そして，さらに身体の線を隠すためにシュンギ（Sw：shungi, 2メートルほどの
布の端を，顔が出る所だけを残して縫い合わせた布）を被り，ニンジャ（Sw：ninja,
目が覗く部分だけにスリットが入れられた，顔面を覆う布）で顔を覆い，サンダル
にもかかわらず靴下を履いている。着衣は全て黒色で，露出している部分は目
元と手先のみである。彼女ほど肌の露出を控えた服装をしている女性はザンジ
バルではあまりみかけないが，受講生の中には彼女を見倣って同様の服装をす
る人もいる。

　この授業では基本的にテキストは使用せず，彼女が毎回1つのテーマについ
て講義をし，受講生たちが各自ノートをとる。彼女の授業はとても人気があり，
毎回50人以上の受講生が集まり，クルアーン学校の室内には入りきらない状況
であった。屋外に溢れた人のためにもござが敷かれており，彼女はマイクを使

第Ⅲ部　東アフリカにおけるスンナの医学

って講義をしていた。授業の内容は，他の治療者から学んだ知識や本の内容が
もとになっている。ここでは肥満をテーマとした授業の内容を紹介しよう
（2008年2月4日）。

　　テーマ：肥満
　　　原因：油の多い食べ物（便秘の原因となる），砂糖
　　　症状：疲れ，手足の麻痺，糖尿病，動悸
　　　引用されたハディース：預言者は「満腹になるまで食べるな」と言った
　　　治療方法：
　　　　・砂糖の代わりに蜂蜜を使用する
　　　　・運動をする
　　　　・便秘解消ため，水をたくさん飲む（1日2～3回，預言者ムハンマド
　　　　　は1日5回飲んだとされる）
　　　　・野菜，果物を食べる
　　　　・スッファと蜂蜜を混ぜたものを3日間飲む（便秘解消）
　　　　・キュウリを食べる（利尿作用）
　　　　・大根とミントのサラダを食べる
　　　　・玉ねぎとニンニクをすりつぶしたものとぬるま湯，ティースプーン
　　　　　1杯のシナモンを混ぜ，朝食前に飲む

　別の日には，女性の身体を清潔に保つ方法（2007年7月30日），男性の精力減
退の原因と兆候・解消法（2007年8月6日，8月13日），女性の病気（卵巣・子
宮・乳房の腫れ・細菌による激痛や腫れ・性病）（2007年8月27日，9月3日），断食
月の良い過ごし方（2007年9月10日），蜂蜜の効用（2007年12月10日），ニンニク
の効用（2007年12月17日），玉ねぎの効用（2007年12月24日），貧血の解消・玉ね
ぎの効用（2007年12月31日），高血圧（2008年1月7日），低血圧（2008年1月14日），
肥満・下痢・嘔吐（2008年2月4日），口臭（2008年2月11日），身長と体重のバ
ランス（2008年2月18日），ワサビノキ（Sw：mronge）の効用（2008年2月25日），

168

パパイヤの効用（2008年3月17日）などがテーマとして取り上げられた。

　以上のようにこの授業では，普段使用する食材を用いた病の治療方法が解説される。また，講師が男女の問題や夫婦生活についても包み隠さず話し，受講生も積極的に質問している様子は，著者にとって驚きであった。これは，講師と受講生の両方が女性である点や，禁欲することを賞賛せず，性欲を満たすことを奨励するイスラームの考え方による。[6]

2　治療所と治療者の属性

　著者は2007年12月～2008年2月にかけて，ザンジバルのスンナの医学の治療所12カ所（移動型を含む）において，治療者にインタビューを行った（表9-3）。スンナの医学の治療所は，ザンジバルのストーンタウン周辺や東部，北部を中心に十数カ所存在する（図9-1）。治療所が一番多かった場所は，都市部ストーンタウンとその周辺であった。ストーンタウンには，ザンジバルで現在のスンナの医学を始めたとされるサリフ（Salifu）の治療所がある。

　サリフ（27歳，2007年時点）は1992年，ストーンタウンに治療所を開設した。サリフの自宅兼治療所は，立派なイスラーム風の建物である。彼によると，この住居にはもともとイラン人が住んでいたという。彫刻の施された立派な木製のドアから家の中に入ると，高い天井はモスクのドームを想起させるつくりとなっている。家の応接間にあたるスペースにはマッカの方向に窪んだ窓があり，その上にはクルアーンの章句とマッカにある預言者モスクが描かれた大きな布がかけられている（写真9-7）。

　彼は，幼い頃から他の子どもたちと一緒に，ザンジバルのマドラサで学んできたという。彼はその中でも理解力に優れており，8歳から預言者の医学やイスラーム法学，クルアーン，アラビア語を学んだ。11歳のとき，彼はイスラームに則った方法で患者を診るようになり，15歳になると，モスクの説教師やイスラーム教師としても従事した。そして24歳のとき，姉の住むアブダビ（アラブ首長国連邦）に渡り，約1年間，私立のイスラームセンター（Ar：Markaz

第Ⅲ部　東アフリカにおけるスンナの医学

表9-3　治療者へのインタビュー

図9-1に対応する番号	年齢	出身地	仕事	治療活動を始めた時期	治療を学んだ方法
①	28	ウングジャ（アラブ人）	クルアーン学校の教師	1992年	ザンジバルで多くのイスラーム教師から
①		ウングジャ	クルアーン学校やモスクの教師	2000年	
①		モロゴロ（タンザニア本土）	（スンナの医学の治療のみ）	2004年（モロゴロ）	
①		ウングジャ	（スンナの医学の治療のみ）	2008年	父や祖父，国内外のセミナー，本やインターネットから
②	39	ブェジュー	農家,屋根の設置	2001年	パジェやブェジュー，ダルエスサラームの指導者，本，ラジオから
③	36	パジェ	クルアーン学校の教師，漁師	1999年	クルアーン朗誦はクルアーン学校で，薬草の知識は叔父と母から
⑤	31	ウングジャ	魚の販売，漁師	2001年	パジェの指導者から
⑥	40	ペンバ	クルアーン学校と中学校（アラビア語）の教師	2002年	本から（先生はいない）
⑦	39	ウングジャ	農家	2000年（ヌングウィの1カ月後）	ヌングウィの指導者から
⑧	30	ウングジャ	クルアーン学校の教師	2000年	アラビア語の本，1週間ダルエスサラームで先生から
⑧	30	ウングジャ	クルアーン学校の教師	2000年	ヌングウィの指導者から
移動型	29	ウングジャ	（スンナの医学の治療のみ）	2002年（兄がジニに憑依されたことがきっかけ）	2000年から1年間，ウングジャやペンバで多くの先生や本から

注1：①はサリフの治療所。
注2：④のジャンビアニでは，治療者不在のためインタビューできなかった。

第9章　スンナの医学の実践

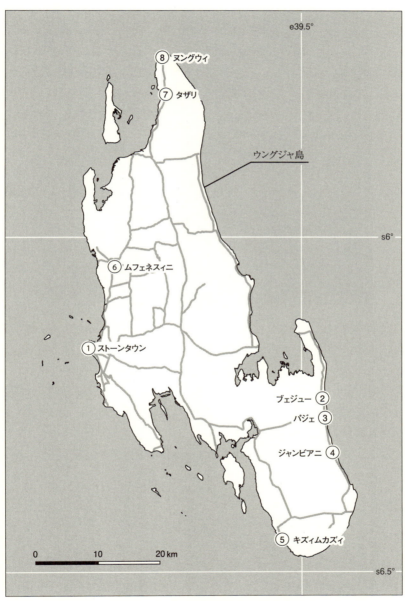

図9-1　スンナの医学の治療所の所在地

第Ⅲ部　東アフリカにおけるスンナの医学

写真9-7　サリフの治療所内部
中央の窓がマッカの方角。
出所：2007年8月，著者撮影。

Islamiyya）でアラビア語を学んだ。彼はアブダビで，吸角法についても学んだ[7]。サリフ自身は吸角法の器具を利用して悪血を体外へ吸い出すことはせず，患部を器具で吸引することのみを行っている[8]。

　ザンジバルに戻ると，サリフは治療活動を再開した。それまでにも，患者に対してクルアーンを朗誦して治療を行っている者は存在していたが，治療者が患者から個人的に依頼を受けて実施しているのみであった。それに対してサリフは，スンナの医学の治療所を構え，多くの人に開かれた形で活動を始めた。治療内容も，オーディオ機器を使って1度に多くの人に対してクルアーンの朗誦を聴かせたり，助手を雇って治療にあたったり，定額の受診料を設定したりするなど，組織的に運営を行ってきた。オーディオ機器の使用は，現在では多くの治療所でも取り入れられている。

第**9**章　スンナの医学の実践

　治療所に助手として出入りする者は，患者に薬を渡す役割の女性や，患者の耳元でクルアーンを朗誦したり，ジニに憑依された際に激しく動く患者を押さえたりする男性などで，彼らは学生であったり，他の仕事を持っていたりする。彼らはイスラームの専門家ではないが，サリフの仕事を手伝ううちに，個人的に自宅などで患者を診るようになった者もいる。

　サリフにはタンザニア国内にとどまらず，ドバイやジェッダ（サウディアラビア）からも電話で相談が寄せられる。彼のもとにはジニが原因とされる病の人が多く訪れるが，彼によると，クルアーンの朗誦は全ての病を治すことができるため，ジニの病ではないと考えられる人も訪れるという。

　彼には，スンナの医学に関する未出版の著作がいくつかあり，彼から直接借りることができる。その1つである『クルアーンとスンナによる治療の手引き（*Muongozo wa Tiba Kutokana na Qur'ani na Sunnah*）』は，多くの人が理解できるようにスワヒリ語で書かれている。本の最終ページには，商業目的でなければコピーを許可すると記載されている点も興味深い。

　次に治療所が多い地域は，ザンジバル東部のパジェ（Paje）周辺である。キズィムカズィ（Kizimkazi）など，周辺の地域で活動している治療者たちも，パジェの治療者から治療方法を学んでいる。ザンジバル北部では，ヌングウィ（Nungwi）とタザリ（Tazari）に治療所が開設されている。タザリの治療所の治療者たちは，ヌングウィの治療者の教え子たちであり，両地域の治療者の関係は，緊密である。

　ほとんどの治療所が，サリフの治療所が開設された後の1990年代以降に開設されている。サリフの治療所には，患者の他にも多くの治療者たちが，彼の補助をしながら治療方法を学ぶ。また，北部や東部で活動している治療者たちも，サリフがスンナの医学の先駆者であることを認めている。このように，スンナの医学の治療所は，サリフの治療所から派生し，都市部ストーンタウン周辺や北部，東部の拠点を中心として広がった。また，これらの治療所に出入りする治療者たちの中には，個別に自宅などで治療を行っている者もいることを考えると，ザンジバルでサリフが体系化したスンナの医学は，広い範囲で実践され

173

第Ⅲ部　東アフリカにおけるスンナの医学

ていることがわかる。

　スンナの医学の治療者の出身地は12例中，11例がザンジバル（ウングジャ島とペンバ島）で，1例がタンザニア本土のモロゴロであった。この治療者は，父がウガンガの治療者で，自身は2004年からモロゴロでスンナの医学の治療を始めた。そして，2005年にダルエスサラーム，2007年にザンジバルに移動して治療を続けたという。タンザニア本土出身の治療者の存在は，本土でもスンナの医学の治療が行われていることを示している。

　多くの治療者たちは，ザンジバルでスンナの医学を知って実践を始めたり，ウガンガからスンナの医学の治療者に転身したりしたと述べている。治療技術を学んだ方法について，治療者は他のスンナの医学の治療者の名前をあげることも多く，治療者同士の繋がりをとおしてスンナの医学に関する知識が共有されている。また，治療方法などについての書籍も重要な情報源である。薬草の使用については，スンナの医学の治療者が，代々ウガンガの治療者である家系に属している場合が多く，受け継がれてきた知識に基づいている。この場合，治療者は，先代までの知識の「非イスラーム的」要素を除いて治療を行っている，と述べている。

3　治療実践

　スンナの医学の治療者による実践は，基本的にはクルアーンとハディースに基づいたものとされているが，実際にはいくつかのパターンがある。治療方法は，下記の「病因をジニに求め，クルアーンの朗誦と薬草を使用する方法1」がほとんどであるが，その他にも2例（各1例）存在していた。

　　・病因をジニに求め，クルアーンの朗誦と薬草を使用する方法1　（10例）
　　・病因をジニに求め，クルアーンの朗誦と薬草を使用する方法2　（1例）
　　・病因をジニに求めず，薬草のみを使用する方法（1例）

174

第**9**章　スンナの医学の実践

病因をジニに求め，クルアーンの朗誦と薬草を使用する方法1

　ザンジバルで最も広く普及しているスンナの医学は，クルアーンの朗誦と薬草を使用した方法である。これは前述したサリフの方法であり，多くの治療者が参考にしていた。サリフは，金曜日以外の朝10時から昼過ぎのズフル礼拝まで行う治療所での活動に加え，患者の家に出向く場合もある。彼の治療所には，1日に約20人の患者が訪れる。この中には，ジニから身を守るためにスピーカーから流れるクルアーンを聴きにくるだけの人もいる。サリフによると，ジニの病とそうでない病は，その人がクルアーンを聴いているときの反応でわかるという。

　その他にも，毎週水曜日の午後，近くのクルアーン学校でサリフは，成人女性に対してイスラームに関する授業を行っている。また，町の一角で他のイスラーム教師とともに説教をする会を催し，ハディースを引用しながらイスラーム的な日常生活を送ることの重要性を人々に説くこともある。

　初めて治療所を訪れた患者は，3ページにもわたる問診票に記入する。問診票にはまず，日付，年齢，住所，職業，婚姻状況を記入する。患者はザンジバル在住者が多いが，タンザニア本土に加え，ナイジェリアからの患者が記入した問診票もあった。彼らはサリフの評判を聞きつけてやってきたという。

　問診票には「頭，目，耳，口，歯，喉，首，胸，心臓，脇，みぞおち，腹部，陰部，手足，指，爪，身体，月経，風邪，夢の内容」といった，身体の部位を中心とした詳細な項目があげられ，各項目に対して3〜5個の質問が並んでいる。そして患者は，該当する箇所に印をつける。例えば心臓については，(1)速くなったり割けるような強い鼓動，(2)熱くなったり鼓動が乱れて肥大化する，(3)異常な鼓動，という質問が並んでいる。そして患者は，問診票とともに，1万シリンギ（約1000円，2007年）を支払う。診察の結果，クルアーンの朗誦が録音されたカセットテープや薬が必要と判断された場合，患者は別途その代金を支払う。

　サリフは患者に処方する薬草類を，彼自らがドバイやモンバサ（Mombasa，ケニア），ダルエスサラームなどで買い付けてくる。粉末に加工された数種類の

175

第Ⅲ部　東アフリカにおけるスンナの医学

薬草類は，彼の指示によって助手の女性たちが調合する。ある日，彼がダルエスサラームで薬草を購入した直後に訪問すると，バケツ３杯分ほどの大きな袋が３袋あった。この薬はすでに粉末に加工されており，助手の女性たちは数種類の粉末を，ビニールの小袋にスプーン１杯分ずつ分け入れた（写真9‐8，9‐9）。そして最後に，ロウソクの火でビニールの口を溶かして封をし，ペンで「腹（Sw：tumbo）」や「目（Sw：macho）」など，効き目のある身体の部位を書き入れる。

　治療内容は，ジニから身を守ったり憑依したジニを除去したりすることが中心である。治療所では，CDを音源とするクルアーンの朗誦が，いくつかの大きなスピーカーから，家の外にまで聞こえるほどの大音量で流されている。ジニはクルアーンの朗誦を嫌うため，ジニから身を守ったり憑依したジニを除去したりする効果があるという。

　ジニが憑依すると，患者は突然大声をあげて泣きだしたり，気を失ったりする。そのような人に対しては，拡声器やヘッドホンを持った治療者が数人付き添う。これらの機器からは，クルアーンが流されている。拡声器は，患者の腹に当てられることが多いが，これはジニが，腹部に宿りやすいと考えられているためである。治療者が耳元で直接クルアーンを朗誦する場合もある。女性患者の場合は，足を伸ばして座り，全身を布で覆う。また，クルアーンの朗誦に集中するため，多くの人が目隠しとして顔全体も布で覆う。

　例えばある20代の女性は，腹の具合が悪く，西洋医学の病院を受診して30万シリンギ（約３万円，2007年）もの大金を支払ったが，回復しなかったという。サリフの元を訪れると，ジニによる病であると判断された。そして，サリフが彼女の耳元でクルアーンを朗誦し，クルアーンが流れているヘッドホンを腹部にあてると，しばらくして彼女は大声で叫び，暴れ始めた。サリフは彼女の腹にジニがいると言って彼女の耳元でクルアーンを朗誦し続け，女性は男性２人に両手足を押さえられ，腹部にクルアーンが流れているヘッドホンをつけられた。最初は男性が腹部を押さえていたが，途中，別の部屋から助手の女性がやってきて，腹から喉に向けて，ジニを追い出すように手で押さえつけると，患

176

第**9**章　スンナの医学の実践

写真9-8　薬の粉末の調合1
粉末をふるいにかけて異物を取り除く。
出所：2007年8月，著者撮影。

写真9-9　薬の粉末の調合2
数種類の粉末の薬を混ぜて小分けにする。
出所：2007年8月，著者撮影。

第Ⅲ部　東アフリカにおけるスンナの医学

者の女性は「痛い！」と何度も叫んだ。彼女をとおしてジニが「私はもう出て行った！」と言うと、彼女を押さえていた女性は「嘘つき！」と言い返す。患者の女性は、ときどき我に返って普通に会話をしたり、叫びだしたりと、頻繁にジニと女性の人格が入れ替わっているようであった。著者はその後、何度もサリフの治療所で彼女に会っており、治療は長期化している様子であった。

　別の事例もあげよう。サリフの治療所に毎日訪れているある10代の青年は、女性のジニを持っているという。サリフによると、青年が目を素早く左右に動かす様子が、ジニを持っている特徴の１つであるという。青年は、サリフに耳元でクルアーンを朗誦されると、すぐに目を左右に動かしたり、すぼめた口を片方に寄せたりする。サリフがクルアーンを朗誦し、青年の耳元に唾を吐きかけると、青年は身体を大きく震わせて叫びだし、クルアーンが流れている２台のスピーカーを近づけられても、同様の反応を示した（2007年8月20日）。

　サリフによると、治療所を訪れる人々の病は精神的なものである場合が多い。彼は西洋医学自体は否定しておらず、身体的な病については西洋医学が有効であると考えている。一方で精神的な病についてはジニが原因であり、ジニを除去して病を治すためには、クルアーンの朗誦を聴くことが必要である、と考えている。

病因をジニに求め、クルアーンの朗誦と薬草を使用する方法2

　タンザニア本土からザンジバルに持ち込まれたスンナの医学の治療法として、モロゴロ出身の治療者の事例がある。彼のスンナの医学は、病因をジニと判断する点ではサリフと同じであるが、治療所の開設が2007年とまだ新しく、彼がタンザニア本土出身であるからか、他のザンジバルのスンナの医学の治療所との繋がりはなく、内容も少し異なっていた。

　彼の父親はウガンダの治療者で、裸で外に出て薬を飲むようなことも行っており、彼自身はこのような非イスラーム的な父親の行動に疑問を抱いていた。彼の治療方法は、イスラーム的に問題がないと彼が判断する薬の知識については父から受け継いでいるが、非イスラーム的であると判断した要素は省いてい

178

第**9**章　スンナの医学の実践

るという。

　彼の自宅兼治療所は，都市部ストーンタウンから約３キロメートル北の町にある。入ってすぐの場所は待合室になっており，その隣にある彼の診察室には，部屋の４分の１ほどに巨大なアロエ（ユリ科の多肉の常緑多年草）が無造作に転がり，部屋の隅には，大きな麻袋に入った薬が大量に置かれていた。

　彼の治療所を訪れた30代の女性は，彼によるとジニを持っているという。まず，彼は水の入ったコップに向かってクルアーン第１章や第113章，第114章を朗誦し，部屋の四隅と天井，床に向かってその水を投げつけた。彼によると，これはジニから女性の身を守るための祈禱であるという。次に，患者の両方の耳元で礼拝の呼びかけの文言を２回ずつ唱えた。そして，女性の頭の上に水の入ったコップを乗せ，クルアーン第１章を何度も朗誦した。しばらくすると，女性は身体を前後に揺らしながら，うなり声をあげ始めた。女性が少し落ち着くと，彼は神の美称である「ヤー・ムクスィト（Ar：Yā Muqsiṭ, 公正者よ）」と「ヤー・ムミート（Ar：Yā Mumīt, 死を与える者よ）」を何度も唱えた。⁽⁹⁾

　彼によると，ジニは嘘つきであるため，会話をしても無意味であるという。そのため，彼は基本的に神に向かって言葉を発しているという。しかし最後に，彼はスワヒリ語でジニに対して「出ていけ（Sw：toka）！」と強い口調で数回繰り返した。彼はこの治療によって，彼女のジニは除去されたと述べた。その後，彼は自らが調合した薬と，クルアーンの文言を朗誦した水をペットボトルに入れ，その水で身体を清めるようにと女性に指示した。患者の女性は，この日の治療代として４万シリンギ（4000円，2008年）を支払っており，値段設定は他の治療所と比較しても非常に高額であった（2008年１月14日）。

病因をジニに求めず，薬草のみを使用する方法

　この診療所は，2008年に都市部ストーンタウン近くで開院した（写真9-10）。治療者は通称マダワ（Madawa, 薬）と呼ばれている。彼は，薬草が豊富に自生するブブブ（Bububu, ストーンタウンから北へ12キロメートルの町）に住んでおり，薬草を自ら採取・調合し，粉末や錠剤に加工して販売している（写真9-11, 9

179

第Ⅲ部　東アフリカにおけるスンナの医学

写真9-10　ストーンタウン近くにあるマダワの診療所
ここでは診察に加え，マダワが調合した薬が販売されている。入り口の柱には，左側に「マダワの店（Sw：DUKA LA MADAWA）」，右側に「スンナの医学（Sw：TIBA ZA SUNA）」と書かれている。
出所：2008年2月，著者撮影。

-12)。

　彼はブブブで，主に父や祖父から薬草について学んだ。患者たちは彼のことを，マダワの他に「ダクタリ（Sw：daktari, 医者）」とも呼ぶ。彼によると，自身の治療方法と西洋医学との違いは，薬の材料のみであり，他は同じである。また，彼は化学物質でできた西洋医学の薬よりも，薬草の方が副作用が少ない点でより優れている，と述べている。彼は，自身の診療所ではレントゲン撮影や血液検査などができないため，彼の問診だけでは病気の原因が確定できない場合，まず病院での検査を受けることを患者に勧める。

　マダワは，病の原因をジニとする治療に対して批判的である。彼はある治療所に通っていた患者の例を著者に話してくれた。ある女性は長い間，不妊の悩みを抱えており，その治療所に行くと，ジニが原因であると言われた。そこで彼女は3年間，その治療所に通い，ジニを除去するというハズ（Ar：ḥabb al-

第**9**章　スンナの医学の実践

写真9-11　マダワが経営するブブブの薬草店
出所：2008年2月，著者撮影。

写真9-12　店内の棚には容器に入った薬が並ぶ
出所：2008年2月，著者撮影。

第Ⅲ部　東アフリカにおけるスンナの医学

mulūk）の種子の粉末を飲み続けた。しかしマダワによると，この種子の粉末こそが，彼女の不妊の原因であったという。彼女はマダワの処方する薬草を服用し，その後妊娠した。このようにマダワは，病気の詳細を知ろうとせず，原因の多くをジニであると判断する治療者が，病の回復を遅らせることを指摘し，病気の兆候を適切に把握することが重要であると述べている。

　彼の診察で最も特徴的であるのは，最初に患者の身長と体重を計測する点である。そのため，彼は診察中に患者の体重過多を指摘する場合が多く，糖分を控えたり油物を控えたりするように，とアドバイスをする。また，彼は自分の調合した薬の他にも，果物や野菜の摂取など，食事にも気をつけるように指導する。

　例えばある30代の女性は，腰痛に悩まされているという。彼女の身長は158センチメートル，体重は86キログラムであった。マダワは身長に対する理想体重を示した表を見ながら，太り過ぎであることを指摘し，体重を24キログラム減量するように指示した。そして減量のために，油物や糖分の摂取を控えることと，茶，サラダ，コートミール，ニンニク，玉ねぎ，トマトなどを摂取するように指導した（2008年2月18日）。

　別の女性は不妊で，食事の量が少なく，腹の調子が悪くて便が硬いという。彼女の身長は172センチメートルで，体重は45キログラムであった。マダワは，彼女が痩せ過ぎであるため，フルーツジュースを飲むことと，センナとタマリンドと塩は食欲を増進させるので，食事に取り入れることを勧めた。また，質の良い食べ物なしに健康にはならない，と日々の食事の重要性を話した（2008年2月25日）。

4　スンナの医学が対象とする病／問題

　スンナの医学は，西洋医学の病院を受診して回復しなかった場合や，ジニが原因であると考えられる場合に選択される。ここでは，ある治療所の例（病因をジニに求め，クルアーンの朗誦と薬草を使用）を元に，スンナの医学が対象とす

第**9**章　スンナの医学の実践

る病や問題について考察する。

このクルアーン学校兼治療所を自宅としている治療者アリ（Ali）もまた，過去にザンジバルにおいてスンナの医学を普及させたサリフに治療方法を学んだ。この治療所はアリに加え，レイラ（Leila）という女性治療者が中心となって運営されている。また，日によって異なる助手の男性治療者も，常時3名ほどが出入りしている。

この治療所では，毎週月曜日と火曜日の午前中，レイラが1つの部屋を診察室にして女性患者を診ている。著者が調査を許可されたのは，女性患者の診察のみの時間帯であり，男性は別の日時に行われているという。その隣の部屋では，治療者が座っている患者1～5人の耳元で，順番に大声でクルアーンを朗誦する。さらに奥の部屋では，クルアーンの朗誦が2つのスピーカーから大音量で流されており，人々はマッカの方向に足を伸ばして座っている。激しく震えたり叫びだしたり泣き出したりする人が出ると，治療者はジニが憑依したと判断し，その人に憑依したジニを説得し，追い払おうと試みる。

レイラは，患者を1人ずつ部屋の中に呼び入れて診察する。彼女はまず患者の症状を聞き，必要であれば患者に衣服を脱いでベッドに横になるように指示し，触診する。治療者が男性である場合，女性患者を触診することは難しいため，治療者と患者の双方が女性であることは大きなメリットである。そして最後に，症状に合わせた薬を患者に手渡す。また，問題の原因がジニにあると判断された場合，彼女は隣の部屋で皆とクルアーンの朗誦を聴くことを患者に勧める。さらには，問診を受けている途中にジニに憑依される患者もおり，その際は別の部屋にいる男性の治療者を呼び，手伝いを依頼する。

問診の際，レイラは患者たちが持参するノートに症状や薬の使用方法などを書き込む。患者が再び訪れた際，レイラはこのノートをみればこれまでどのような薬を処方したか，どのくらい患者が継続的に訪れているかをすぐに把握することができる。この治療所での調査では，治療者と患者の双方が女性ということもあり，男性の治療者では深く踏み込めないであろう夫婦関係や女性特有の病についてなど，現在のザンジバル女性が抱える問題を聞き取ることができ

183

第Ⅲ部　東アフリカにおけるスンナの医学

た。ここでは，特に目立った5つの問題に焦点を当てる。

腹の不調

　腹の不調は，具体的には便秘や月経痛，月経不順などに関連している場合が多い。便秘の場合，患者は食欲の有無や便通についてまず尋ねられる。触診が必要な場合，患者は腹部を出してベッドに仰向けになって横になる。レイラは患者の腹にオイルを塗り，手で触診する。

　レイラは，腹痛の原因をジニであると診断することが多い。その場合，ジニを除去するために，隣のスペースで行われるクルアーンの朗誦を受けることを勧めたり，患者に麝香油や蜂蜜を渡し，症状に合ったクルアーンの章句をアドバイスをする。彼女によると，麝香油やクルアーンの朗誦，蜂蜜の飲用は，ジニの予防や除去に効果的であるという。

　例えば，下痢と生理痛，手のむくみを訴える30代女性に対して，レイラは下痢と生理痛には蜂蜜を飲用し，身体には麝香油をつけ，手のむくみはマッサージをするように，と指導した（2007年7月31日）。また別の女性は，ガスが腹いっぱいに溜まり，生理痛や頭痛があり，性生活が上手くいかないと相談すると，レイラは，麝香油を身体につけ，隣の部屋でクルアーンの朗誦を聴くことを勧めた（2007年7月31日）。患者は1週間後に再訪して経過を報告することが多い。経過が順調であれば追加の薬が，変化のない場合は別の薬が手渡される。

夫婦間の問題

　夫婦間の問題は，レイラによると恋人のジニが原因であるという。恋人のジニは，取り憑いた人物と恋愛関係や性的な関係を持つとされている。取り憑かれた人はジニと性交する夢をみるため，パートナーとの性生活を拒むようになったり，ジニに性生活を妨害されたりするという。恋人のジニは，未婚者に取り憑くこともある。その場合，異性に無関心になったり，婚期が遅れたりするという。

　不妊も夫婦間の問題の1つである。ザンジバルでは一般的に多産を強く望む

第**9**章　スンナの医学の実践

社会であるため，不妊は夫婦にとっては深刻な問題である。また，妊娠は神の意志によってもたらされるものだと考えられているため，不妊は病院に行くような病とは認識されていない。そのため，不妊の原因と考えられるジニを追い払うことは，子どもを授かるために重要であり，スンナの医学は子どもを望む夫婦にとって有力な選択肢となっている。

　不妊の場合，レイラは必ず性交時の感覚を患者に聞き，患者の方もどのような不都合があるのかを具体的に述べる。例えば，ある10代の女性は，性交をすると痛みを感じ，夫に身体を触られても性欲が起こらないという。レイラは，食生活を見直すことと，蜂蜜と乾燥したタコとを食べること，性交の前に陰部に麝香油を塗ること，皿に水を入れてクルアーンの玉座の句（第2章255節）を21回朗誦してから飲むこと，さらに，ジニを追い払うために，クルアーンの章句を口元で朗誦した3個の石を十分に熱し，同じくクルアーンの章句を口元で朗誦した水を石にかけ，その蒸気を3日間，朝晩2回身体に浴びるように，と指導した（2007年7月31日）。

原因不明の身体の不調

　身体の不調で病院に行ったものの，病とは診断されなかったとき，当事者や周囲の人の多くは「ジニが原因かもしれない」と考える。この場合，スンナの医学では，ほとんどをジニが原因であると診断される。

　ここではある30代女性の例をあげよう。この女性は，診察室でレイラに「首，肩，腰が痛む」と話をしている最中から泣き崩れた。レイラは「ジニだ」と言い，別室から男性の治療者を呼んだ。女性はレイラによってすでにジニに憑依されていると判断されていたので，男性の治療者は，女性の背中を叩きながら，憑依しているジニに向かって強い口調で「なぜここに来たのか」，「おまえはムスリムか否か」を問いかけた。女性に憑依したジニはなかなか話そうとせず，泣き叫ぶばかりでそのやりとりは1時間以上におよんだ。

　治療者の激しい口調におびえるように泣き叫んでいたジニ（女性）は，時間が経つにつれて落ち着きを取り戻した。男性治療者によると，最終的にジニは

185

第Ⅲ部　東アフリカにおけるスンナの医学

彼の説得を受け入れ，女性の身体から出て行ったという。その後，マッカの方向に両手足を伸ばして座ると，女性は完全に落ち着きを取り戻した。彼女は1週間後，再び治療所を訪れ，見違えるような明るい表情で「あの後，すっかり良くなったわ。アッラーに讃えあれ」とレイラに報告した（2007年8月7日，14日）。彼女の事例はスムーズに解決したが，このように1回の治療でジニの除去に成功する例は実際には少なく，なかなかジニを追い払うことができず，長期に渡って治療所に通う人が多い。

家の病

　家族に次々と不幸が起こったり，住環境が悪化したりした場合，ジニが家に棲みついていることが疑われる。例えば，ある10代の女性は，家に次々と不幸が起こるという。そのため，レイラは家でクルアーンのラジオを流すか，クルアーンの朗誦が上手な人に朗誦してもらうこと，インドナツメを漬けた水で身体を清めること，服を全て洗濯すること，玉座の句（クルアーン第2章255節）を家のあらゆる場所で51回，ジニが集まりやすいとされる家の隅で7回ずつ朗誦するようにアドバイスをした（2007年7月31日）。

不治の病（HIV/エイズ）

　西洋医学で不治とされる病の患者も，スンナの医学の治療所を訪れる。不治の病で代表的なものとしては，HIV/エイズがあげられる。HIV/エイズの患者の多くは，様々な治療方法を試した末に，スンナの医学の治療所を訪れる。ある日，女性患者限定の時間帯にもかかわらず，乳児を連れた夫婦が特別にレイラの診察室に通された。この夫婦によると，彼ら3人全員が病院の血液検査でHIV/エイズの陽性であったという。

　最初，3人は一緒に入室したが，非常に張り詰めた空気になったため，レイラはまず妻子に席を外すように言い，夫から話を聞いた。夫によると，彼は妻以外の複数の女性と性交し，いつのまにかHIV/エイズに感染していた。そして感染したことに気づかずに妻とも関係を持ったため，妻もHIV/エイズに感

染し，生まれてきた子どもにも感染したという。

　次に夫に代わって妻と乳児が入室した。レイラが「あの夫は大バカよ」と言うと，妻は泣き出した。イスラームでは夫婦以外の異性と性交することを禁止しているため，イスラームの教えに従っていれば，HIV/エイズにかかることはない，とレイラは言う。妻が平静を取り戻した後に夫が入室し，今後はクルアーンを朗誦したり，イスラームの教えに則った生活をするように，とレイラがアドバイスをし，クルアーンを朗誦した水を渡した。スンナの医学でもHIV/エイズは不治の病と考えるが，日常生活にスンナの医学を取り入れることで，病状も穏やかになる，とレイラは夫婦にアドバイスをした（2007年8月14日）。

5　病との付き合い

　以上のようなジニによる病は，クルアーンの朗誦を聴いたり，治療者が調合した薬などを服用してただちに良くなることは稀であり，長期にわたって何度も治療所に通い続ける人が多い。長い人では数年間，通い続ける人もいる。長期間にわたる理由は，ジニはたいてい嘘つきであり，1度で治療者がジニを説得して追い払うことが困難とされているからである。そのため患者は，自分のジニと上手く付き合うことが重要となってくる。

　著者が治療所で親しくなった友人の1人も，ジニを持っている，と話していた。20代前半の彼女は敬虔なムスリマ（女性のムスリム）で，毎週月曜日の午前中，レイラのスンナの医学の治療所で大勢の人と一緒にクルアーンの朗誦を聴く。そして，午後は治療者であるレイラの家で家事を手伝い，夕方になると治療所に戻り，レイラの担当するスンナの医学の授業を受けていた。

　友人はジニが原因で，突然身体の調子が悪くなることがあるが，治療所でクルアーンの朗誦を聴くと，気分が落ち着いて体調が良くなるという。彼女によるとそれは，身体の中で暴れだしたジニが，クルアーンを聴くことで落ち着くからであるという。つまり，時折彼女は，自分のジニを思い通りに制御できな

第Ⅲ部　東アフリカにおけるスンナの医学

くなり，身体の不調として表出するのである。彼女は特定のジニを持つように
なって数年になるが，イスラームの教えを忠実に守ることや定期的に治療所に
足を運ぶこと，そして自ら薬草を調合して服用するなどして，彼女なりにジニ
を上手くコントロールしているようであった。

　治療所には，彼女のように毎週訪れる人が多く，著者も患者の女性たちとは
顔見知りになった。また，治療所でクルアーンの朗誦を聴き，同時にスンナの
医学の授業に参加している人も多いことから，彼女たちは，自分の持っている
ジニを追い払うことが最終的な目標ではあるものの，ジニをイスラームに則っ
た方法でコントロールし，上手く付き合う術を学ぶことで，安定した日常生活
を送ることに努めているようであった。

　西洋医学では病と診断されなかったり，原因不明とされたりした身体の不調
の原因は，スンナの医学では多くの場合，ジニであると判断された。そして，
その治療法が明らかになることで，人々は原因不明という状況から生じる不安
を解消させることができる。不治の病，慢性的な病などは，すぐに解決できる
ようなものではなく，生活習慣の改善や治療には，ある程度の時間が必要であ
る。

　夫婦関係や不妊の問題もまた，その原因がジニであり，ジニを追い払うこと
やイスラームに則った生活を送ることが改善に繋がると考えられていた。この
ような事例の場合，ともすれば当事者は自分自身を責めがちであるが，あくま
で問題の原因はジニにある，とされる点は，患者自身の精神的な負担を軽くす
ることにも繋がる。

　このように，人々はジニが身体の不調をもたらす原因であり，長く付き合っ
ていかなければならない対象であると考えている。つまり，西洋医学が「治
る」病を扱うのに対して，スンナの医学は「付き合っていく」必要のある病や
問題を扱っているといえる。スンナの医学は病や問題の根拠となっているジニ
と付き合っていくためのイスラーム的な方法を，人々に提供しているのである。

　また，数年間ジニを追い払うことができずに治療所に通い続ける人もいるが，
彼らに治らない理由を聞くと，特に治療者を責めたりはせず，「神が治すこと

第**9**章　スンナの医学の実践

を望んでいないからだ」と言う。そして彼らは，ジニとの付き合い方を模索しながら治療所に通い続けたり，別の治療方法を新たに試みたりするのである。

　さらに，病を予防したりジニから身を守ったりするため，日頃からスンナの医学を実践することも重視されている。先述したクルアーンの CD やカセットテープをスピーカーから流す治療では，ジニを持っていないという人も訪れていた。クルアーンを聴くことは，ジニから身を守る方法として有効である，と考えられているのである。

　ジニに憑かれることを予防するためにクルアーンを朗誦したり聴いたりすることは，日常生活の中でも取り入れられている。例えば，ある70代の女性は就寝前，ジニから身を守るために，クルアーン第113章と第114章を各 3 回，第112章を 1 回朗誦した後，両手に軽くつばを吐きかけて全身に擦り込む。またある女性治療者は，就寝前に麝香油を身体に塗り，寝ているときにジニが体内に入ってくるのを防ぐという。ジニは良い香りや清潔なものを嫌い，悪臭や不潔なものを好むと考えられているため，スンナの医学では，常に身体や身の回りを清潔に保つことが，重視されているのである。

　スンナの医学は病の予防のために，飲食物も重視していた。先述のように，スンナの医学に関する授業では，日々の食生活の重要性について言及され，油分や糖分の過剰摂取は病の原因になるため，果物や野菜の摂取が良いとされていた。また，スンナの医学では，預言者ムハンマドが推奨した月曜日と木曜日の日中に断食を行うことを勧めている。断食は，胃腸を休ませるために良いと考えられているためである。

　このように，スンナの医学は，病を患った際の治療だけではなく，日常生活の中に取り入れられ，敬虔なムスリムとしての生活を推奨することで，ジニや病の予防，健康維持に役立てられている。彼らにとって，スンナの医学を実践することは，イスラームに忠実な生活を送ることと同じなのである。

　本章では，ザンジバルにおいてスンナの医学が盛んに実践されていることを示した。スンナの医学は，主にジニから身を守ったり追い払ったり，ときには

第Ⅲ部　東アフリカにおけるスンナの医学

ジニと上手く付き合っていくことを目的としていた。スンナの医学を実践することは，正しいムスリムとして生きることと同義なのである。

注

(1)　スワヒリ語は現在のローマ字表記となる前，アラビア文字が使用されていた。

(2)　著者がドバイの薬草店街（Deira Old Souk）を訪れた際，ザンジバルの薬草店とほぼ同じ種類の薬草類が多数販売されており，その中にはヒンディー語が記載された商品も含まれていた（2007年9月23日）。

(3)　例えば，2008年2月に1カ月間開講されたコースでは，人体や様々な病，スンナの医学の薬についての講義が行われ，修了証も発行された。

(4)　他にも別の日には，子宮ガン・子宮頸癌（2008年2月12日），喘息（2008年3月11日）などが取り上げられた。

(5)　本章4節で述べるように，このクルアーン学校は，スンナの医学の治療所にもなっている。このクルアーン学校兼自宅の長であるアリ（Ali）もまた，他の曜日にスンナの医学に関する授業を行っており，治療者としても従事している。

(6)　クルアーンには「われ（アッラー）は全てのものを男女の対に創った（第51章49節）」とあり，性交は自然の理とされている。

(7)　「預言者は『治療法には瀉血，蜂蜜の薬，火による焼灼の3種があるが，わたしはわたしの民に焼灼を禁じている』と言った」というハディースがある［ブハーリー　1994：872］。瀉血が吸角法に当たる。

(8)　例えば，ジニを持っているという40代女性の治療で，彼は女性の太ももを器具で吸引した。患部を吸引したり指で押したりすると，彼女は特に右膝の後ろの痛みを訴え，吸引した部分の皮膚は赤く腫れ上がった。その後，サリフは皮膚の黄色くなっている部分を指し，「汚れだ（Sw：uchafu）」と説明した（2007年8月17日）。

(9)　「ヤー・ムクスィト」について，彼は99の神の美称に関する本を見せながら，女性に「この神の名を何度も唱えなさい。ジニの病から逃れることができるから」と説明した。また，「ヤー・ムミート」について，その本では「アッラーこそが死を創造したお方」と説明されていた。

第Ⅳ部

東アフリカにおける民衆のイスラーム

　　第Ⅳ部では，これまで取り上げたタリーカとスンナの医学を総括し，東アフリカの民衆のイスラームについて考察する。19世紀，イスラームの知識を学ぶことができたのは一部のハドラマウト出身者に限られていたが，スワヒリ語でのイスラーム教育が積極的に行われたことによって，一般の人々もイスラームを学ぶことが可能となった。民衆に広くイスラームへの門戸が開かれたことが，現在のタリーカやスンナの医学をはじめとする民衆のイスラーム実践の基礎を作ったことを考察する。

第10章
イスラームの知の変遷

　本章では，東アフリカ沿岸部におけるイスラームの普及から現在までの知の変遷について考察する。第1節では，イスラーム知識人であったハドラマウト出身者に焦点を当て，彼らが実施したイスラームの儀礼と教育改革について考察する。第2節では，1964年のザンジバル革命後，ザンジバル政府が行った政策の転換について詳述する。第3節では，1972年以降に顕著となった，アンサール・スンナの活躍について考察し，第4節では，東アフリカ沿岸部のイスラーム復興の潮流について詳述する。

1　ハドラマウト出身者によるイスラーム改革

　第3章でも詳述したが，東アフリカにおいてはタリーカのカーディリー教団が，多くの教団員を獲得し，民衆へのイスラーム普及にも貢献した。それに対してアラウィー教団のメンバーは，イエメンのハドラマウト出身者（主に預言者ムハンマドの末裔とされる家系）で構成されており，東アフリカ沿岸部のイスラーム知識人の多くは彼らによって担われていた。特に1860年以降，第3代ザンジバル王のバルガシュは，ザンジバルを発展させるべく，ストーンタウンの整備に着手した。また，イスラーム制度を整備する必要性から，この時期に多くのハドラマウト出身者がザンジバルに招聘された。彼らはまた，イスラームの教育や儀礼の改革に尽力した。

預言者生誕祭の改革
　預言者生誕祭は，東アフリカでアラウィー教団員のハドラマウト出身者らが

193

第Ⅳ部　東アフリカにおける民衆のイスラーム

改革した行事の1つである。預言者生誕祭がイスラーム世界で初めて実施された
のは，13世紀頃のエジプトであった。当初は政府高官や宗教者のみが参加す
る行事であったが，タリーカが祭の中でズィクルを始め，現在のような民衆を
巻き込んだ祝祭となり，その後イスラーム世界各地に広がった［グルーネバウ
ム　2002 (1958)：101-103；大塚　1990：87]。

　東アフリカ沿岸部の預言者生誕祭は，19世紀前後にハドラマウトからラム島
（ケニア）にもたらされた。預言者生誕祭は当初，公の場で行われていたが，参
加者は教養のあるアラブ人のみであった［Bang 2003：148-149]。そこでハビー
ブ・サーリフ（Ḥabīb Ṣāliḥ, 本名：Ṣāliḥ b. ʿAlawī Jamal al-Layl, d. 1936）という
人物が，一般のムスリムが参加可能で，クルアーンなどの朗誦や踊り，楽器な
どを取り入れた預言者生誕祭を考案した。彼はアラウィー教団員であり，数々
のイスラーム儀礼の改革者や教師として，東アフリカ沿岸部のイスラーム実践
に多大な影響を与えた人物として知られている［Bang 2003：100]。これを機に
ラムではこの「正統な」イスラームの儀礼に，一般のムスリムも参加するよう
になった［Bang 2003：149-150]。

　この新しい預言者生誕祭は，その後ラム島からザンジバルにももたらされた。
ザンジバルにおいても預言者生誕祭は当初，アラウィー教団のメンバーを中心
とした一部のエリート層のみによって行われていたが，少なくとも1902年には，
アラウィー教団員であったムハンマド・サリフ・ヘンドリックス（Muhammad
Salih Hendricks, d. 1945）[1]とアブドゥッラー・バーカスィール（後述）によって，
預言者生誕祭が再編された。預言者生誕祭は，アラウィー教団が一般の人々に
イスラームを普及させるための，重要な場となった。その後，預言者生誕祭は
ザンジバル都市部のムナズィ・ムモジャ広場（Mnazi Mmoja, 現在，政府主催の
預言者生誕祭が行われているマイサラ広場）で行われるようになった［Bang
2003：149-150]。

　1980年代以降になると預言者生誕祭は，預言者ムハンマドが生きた時代には
存在しなかったものであるとして，クルアーンと預言者の言行に忠実であろう
とする人々によって批判されるようになった。しかし，すでに預言者生誕祭は

第**10**章　イスラームの知の変遷

ザンジバルのイスラームの行事として浸透していたことから，2000年頃からは反対者たちも融和的な態度を取り，批判を控えるようになった［Loimeier 2009：130-131］。

　また，ザンジバルのほぼ全ての子どもたちは，預言者生誕祭の中で朗誦されるバルザンジやカスィーダ，マウリディ（預言者讃歌）をクルアーン学校で学ぶ。特に，タンバリンに合わせて朗誦するマウリディは，結婚式などでも朗誦されるなど，現在では預言者生誕祭だけではなく，様々なイベントで催される。このときに使用されるタンバリンも，アラウィー教団がハドラマウトから東アフリカ沿岸部にもたらしたものである。アラウィー教団の行ったこのような宗教儀礼の改革は，ザンジバルのイスラームの文化や教育の基礎を築いたのである。

教育改革

　ハドラマウト出身者たちは，イスラーム教育の改革も行った。その中でも有名であるのが，イブン・スマイトと，アブドゥッラー・バーカスィールである。

　イブン・スマイト（Aḥmad ibn Sumayṭ, d. 1925）は，グランド・コモロ島で生まれた（写真10-1）。彼の父は，1850年代にハドラマウトのタリーム（Tarīm）から東アフリカ沿岸部に移住した。彼は，ハドラマウトで基礎的なイスラーム教育を修めると，貿易商人やダウ船の船長として働いた。1880/1年にはハドラマウトを訪れてイスラーム諸学を学び，アラウィー教団にも加入した［Bang 2003：64］。

　1883年，ハドラマウトからザンジバルに移住すると，彼はザンジバルのカーディーに任命された。しかし，1885年にはカーディー職を辞し，故郷であるグランド・コモロ島に戻った。それ以降，イブン・スマイトはイスタンブールやカイロ，マッカ，マディーナ，インド，ジャワ島などを旅し，多くのハドラマウト出身者のコミュニティーを訪れた［Bang 2003：77］。彼はこの間，エジプトのアズハル大学（スンナ派の最高教育機関）でも教鞭をとっており，サラフィー主義の思想にも触れている。サラフィー主義とは，後世の逸脱を排し，イスラーム初期の原則や精神への回帰を目指す思想潮流であり，19世紀以降のイス

195

第Ⅳ部　東アフリカにおける民衆のイスラーム

写真10-1　イブン・スマイト
出所：Loimeier 2009：138.

ラーム復興運動の主流をなした［末近 2002：418］。

　1888年，イブン・スマイトはザンジバルに戻ると，再度カーディーに任命された。また，彼は自宅でイスラーム諸学の授業を開講した。金曜日にはモスクで上級者向けの授業を開き，クルアーン解釈やハディース，イスラーム法学，アラビア語文法などを教えた［Loimeier 2009：100-103］(2)。

　アブドゥッラー・バーカスィール（ʻAbd Allāh ibn Muḥammad ibn Sālim ibn Aḥmad ibn ʻAlī Bā Kathīr al-Kindī, d. 1925）は，ハドラマウトでも貧しい一族の出身で，18世紀後半，父の代にタリームからラム島に移住した。彼は1887年からマッカでイスラーム諸学を学んだ。そして，1890年にザンジバルに戻り(3)，1925年に亡くなるまでの間，自宅でイスラーム諸学の授業を行い，多くの弟子を輩出した(4)。彼は，断食月に有志のイスラーム教師らによって開かれる授業をザンジバルに導入した［Loimeier 2009：104］。この断食月の特別授業は，現在

196

第**10**章　イスラームの知の変遷

も多くのクルアーン学校やモスクで行われている。

イスラーム普及のためのスワヒリ語の貢献

　イブン・スマイトやアブドゥッラー・バーカスィールが活躍した20世紀前半までの時期，イスラーム諸学を学ぶうえでアラビア語の読解能力は必須であった。しかし，彼らの弟子の時代になると，むしろスワヒリ語でイスラームを普及することの重要性が指摘されるようになる。ここでは，その重要性を主張したアミーンと，アブドゥッラー・ファールスィーに焦点を当てる。

　アミーン（al-Amīn ibn 'Alī al-Mazrū'ī, d. 1947）は，モンバサ（ケニア）のマズルイ家に生まれた。マズルイ家は，オマーン出身の一族で，18世紀前半～19世紀前半にかけてモンバサを支配した（第2章3節）。アミーンは，イブン・スマイトとアブドゥッラー・バーカスィールにも学んだ。

　彼は，1932年からアラウィー教団員のガッザーリー（Muḥammad al-Ghazzālī）がモンバサに設立したガッザーリー・ムスリム学校（Ghazzālī Muslim School）で教師を務めるなど，アラウィー教団と強い繋がりがあった。その一方で1920年代，彼はエジプトでイスラーム改革運動を展開したアブドゥ（Muḥammad 'Abduh, d. 1905）や，アブドゥの弟子で同様にイスラーム改革思想家であったリダー（Muḥammad Rashīd Riḍā, d. 1935）の思想に強い影響を受けた。アブドゥとリダーは，雑誌を発行するなどして，イスラーム世界にサラフィー主義思想を広げた［Loimeier 2009：110-111］。

　アミーンは，一般の人々にイスラームを普及させるうえで，スワヒリ語が重要であることを最初に説いた学者であった。しかし一方で，クルアーンの言葉であるアラビア語を学習することは，ムスリムとしての義務である，とも述べている。また，1930年にイスラーム改革主義についての初めての雑誌である『新聞（al-Saheefa）』を，1932年には『改革（al-Iṣlāḥ）』を創刊し，ヨーロッパによる植民地支配やキリスト教の宣教活動，西洋化の問題などを取り上げた［Lacunza Balda 1993：232；Loimeier 2009：110］。

　またアミーンは，アフマディー（Mubārak Aḥmad Aḥmadī）の『聖クルアー

197

第Ⅳ部　東アフリカにおける民衆のイスラーム

ン（*Kurani Tukufu*）』（1953年）というクルアーン注釈書を批判した[6]。アフマディーは，アフマディーヤ（Aḥmadīyah）という教団の，東アフリカ支部の指導者であった。アフマディーヤは1889年，ミルザー・グラーム・アフマド（Mirzā Ghulām Aḥmad, d. 1908）が，北インドのパンジャーブ州（Punjab）を拠点に創始した教団であり，東アフリカでは1930年代に勢力を拡大した。アフマディーは，クルアーン注釈をとおしてキリスト教宣教師たちの強まる影響力に対抗しようとした。

　しかしこの教団は，創始者であるミルザー・グラーム・アフマドを預言者ムハンマドの再来であると主張したこと，また出版した注釈書にアラビア語の原典であるクルアーンが併記されていなかったこと，スワヒリ語注釈の中にキリスト教を擁護する解釈がみられたことなどから，結果的に東アフリカ沿岸部のムスリムには受け入れられなかった［Lacunza Balda 1989：53-55；Loimeier 2009：112-113]。以上のような背景を問題視したアミーンは，自らがクルアーン注釈書の執筆を始めたが，1947年の彼の死によって未完に終わった［Loimeier 2009：109-110][7]。

　アミーンの弟子の１人であるアブドゥッラー・ファールスィー（ʻAbdullāh Ṣāliḥ ibn Qasīm ibn Manṣūr ibn Ḥaydar ibn Aḥmad ibn Muḥammad al-Fārsy, d. 1982）は，イスラームに関する多くの著作をスワヒリ語で書いた著名な人物である（写真10‐2）。イラン出自の彼は，ザンジバル都市部のストーンタウンで生まれた[8]。1932年，彼はイギリスが運営する教師養成学校（Teacher Training Collage）を修了し，1933～1960年までは教育省に務めた［Loimeier 2009：380]。

　1952年，アブドゥッラー・ファールスィーは宗教教育視察官の仕事を務めながら，教鞭をとった。1953年，ペンバ島のウェテ（Wete）のカーディーに任命されるが，1967年，彼を含む一族４人が解雇されたことを機に，ザンジバルを離れた。そして1968年，当時ケニアのカーディーの中で最高位にあったムハンマド・カースィム・マズルーイー（Muḥammad Qāsim al-Mazrūʻī）に彼の後を任された。1981年，体調不良により辞職すると，翌年に家族が住むオマーンのマスカトで亡くなった［Loimeier 2009：375-396；Musa 1986：101]。

198

第**10**章　イスラームの知の変遷

写真10-2　アブドゥッラー・ファール
　　　　　スィー
出所：Musa 1986：83.

　1940年代以降，アブドゥッラー・ファールスィーは，預言者生誕祭，葬儀，墓参り，タリーカのズィクリを，クルアーンとハディースに言及がないとして批判した［Loimeier 2009：388］。彼は「カーディリー教団のズィクリの問題点は，イスラームの言葉である『アッラーの他に神はなし。ムハンマドは神の使徒なり』を，『アッラーの他に神はなし。アブドゥル・カーディルはアッラーの代理人なり』に変えたことである」，「シャーズィリー教団のズィクリの問題点は，『神以外にはいかなるものも存在しない』と言っていること。なんという堕落ぶりか。あらゆるものが神であるというのに」と述べ，タリーカを批判した［Lacunza Balda 1989：241-242］。このような彼の主張は，本章4節で言及する彼の弟子たちにも受け継がれた。
　アミーンがクルアーンの理解にアラビア語は必須であると主張したのに対し，

第Ⅳ部　東アフリカにおける民衆のイスラーム

アブドゥッラー・ファールスィーは，「イスラームは宗教の植民地主義を望まない。アラビア語は必須ではない」と述べ，イスラームはスワヒリ語で理解しても問題はない，という立場をとった［Lacunza Balda 1989：217］。

　また，彼は「宗教指導者や預言者ムハンマドの末裔の言動に従う必要は必ずしもない」とも述べた［Lacunza Balda 1989：229］。彼は，これまでのイスラーム知識人たちによるイスラームの専門知識の独占を解消し，全てのムスリムがクルアーンをスワヒリ語で解することができるようになることを目指した。そして1969年，彼はクルアーンのスワヒリ語注釈書である『聖クルアーン（*Qurani Takatifu*）』を完成させた［Lacunza Balda 1993：234］。

　アブドゥッラー・ファールスィーのクルアーン注釈書は，現在の東アフリカにおいて多くの人々に広く受け入れられている[9]。その理由としては，彼自身がザンジバル生まれでスワヒリ語の母語話者であったこと，東アフリカ沿岸部住民の大多数のムスリムと同様，スンナ派シャーフィイー学派に属していたこと，スンナ派の最高教育機関であるエジプトのアズハル大学の法学者であった，アブドゥルバーリウ・アジーズィー（'Abd al-Bāri' ibn 'Abd al-Bāri' al-'Ajīzī, d. 1946）の弟子であったことなどがあげられる［Lacunza Balda 1993：109］。アブドゥルバーリウ・アジーズィーは1907年，イスラーム諸学を教えるために，ザンジバル政府によって招聘されたエジプト人である［Loimeier 2009：561-562］。

2　「伝統的イスラーム」の否定

　1960年代前半までは，ハドラマウト出身者を中心としたイスラーム知識人の主導で，教育や宗教儀礼の改革がなされてきた。また，彼らはイギリス植民地政府と緊密な関係にあり，政府の要職を担ってきた。しかしその後，このような体制に大きな変化が起こった。1963年12月にザンジバルはイギリスからの独立を果たし，アラブ人主導のザンジバル王国が建国されたが，そのわずか1カ月後の1964年1月，ウガンダ人のオケロを指導者として，アラブ人による支配に不満を抱く人々がザンジバル革命を引き起こしたのである（第2章3節）。

200

第10章　イスラームの知の変遷

　ザンジバル革命後の新政府は，アフロ・シラズィ党の党首であったカルメを大統領として樹立された。[10] アラブ人やインド人は，土地や財産を没収され，革命の混乱の中で多くの人が殺害された。身の危険を感じた彼らは，タンザニア本土やケニア，中東のドバイへと避難した。[11]

　新政府はまた，自分たちの脅威となりうる前体制派のハドラマウト出身のイスラーム知識人が築いたイスラーム教育を排除した。革命前までイギリスが運営していたムスリム・アカデミー（Muslim Academy）も，ザンジバル革命後には閉鎖に追い込まれている。[12] 1952年に設立されたムスリム・アカデミーは，イギリスの世俗教育の方法を導入し，ハドラマウト出身者の教師陣によって伝統的なイスラーム教育がなされており，イギリスとハドラマウト出身者の緊密な関係を象徴していた［Loimeier 2009：402-404］。また，ムスリム・アカデミーの卒業生は，イギリス植民地政府の要職を担った。

　1972年にカルメ大統領が暗殺された後も，アラブ人を排除する政策は大きくは変わらなかったが，教育面では，これまでのイスラーム教育に代わるものを導入することで見直されていった。1972年，ムスリム・アカデミーは教育内容を大幅に変更し，ザンジバル政府が運営するイスラーム学校（Chuo cha Kiislamu）として再開した。

　教師陣は，ムスリム・アカデミーではハドラマウト出身者が中心であったのに対して，イスラーム学校ではエジプトやスーダンから招聘された教師が中心的な役割を担った。イスラーム学校では，法学にはあまり重きが置かれず，クルアーンやハディース，イスラーム神学，一神論，アラビア語教育が重視された。その一方で，スーフィズムや哲学，占星術のような学問分野は，迷信的であり，非イスラーム的な聖者信仰に繋がるとして排除された［Loimeier 2009：529-532］。

　1970年代半ば以降になると，ザンジバル政府の奨学金を受けて海外でイスラーム諸学を学び，学士号を取得した者が帰国し始めた［Purpura 1997：132］。彼らの多くは，サウディアラビアの近代的イスラーム教育を施す大学に留学した。[13] ザンジバルのイスラーム学校の卒業生や，海外から帰国した留学生たちは，カ

201

ーディーやイスラーム法学者，各種教育機関（初等学校，中等学校，教育専門学校，大学，クルアーン学校），モスクの教師などを務めた［Loimeier 2009：119,124］。彼らがこれらの職に就くことによって，多くのザンジバルの人々が彼らの思想に触れ，影響を受けることとなった。

　そして，島外からの教師の招聘や留学生の派遣などを通じて，結果的にザンジバルと，サウディアラビアをはじめとしたイスラーム諸国との関係が強化された。例えば，イラン政府の運営するイスラーム思想機構（Sw：Taasisi ya Fikra za Kiislamu）が出版するスワヒリ語雑誌『共同体の声（Sw：*Sauti ya Umma*）』は，東アフリカやブルンディ，マラウィ，ルワンダ，南アフリカ，ザンビア，ザイールなどにおいて無料で配布された。[14]

　また，現在のザンジバルやタンザニアには，サウディアラビアやアラブ首長国連邦などからの援助によって建てられた大規模なモスクが多く存在する。タンザニアでのイスラーム普及促進を目的とした，サウディアラビアのジェッダに本部のあるモスク世界会議（The World Council of Mosques）の支部も，ダルエスサラームに開設されている［Lodhi and Westerlund 1999：107］。

3　アンサール・スンナの活躍

　ザンジバル革命後，サウディアラビアやスーダンから招かれた教師や，帰国した留学生たちによって取り入れられた，クルアーンとハディースに忠実であろうとする思想を積極的に主張し始めた者たちは，「アンサール・スンナ（Ansaar Sunna）」，「革新者（mtu wa bidaa）」，「新ムスリム（mwislamu mpya）」などと呼ばれた［Loimeier 2009：126］。本書では，この中でも現在のザンジバルでよく使われている「アンサール・スンナ」の名称を使用する。

　本節では，近年アンサール・スンナの担い手として特に活躍した／しているダルエスサラームのサイディ・ムサ（Saidi Musa b. Kisaka b. Kilomboche b. Torogha b. Mkasirwa b. Mkule）と，ザンジバルのナッソル・バチュ（Nassor Abdullah Bachu, d. 2013）に焦点を当てる。[15]

202

第**10**章　イスラームの知の変遷

サイディ・ムサ

サイディ・ムサは，キリマンジャロ山のふもとに位置するタンザニアのモシ（Moshi）で1943年に生まれた（写真10-3）。1960年にザンジバルに移住してムスリム・アカデミーに入学し，前述のアブドゥッラー・ファールスィーにも学んだ[16]。1967年，彼はダルエスサラームに移住し，1992年まで靴の検品や輸送，管理・福祉部門の仕事をしながら執筆活動を行い，多くの書籍を出版してきた（2009年1月28日）。彼はまた，スンナの医学にも精通しており，祈禱による治療の書籍も多数出版している（第8章1節）。

サイディ・ムサは，1970年代から1980年代にかけて，1979年に起きたイラン革命の支持やイスラームに関する政策の重要性を主張し，タンザニアの多くのムスリムに影響を与えた[Loimeier 2009：584-585]。彼は師のアブドゥッラー・ファールスィーと同様，一般の人々がイスラームを理解する上でのスワヒリ語の重要性を強調した[17]。このような彼の主張は一般にも広く受け入れられ，スワヒリ語によるイスラームの解説書やアラビア語書籍のスワヒリ語翻訳書は，爆発的に増加することとなった[Loimeier 2009：115-116]。

ナッソル・バチュ

ナッソル・バチュは，1990年代初期からザンジバルで盛んに活動したアンサール・スンナの担い手である。彼はザンジバルで，スーダン人やエジプト人の教師からイスラーム諸学を学んだ。彼の両親は，パキスタン出身のシーア派であったが，彼自身は「幼い時からシーア派の慣例は間違っていると認識していた」という。彼自身はスンナ派に改宗した（2008年2月19日）。

ナッソル・バチュは，1979年から都市部ストーンタウン郊外にある上キクワジュニモスク（Msikiti wa Kikwajuni Juu）を拠点として，説教やイスラーム教育を始めた。現在の上キクワジュニモスクは，2階部分が女性の礼拝スペースとなっている。ザンジバルでは女性の礼拝スペースを備えているモスクはほとんどないため，上キクワジュニモスクは，ザンジバルでも大規模なモスクの1つといえる。

第Ⅳ部　東アフリカにおける民衆のイスラーム

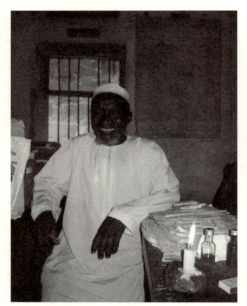

写真10-3　サイディ・ムサ
出所：2006年12月，著者撮影。

　ナッソル・バチュによると，上キクワジュニモスクは，人々がモスクで熱心に礼拝や学習をする様子に感銘を受けたドバイのアラブ人の寄付によって近年建て直されたという。彼はこのモスクで，クルアーン解釈やハディース，預言者ムハンマドの教友の伝記などについて教えていた。彼によると，彼の説くイスラームの改革主義的思想は，当時の人々にとって非常に斬新であり，彼の授業や説教をとおして，多くの人がアンサール・スンナの思想に傾倒したという。彼はザンジバルやダルエスサラームのみならず，モンバサやナイロビ（Nairobi, ケニア），さらにはマスカトにも招かれて説教を行った。[18]

　また，ナッソル・バチュはイスラーム組織「ウアムショ」を創設した。ウアムショは，1980年代初頭以降に数多く組織されたアンサール・スンナ系の団体の中でも最も影響力を有した［Loimeier 2009：130］。ウアムショの規約（Sw：

204

Katiba ya Jumuiya ya Uamsho na Mihadhara ya Kiislamu Zanzibar）によると，同組織は，ムスリム同士の連帯と相互扶助の強化，社会貢献，イスラームの教義を基礎とした善行を促進するため，積極的にイスラーム教育を実施することを目的として設立された［JUMIKI 2012：1-3]。

　このようにウアムショは設立当初，宗教的な活動を主な目的としていたが，2010年頃から政治的な主張や活動が増え，ザンジバル住民の支持を獲得した（第2章3節）［藤井 2015：189-191]。

4　イスラーム復興の潮流

　現在の東アフリカ沿岸部では，ナッソル・バチュやサイディ・ムサの次の世代が，アンサール・スンナの思想を引き継いで活躍している。クルアーンとハディースを基礎とするイスラームが正しいムスリムのあり方であるとするアンサール・スンナの思想は，現在のザンジバルでは多くの人が共有する「正しいイスラーム」像であり，東アフリカ沿岸部のイスラーム復興を担っている。イスラーム復興とは，1970年代頃から顕著になった，イスラームを全面に押し出した政治活動や社会・文化現象である［大塚 2002b：138]。本節では，東アフリカ沿岸部におけるイスラーム復興に焦点を当てる。

「イスラーム的」衣服の着用

　現在のザンジバルでは，「イスラーム的」とされる服装を着用する女性が増加している。女性は外出する際，一般的にはブイブイ（長袖でゆったりとした長い黒のワンピース）と，胸元あたりまでが隠れるベールで頭部を覆う。ブイブイとベールを着用すると，手や足先，顔以外が露出することはない。そして近年ではさらに，シュンギ（2メートルほどの布の両端を縫い合わせて作った，頭部から膝下までがすっぽり覆われる布）やニンジャ（目の部分にスリットが入った顔面を覆う黒い布）を着用する女性もいる（写真10-4，10-5）。

　例えば，モスクやクルアーン学校で行われる成人を対象とした授業では，ほ

第Ⅳ部　東アフリカにおける民衆のイスラーム

写真10-4　頭部から膝まで隠れるシュンギを着用している女性
出所：2007年8月，著者撮影。

写真10-5　ブイブイと顔面を覆うニンジャを着用している女性
出所：2007年8月，著者撮影。

とんどの女性がシュンギを着用している。著者は調査を始めた頃，ブイブイとベールを着用して授業に出席していたが，すぐに自分の格好が場違いであるように感じた。また，複数の女性から「シュンギは持っていないのか」，「その格好は好ましくない。ブイブイの上に何か着た方がよい」と言われ，次の回の授業では，数人からシュンギを贈られた。

　ブイブイ自体，身体の線を隠すために着用するゆったりとした衣服であるが，ワンピースの形をしているブイブイでは身体の線がでてしまうため，上からシュンギの着用が必要であると彼女たちは言う。また，モスクやクルアーン学校の授業では，シュンギやニンジャがイスラーム的な服装であり，女性として望ましい格好であると教えられる。そのため，授業以外のときにも，外出着とし

206

第**10**章　イスラームの知の変遷

て普段からシュンギや，場合によってはニンジャを着用する女性もいる。

　また，ある50代の女性によると，彼女が学生であった1970年代は，誰もベールを着用していなかったが，イスラーム的な服装をよしとする社会的風潮の中，次第に女性たちはベールをつけるようになっていったという。このようなイスラーム的な衣服の着用は，1980年代からアンサール・スンナの担い手が主張し始め，1990年代～2000年代初頭に顕在化した［Loimeier 2009：125］。

スワヒリ語による高度なイスラーム教育

　アンサール・スンナの担い手は，彼らの思想を主張するうえで，スワヒリ語を積極的に用いていた。また，成人に対するイスラーム教育もスワヒリ語で行われたため，人々はアラビア語を理解することができなくても，イスラームを学ぶことが可能となった。このようなスワヒリ語での授業は，現在では多くのクルアーン学校やモスクで実施されている。そして，評判の良い教師が担当していたり，週末に行われる授業であったりすると，遠方から参加する者も多く，10代の学生から乳児を抱えた人まで，様々な年代の人たちが，共に授業を受けている。

　さらに近年では，アラビア語を母語とする国で出版された書籍を授業のテキストとして採用している場合も多い。これらの書籍は，エジプトやレバノンで出版されており，その内容はクルアーン解釈，一神論，ハディース，諸預言者伝，ムスリムとしての振る舞いなどである。このように，スワヒリ語で行われる授業をとおして，人々は同時代の他のイスラーム世界の思想や知識を習得することが可能になった。さらに現在の受講者たちは，授業をとおして徐々にアラビア語の識字能力まで学ぶ機会を得ているのである。

街頭での説教

　クルアーン学校やモスクの教師の中には，イスラーム教師数人を集め，街頭でイスラームについての説教を行う者もいる。聴衆の席は男女別に設けられ，会場の前方には教師たちの椅子や机，マイク，スピーカーが用意される。教師

第Ⅳ部　東アフリカにおける民衆のイスラーム

たちはマイクも必要のないほどの大きな声で，クルアーンやハディースを引用
しながら預言者や教友のエピソードを紹介し，それに倣って正しいムスリムと
して振る舞うように，と説教する。イスラーム的か否かについては，クルアー
ンとハディースに言及があるかどうか，またはそれらに反していないかによっ
て判断される。彼らの街頭での説教は，現在の「正しいイスラーム」を一般に
普及させるうえで，大きな役割を果たしているのである。

タリーカやウガンガに対する批判

　現在のザンジバルでは，タリーカの活動を批判する人が多い。これは，著者
が2005年と2006年にタリーカの調査を行ったときにも感じたことである。例え
ば，著者の下宿先の家主は，著者がタリーカの調査を行っていると知ると，非
常に怪訝な顔をしながら「タリーカの活動は多神崇拝にあたる」と述べた。ザ
ンジバルの大学に通っていた家主は，家の応接間で仲間たちと定期的にイスラ
ームに関する勉強会を催していた。彼のような比較的エリートである人ではな
くても，タリーカを否定的にとらえている人は多く，著者がタリーカについて
調査をしていると，タリーカの活動を「イスラームではない」，「ザンジバルの
伝統にすぎない」と言う人にしばしば出会った。

　また，ウガンガについて否定的な見解を持つ人も多い。当然，患者に金銭な
どの見返りを求めることなく治療を行う者もいるが，アンサール・スンナの担
い手はもとより，一般の人々の間でも，ウガンガの行為を金儲けのためや非イ
スラーム的であるとして，否定的な人もいる。

　このように，タリーカやウガンガの活動を非イスラーム的であると言う人々
は，明らかにアンサール・スンナの影響を受けている。アンサール・スンナの
担い手は，クルアーンとハディースに言及のないこのような行為を，多神崇拝
や非イスラーム的として批判する。

　しかし，アンサール・スンナの主張が多くの人からの支持を得ている現在も，
預言者生誕祭やタリーカのズィクリ，ウガンガは，現在まで消滅することはな
かった。預言者生誕祭で朗誦されるテキスト（マウリディ）は，現在のザンジバ

208

第**10**章　イスラームの知の変遷

ルでは祝祭やクルアーン学校での教育で不可欠な要素となっている。

　タリーカについても，活動拠点は現在のザンジバルに約130カ所存在しており，地域と密着した活動が行われていた（第3章3節）[Fujii 2007b : 138-139]。そのため，ザンジバル革命後に政権から弾圧を受けたり，現在「非イスラーム的」として批判の対象とされる場合があるとはいえ，その活動が完全に消滅することはなかったのである。

　以上のように，現在ではクルアーンとハディースを基礎とするアンサール・スンナの思想が一般に広く受け入れられ，東アフリカ沿岸部のイスラーム復興を担ってきた。1980年代，ザンジバルのイスラーム学校を卒業した者や，他国でイスラーム学を修めた者が，アンサール・スンナの思想を説き始め，1990年代にその影響が可視化しはじめた。サウディアラビアなどのアラブ諸国から伝わったアンサール・スンナの思想は，東アフリカ沿岸部の人々に受け入れられ，新たなイスラーム観として根付いたのである。

注

(1)　ムハンマド・サリフ・ヘンドリックスは，1871年に南アフリカで生まれた。彼の家族は，イスラームに改宗して間もなかった。17歳のときにマッカを訪れてイスラーム諸学を学び，ハドラマウト出身者らとも交流した。1902年，南アフリカに戻る途中でザンジバルに1年間滞在し，カーディー（Sw：kadhi, Ar：qāḍin，イスラームにおける裁判官）も務めた[Bang 2003 : 114-115]。

(2)　その他，イブン・スマイトは夜明け前の礼拝の見直しも行った。それまで，夜明け前の礼拝の呼びかけの時間は，各モスクに任されていたが，彼は，太陽暦とザンジバルの位置に基づいた正確な時間に行うように指導した[Loimeier 2009 : 103-104]。

(3)　アブドゥッラー・バーカスィールの家系は，高度に階層化したハドラマウト社会では，4階層あるうちの上から2番目であるシャイフ層に属しており（ハドラマウト社会の階層については第2章4節を参照），ハドラマウトにおいても学術分野で貢献した[Bang 2003 : 97]。

(4)　彼はその後も1896年にハドラマウト，1897年にエジプト，1913/4年に南アフリカを旅した[Loimeier 2009 : 105]。

(5)　彼は自著『案内（Uwongozi）』の中で，「アラビア語はクルアーンの言葉であり，神は

209

私たちに，クルアーンを朗誦するときはその意味を考えるように命じた。もしアラビア語の知識が十分でなければ，私たちはその意味をどのように知ることができよう。同時に，アラビア語は使徒の言葉でもある」，「アラビア語の学習は，男女を問わず全ムスリムの義務である。ムスリムにとって，礼拝中に唱えるクルアーンの意味を理解せず，オウムのように朗誦することがいかに愚かなことか」と述べている［Lacunza Balda 1989：216-217；1993：232-233］。

(6)　アラビア語は神の啓示の言葉であり，翻訳することは不可能であるとされているため，他言語に訳されたクルアーンは全て「注釈書」と呼ばれる。アフマディー以前に存在していたスワヒリ語注釈書は，デール（Canon Godfrey Dale）による『スワヒリ語によるアラビア語クルアーンの注釈書（*Tafsiri ya Kurani ya Kiarabu kwa Lugha ya Kiswahili*）』（1923年）であった。キリスト教宣教師であったデールは，1889〜1925年までの間，ザンジバルでイギリスが運営する中央アフリカ大学伝道団（Universities' Mission to Central Africa）に従事した。彼がクルアーン注釈書を執筆した理由は，ムスリムのためではなく，キリスト教の宣教師や教師たちがイスラームを理解するためであった［Lacunza Balda 1989：53-54；Loimeier 2009：112-113］。

(7)　アミーンはクルアーン第1章と，最後のジュズウ（クルアーンを30等分したうちの1つ）である第78〜第114章までを訳し終えて亡くなった。彼の死後，これらの遺作は2人の息子によって注釈が加えられ，『アンマ巻（*Juzuu ya Amma*）』というタイトルで出版された［Lacunza Balda 1989：64］。

(8)　彼の父方の祖父（'Abdullāh ibn Ṣāliḥ ibn Qasīm al-Farsy, d. 1939）はオマーン王家専属の船長で，母方の祖父（Jābir ibn Ṣāliḥ ibn Qasīm, d. 1949）は宗教指導者であった。彼の一族は，商人や学者，医者，オマーンやイギリスの被雇用者などの職に就いていた［Loimeier 2009：377］。

(9)　しかし彼の注釈書は，ラム島のアラウィー教団員たちには受け入れられなかった。その理由は，ラム島のアラウィー教団が，アラビア語でクルアーンを理解することを重視する，伝統的な宗教エリートで構成されていたためである。このような宗教エリートたちは，これまで自分たちが独占的に理解可能であったクルアーンを，一般信徒たちがスワヒリ語で理解し，個々に解釈をすることに難色を示した［Lacunza Balda 1993：234］。

(10)　カルメは1905年，ザンジバル北東部に位置するポングウェ（Pongwe）に生まれた。彼の父はマラウィ，母はルワンダ出身であった。1957年，アフロ・シラズィ党の共同創立者となり，1964年から暗殺される1972年まで，ザンジバル大統領とタンザニア副大統領を務めた（第2章3節）。

(11)　ドバイについては，当時のドバイのラーシド王（Rāshid bin Sa'īd Āl Maktūm, 統治：1958-1990）が，ザンジバルからの避難者を積極的に受け入れた。王の名前を冠するラーシディーヤ地区（al-Rāshidiyya）には，現在も多くのザンジバル出身者が居住し

ている。

⑿　しかしながら，個人で行われるクルアーン学校での教育は存続した。また，カーディ
　　リー教団は，支派間の繋がりが薄く，政府への関与もしなかったため，革命後も政治的
　　脅威とはみなされず，政府から弾圧を受けることは少なかった [Loimeier 2009：87]。

⒀　そのほとんどが，マディーナ（Madīna）で1961年に設立されたイスラーム大学であっ
　　た。その他にも，サウディアラビアではリヤド（Riyadh）のイマーム・ムハンマド・イ
　　ブン・サウード・イスラーム大学（al-Imam Mohammad Ibn Saud Islamic University）
　　や，マッカのウンム・クラ大学（Umm al-Qura University），サウディアラビア以外の
　　国ではスーダンやエジプト，マレーシア，クウェート，イラク，リビア，トルコなどに
　　ある同系列の大学に留学生が派遣された [Loimeier 2009：118]。

⒁　雑誌の内容は，1979年に起こったイラン革命の指導者であったホメイニー（Rūḥ
　　Allāh Mūsavī Khomeynī, d. 1989）による統治，イラン・イラク戦争（1980〜1988年），
　　大巡礼中のマッカでのムスリム殺害事件（1987年），イラクのハラブジャ（Halabja）で
　　イラク政府がクルド人に対して化学兵器を使用した事件（1988年），アメリカの中東政策，
　　イスラームの発展におけるイラン人の貢献，イラン人と東アフリカとの文化的関係など
　　であった [Lacunza Balda 1993：226-227]。

⒂　その他にもザンジバルのアンサール・スンナの主要な活動家として，ムハンマド・マ
　　ンサブ（Muḥammad Mansab），シャイフ・コンド（Shaykh Kondo），サロウム・ムサ
　　ッバ（Saloum Msabbah），アリー・バッサレ（Ally Bassaleh），「ウスターズ」ジャマル
　　（‘Ustādh’ Jamal），「ウスターズ」オスマン「ムアッリム」（‘Ustādh’ Othman ‘Mu‘allim’），
　　ファリド・ハディ・アフマド（Farid Hadi Ahmad），アッザン・ハリド・ハムダン
　　（Azzan Khalid Hamdan），ハミスィ・ジャアファル（Khamisi Ja‘far）などがあげられ
　　る [Loimeier 2009：115]。

⒃　サイディ・ムサがアブドゥッラー・ファールスィーの伝記を執筆したり，アブドゥッ
　　ラー・ファールスィーがサイディ・ムサの著書の序文を執筆したりするなど，両者は強
　　い師弟関係で結ばれていた。

⒄　サイディ・ムサは，「現在，物事は容易になった。宗教教育は昔のようにアラビア語
　　ではなく，スワヒリ語で行われている」と述べている [Lacunza Balda 1989：218]。

⒅　ナッソル・バチュは2003年に喉の病気を患い，声が出しづらくなったため，モスクで
　　の活動は弟子たちに任せた。喉の治療のためにインドに渡り，ザンジバルに戻って以降，
　　彼はストーンタウン郊外の自宅のみで，成人を対象とした授業を定期的に開講していた。
　　2008年に著者が参加した成人女性を対象とした授業は，毎週日曜日の日没後から21時頃
　　まで行われており，生徒も約30人が集まっていた（2008年2月24日，3月9日）。授業で
　　はアラビア語で書かれた『聖典クルアーンの解釈（*Tafsīr al-Qur’ān al-Karīm*）』『義人
　　たちの庭（*Riyāḍ al-Ṣāliḥīn*）』『預言者のハディース選集（*Mukhtār al-’Aḥādīth al-*

211

第Ⅳ部　東アフリカにおける民衆のイスラーム

Nabawīya)』などのテキストが使用されていた。

第11章
伝統と改革のはざまで

前章では，1970年代以降，一般の人々がイスラーム諸学をスワヒリ語で学ぶことが可能となり，1980年代以降は，クルアーンとハディースの内容に忠実であろうとするアンサール・スンナの思想とともに，イスラーム復興の潮流がもたらされたことを示した。本章では，スンナの医学が盛んに実践され始めた原因について考察する。第1節では，スンナの医学が誕生した歴史的背景について詳述する。第2節では，日常生活の中で実践されるスンナの医学について，第3節では，スンナの医学の治療者を養成する授業について，第4節では，スンナの医学の治療方法に焦点を当てて考察する。

1　ウガンガの改革

前章では，ウガンガが「非イスラーム的」であるとして，アンサール・スンナの担い手や一般の人々から批判の対象となっていることを示した。しかし，アンサール・スンナの担い手は，人々がウガンガのもとを訪れる主な原因であるジニの存在は否定していない。なぜなら，ジニはクルアーンにも言及があり，イスラームでは明らかに認められている存在だからである。

また，「ジニを持っている」という人はザンジバルに多く存在しており，病の一因として，ジニは人々の認識の中では存在し続ける。こうなると，ウガンガに否定的なムスリムは，ジニによる病や問題を，どこでどのように治療・解決すればよいのか，という問題が起こる。アンサール・スンナの担い手たちは，ウガンガに代わる治療方法を人々に提示する必要があった。

そこでアンサール・スンナの担い手たちは，スンナの医学を考案し，実践し

213

第Ⅳ部　東アフリカにおける民衆のイスラーム

始めた。スンナの医学が盛んに実践されるようになったのは，東アフリカにおいてアンサール・スンナの担い手が活躍し始めた時期とも一致する。1980年代にサイディ・ムサが祈禱による治療に関する書籍を出版したことを皮切りに，クルアーンとハディースに依拠するスンナの医学の書籍が，多数出版されるようになった。

　また，アンサール・スンナの担い手であるナッソル・バチュの弟子の中にも，スンナの医学の治療者となった者がいる。ナッソル・バチュが喉の病気でモスクの教師を辞した際の後任として教鞭をとったアリは，ストーンタウン郊外でスンナの医学の治療所を開設していた（第9章4節）。彼の他にも，ナッソル・バチュやサイディ・ムサの影響を受けた人は，東アフリカに数多く存在する。

　さらにアンサール・スンナの担い手たちの多くは，クルアーン学校やモスクでの教育活動にも従事している。彼らはアンサール・スンナの思想に沿った教育を行い，その思想を人々に普及させた。アンサール・スンナの思想に基づくスンナの医学もまた，実用的な側面も手伝って人々に広く受け入れられたのである。

　また，ウガンガとスンナの医学を比較検討した第8章で明らかになったのは，ウガンガが預言者の医学やズィクリ，歌，占いなどといった様々な要素を含んでいるのに対して，スンナの医学はクルアーンとハディースに立脚し，ウガンガの中でも彼らが非イスラーム的であると判断する要素を削ぎ落とし，ハディースに言及のあるものを新たに取り入れたものであった。アンサール・スンナの担い手は，「迷信である」と判断するウガンガの内容を改革し，それに代わるものとしてスンナの医学を実践し始めたのである。

　しかしながら，アンサール・スンナの担い手は，スンナの医学がクルアーンとハディースに基づくと主張してはいるものの，完全に7世紀の預言者ムハンマドの時代に戻ろうとする復古主義者ではない。その理由は第1に，彼らはスンナの医学の実践にオーディオ機器を取り入れ，さらに書籍やラジオといったメディアなど，預言者時代にはなかったものを利用して，よりスンナの医学の普及と効率化に尽力しているからである。

第**11**章　伝統と改革のはざまで

　第2に，アンサール・スンナの担い手は，19世紀後半以降にザンジバルに導入された西洋医学を否定していない点である。スンナの医学の治療者は，患者の症状をみて，スンナの医学では不十分であり，病院の検査や即効性のある西洋医学の薬の方が有効であると判断した場合は，まず西洋医学の病院を受診することを勧めていた。彼らは，各医療にはそれぞれの得意分野があり，スンナの医学も治療方法の選択肢の1つとして考えているのである。

　以上のように，スンナの医学は，預言者の時代から脈々と受け継がれたり，完全に預言者時代の生活を復元するためにクルアーンとハディースに立脚したりしているのではない。それよりもむしろ，スンナの医学はアンサール・スンナの担い手が，クルアーンとハディースを後ろ盾に，ウガンガを現代の思想潮流や社会のニーズに合うように改革したものなのである。

　ザンジバル革命前，主にハドラマウト出身者がイスラーム知識人であった頃は，ウガンガがイスラーム的な治療であった。しかし，他のアラブ諸国からアンサール・スンナの思想がもたらされ，一般に普及すると，その思想に沿った形でウガンガが再編され，スンナの医学が登場した。スンナの医学は，ウガンガに代わるイスラーム的な治療方法として，人々の支持を得るようになったのである。

2　日常生活の中のスンナの医学

　アンサール・スンナの担い手は，スンナの医学を実践することが，正しいイスラームの道であると考える。スンナの医学では，なにもジニによる病を患ったときにのみ重要なのではなく，日頃から敬虔なムスリムとして生活することが，ジニの病を防ぐための方法であるとされる。その内容は，例えば1日5回の礼拝，服装，食事，起床，就寝といった日常的な行いや，病の予防，衛生などである。当然，礼拝や断食などのムスリムとしての義務を怠ると，ジニに憑依されやすい状況になるとされる。特別に治療者のところへ行かなくとも，日常の中にスンナの医学を取り入れ，実践することが正しいムスリムの行いであ

第Ⅳ部　東アフリカにおける民衆のイスラーム

ると考えられている。

　また，一般の人々は，スワヒリ語の書籍やラジオ放送などのメディアをとおしてスンナの医学に関する情報を獲得し，自ら実践することが可能であった。スワヒリ語によるイスラーム関係のメディアの普及によって，一般の人々は知識人を介さずとも，イスラームを理解できるようになった。ウガンガの知識は主にイスラーム知識人が担っており，一般の人々にとっては難解であった。しかしスンナの医学は，一般の人々が様々なメディアを介して容易にアクセスし，自身で実践を行うことを可能にした。

　スンナの医学の授業が，モスクやクルアーン学校において行われている点も，ザンジバルにおける人々のイスラーム観を形成する役割を果たしている。治療者たちはこのような場において，正しいイスラームがクルアーンとハディースに忠実であることを人々に示してきた。彼らの活動は一定の成功を収め，スンナの医学も人々の支持を獲得するに至ったのである。

3　治療者養成を目的とした教育

　これまでスンナの医学の患者や授業の受講生として受け手側であった人々が，治療者となる事例もある。ザンジバル北部のヌングウィを中心とする数カ所のクルアーン学校では，2006年からスンナの医学の治療者を養成するための女性を対象とした授業が，週2回行われている。オスマニ（Osmani）は，ヌングイのクルアーン学校の校長として子どもたちにイスラーム教育を施しながら，日曜日の午前中や希望者があるときにスンナの医学の治療を実施している。オスマニもストーンタウンのサリフに治療方法を学び，この治療所を開設したという。また，この治療所では，実際にオスマニの指導を受けて治療者になった女性たちもいる。授業の受講生は，ザンジバル北部在住の人が中心で，毎回，約40人が参加している。[1]

　スンナの医学では，治療者と患者の双方が敬虔なムスリムでなければならないという。例えば，2006年に行われた初回のオスマニの授業では，スンナの医

学の治療者の心得として次の11点があげられた。[(2)]

1. 預言者とその教友のような正しい信仰心を持っていること
2. 神は唯一であるという信仰を確かに持っていること
3. ジニに関する神の言葉を信じていること
4. ジニが憑依している状況を識別できること
5. ジニによる珍事や騙しごとを識別できること
6. 可能であれば既婚者であること
7. イスラームで禁止されている事を行わないこと
8. 神に従うことを求めること
9. 朝晩，神の名を繰り返し唱えることを，自らに課すことができること
10. 神のために行動すること
11. イスラームの祈禱を暗唱できること

このように，スンナの医学の治療者となるには，まず敬虔なムスリムでなければならない。その上で，患者がジニに憑依されているか否かを，治療者として客観的に判断する能力が必要とされている。

著者が参加したオスマニの授業では，2004年にカイロで出版されたムハンマド・アワディー（Muḥammad al-ʿAwaḍī）著『悪魔の魔法や災厄の処置に対するクルアーンの治療法（al-Manhaj al-Qurʾānī li-ʿIlāj al-Siḥr wa al-Mass al-Shayṭānī）』が使用されていた。この本は，オスマニが都市部ストーンタウンで購入したものである。彼は，この本の中から毎回１つのテーマを選択し，その箇所をアラビア語で黒板に板書する。女性たちはそれを自分のノートに書き写し，彼の解説を聞きながらメモをとる。また，女性たちは月に１度，授業で取り上げたアラビア語の文章とスワヒリ語訳を暗唱する時間を自主的に設け，ほぼ全員が全てを暗記してくる。この授業は約２年間続いており（2008年時点），彼女たちのアラビア語の読解能力は，授業中に逐一スワヒリ語訳を書き込む必要がないほど高度なものであった。授業の中では，クルアーン朗誦についてやジニの特徴，

第IV部　東アフリカにおける民衆のイスラーム

ジニを除去するための症状別のクルアーンの章句などについて補足されていた（2008年1月30日）。

　現在，スンナの医学の治療者は男性が多いが，今後，女性たちも治療者として活躍の場を広げるであろう。女性の治療者を増やすことは，現実問題として急務である。その理由は第1に，ジニに憑依される人の9割以上が女性だからである。女性たち自身がジニから身を守るために，あるいは憑依されたときのために，ジニを除去する方法や付き合い方を身につける必要がある。

　第2に，ジニに憑依された人が突然暴れだしたり叫びだしたりしたとき，治療者は患者の手足などを押さえ，制止する必要がある。患者の女性は通常，ブイブイやシュンギなどを着用し，足先はカンガで覆っているが，やはり男性の治療者が妻以外の女性に触れることは，イスラーム的には好ましくないことである。実際，女性の腹部に宿っているとされるジニを除去する際，最初は男性の治療者が対応していたものの，女性の治療者が呼ばれる場面が何度もみられた。

　第3に，ジニによる病は，腹部の問題，つまり便秘や月経，不妊，夫婦生活に関するものが主であった。このような女性の身体に大きく関わる問題は，患者側からすると，男性よりも女性の治療者の方が話しやすい。実際，著者が女性の治療者であるレイラの診察内容を調査したとき，レイラは月経時の症状や夫婦生活など，男性治療者では聞きづらいような踏み込んだ内容を患者に次々と質問し，患者も最初は少しためらいながらも，彼女の質問に率直に答えていた（第9章4節）。

　腹部に問題がある場合，レイラは患者に腹部を出して横になるように指示し，触診した。診察室の中は基本的に女性しか入室を許可されない。著者は男性治療者が突然入って来ることがないように，いつもドアの近くに座って診察を見守っていた。男性治療者がノックをしたとき，彼女たちは会話を中断し，レイラはニンジャで顔を覆い，他の患者も着衣の乱れを直すなど，身なりを整えていた。レイラの行っているような問診と触診は，男性治療者と女性患者の間で行われることは，まずありえない。このように，スンナの医学では女性が治療

者であることのメリットが大きいため，女性治療者の育成は急務なのである。

4　治療方法の簡略化

　スンナの医学の治療者に必要とされるのは，敬虔なムスリムであること，患者の相談内容と状態に合わせて，適切なクルアーンの章句を朗誦することができることであった。逆にいうとこれは，信仰心があれば，誰もがスンナの医学の知識を獲得し，治療者になることができる可能性を持つことを意味している。

　スンナの医学は，クルアーンとハディースのみに立脚しているという点で非常にシンプルであり，アラビア語の深い知識と秘儀的で専門的な知識を要するウガンガとは対照的である。またスンナの医学は，患者にもイスラーム的な治療であると理解しやすいため，一般に広く普及したと考えられる。

　ただし，誰もが治療者になりえるからといって，本を読んだり授業を受けたりするだけで，治療者が極端に増加するとは考えられない。彼らは，少なくともスンナの医学の教師のもとで一定期間経験を積み，その方法を体得する必要がある。このような経験を積み重ね，患者から信頼を得ることで初めて，治療者として認められることになる。

　また，スンナの医学では，治療者による肉声に加え，オーディオ機器を用いてクルアーンの朗誦が流されていた。これは，クルアーンの文言自身に効力があり，クルアーンを聴くこと自体が重要であると考えられており，肉声であるか否かについては問題視されていないことを示している。

　この点は，各治療所を出入りする助手たちの属性をみても明らかである。治療所を運営している者は，クルアーン学校の教師といった宗教活動を主としているが，クルアーンを朗誦したりジニに憑依された患者を制止したりする助手たちは，他の仕事を生業としていた。助手たちに共通していたのは，クルアーンの朗誦に長じていることのみであった。誰もがスンナの医学の治療者や助手として参入する可能性があることは，ウガンガの治療者のように，その専門的な知識や技術から，ともすれば治療者自身が神秘的な能力を持つと人々から認

第Ⅳ部　東アフリカにおける民衆のイスラーム

識される危険性を，完全に排除している。

　ウガンダの患者は，治療として用いられるもの，例えば護符やカファラ，コンベに書かれる魔方陣や記号の意味を理解していないし，その必要もない。それに対してスンナの医学では，朗誦されるクルアーンの章句や香油，薬草などの使用が，全てクルアーンとハディースに結びつけて説明される。つまり，治療する力を持つのは，治療者自身の神秘的な力でもなければ，モノ（護符，コンベ，カファラ等）でもないと説明される。スンナの医学の内容は，ウガンダのような秘義的なものというよりもむしろ，クルアーン学校やモスクのようなオープンな場で教えられるような，イスラームの基礎に基づいたものなのである。

　スンナの医学は，アンサール・スンナの担い手たちが，クルアーンとハディースに基づいてウガンダの治療内容を改革したものであった。スンナの医学では，治療方法が簡略化され，治療者の極度な専門性も排除された。スンナの医学が日常生活の中で実践されるようになったり，治療者を育成するための授業が実施されるようになった結果，一般の人々に普及し，治療者となる道も多くの人々に開かれることとなった。

注
(1) 受講生たちは，互助請も組織している。この組織は，例えばメンバーの家族や親戚が亡くなった際，約3000シリンギ（約300円，2006年）を当事者に支給する。この費用は，彼女たちが月に1度行っている農作業アルバイトの賃金から捻出している。授業についても，毎月1人500シリンギ（約50円，2006年）が集められ，サダカ（自発的な喜捨）としてオスマニに渡されている。
(2) 2008年1月30日，オスマニへのインタビューの中で，初回の授業内容を記したノートをみながら説明を受けた。

終　章
移り変わる民衆のイスラーム

本章では，これまで論じてきたタリーカとスンナの医学のそれぞれに立てて
いた問いに答え，東アフリカの民衆のイスラームについて総括する。そして最
後に，今後の展望を述べる。

1　順応と葛藤がせめぎ合う民衆のイスラーム

東アフリカにおけるタリーカ

本書の第Ⅱ部では，東アフリカの民衆のイスラーム化に貢献したタリーカに
焦点を当てて論じた。第1の問いは，「ザンジバルのタリーカとは何か」であ
った。ザンジバルのタリーカは，修行であるズィクリを行う一方で，タリーカ
の知の系譜であるスィルスィラを持たなかったり，教団名を指導者の名前では
なく，ズィクリ名に由来したりする教団が存在する点が特徴であった。

また，教団員自身やザンジバルの人々が，タリーカを「ズィクリを行うグル
ープ」と認識しており，教団としてのアイデンティティも，ズィクリに帰して
いた。1964年に起きたザンジバル革命後に活動が制限された時期などを経て，
ザンジバル独自の特徴を持つタリーカが，現在も島内全域で活動しているので
ある。さらにタリーカのズィクリは，イスラームの行事だけでなく，通過儀礼
などでも行われるなど，ザンジバルの人々の日常生活に深く関わっていること
が明らかになった。

第2の問いは，「マウリディとは何か」であった。アラビア語のマウリドの
意味は預言者や聖者の生誕祭，預言者賛歌であった。しかし，スワヒリ語のマ
ウリディは，それだけにとどまらず，他の儀礼やイスラームの祭の意味をも含

んでいた。さらにズィクリもマウリディと呼ばれる場合があることから，ズィクリとマウリディの関係は非常に強いことがわかった。

　この理由としては，東アフリカにマウリディをもたらしたのがハドラマウト出身のアラウィー教団員であり，もともとマウリディとタリーカが密接な繋がりをもって伝わったこと，さらに，ザンジバルにおいてはズィクリが，イスラームの祭や通過儀礼などでも行われるようになったことから，これらもマウリディと呼ばれるようになり，ズィクリもマウリディの意味を持つようになったと考えられる。

東アフリカにおけるスンナの医学

　第Ⅲ部では，スンナの医学について3つの問いを中心に論じてきた。第1の問いは，「スンナの医学とは何か」である。現在の東アフリカのスンナの医学は，ウガンガの要素からクルアーンとハディースに言及がないと治療者がみなす要素を削ぎ落としたものであった。そして，オーディオ機器など，近代的なモノの使用については，クルアーンとハディースに言及がなくても，肉声による朗誦の代替手段として，問題なく取り入れられているのである。

　第2の問いは，「スンナの医学はどのように実践されているのか」であった。一般の人々が利用可能な情報媒体や，クルアーン学校やモスクでの授業などから，人々は容易にスンナの医学に触れ，知識を得ることが可能であった。これらの情報に，ザンジバルの人々の母語であるスワヒリ語が用いられている点も，スンナの医学が人々にとって身近な要因となっている。

　スンナの医学は1990年代以降，都市部ストーンタウンの治療者サリフからザンジバル各地に広がった。サリフは病因をジニに求め，ジニを患者の身体から追い出すために，クルアーンを肉声で朗誦したり，オーディオ機器を利用したりする。また，ジニが病や問題の原因と考えられる場合，良くなるには時間を要した。そのため，患者自身はジニをうまくコントロールする術として，イスラームに忠実な生活を送ることが重要であった。スンナの医学は病の予防や健康維持も重視しているため，病を患ったときだけでなく，日頃から実践される

終章　移り変わる民衆のイスラーム

ものであり，スンナの医学を実践することは，同時にイスラームの教えに沿った生活をすることであった。

　第3の問いは，「なぜスンナの医学が現在，東アフリカ沿岸部で盛んに実践されているのか」であった。イスラーム諸学の知識はハドラマウト出身者を中心としたイスラーム知識人が独占していたが，1964年のザンジバル革命後，それまで築かれたイスラームに関する教育や儀礼は，ザンジバル州政府によって禁止されたり厳しく制限されたりすることとなった。

　1972年以降になると，ザンジバル州政府はサウディアラビアやエジプト，スーダンなどから教師を招聘したり，これらの国々に留学生を派遣したりした。その結果，これらの国々からクルアーンとハディースに忠実なイスラームを重視する，アンサール・スンナの思想がもたらされた。

　アンサール・スンナの思想は，その後ザンジバルの多くの人々からの支持を得て，現在までのイスラーム復興の流れをつくった。そして，イスラームに関するスワヒリ語の授業や情報媒体の充実，イスラーム的な服装を着用する人の増加や，アンサール・スンナの担い手による街頭での説教などから，スンナの医学の他にもイスラーム復興現象が顕著となっていることを示した。

　そのような中，アンサール・スンナの担い手は，非イスラーム的であるとしてウガンガを否定するだけでなく，それに代わるクルアーンとハディースに基づくイスラーム的治療として，ウガンガを改革してスンナの医学を考案した。特にザンジバルで1990年代にスンナの医学がサリフによって体系的に始められるようになると，その治療方法に倣った治療所が島内各地に開設された。イスラーム復興を背景として，スンナの医学は人々の支持を集め，治療だけではなく「正しいイスラーム実践」として，日常生活の中に取り入れられたのであった。

　また，スンナの医学は，一般の人々も学ぶことで自らが治療者となることが可能であった。ウガンガが代々継承してきた秘儀的な知識や，難解なイスラーム諸学の知識を必要とするのに比べて，スンナの医学はクルアーンとハディースを基礎とするというシンプルな治療方法であり，スワヒリ語で知識を得るこ

223

とも可能である。その結果，知識と経験によって，誰もが治療者になることが可能となったのである。

本書ではザンジバルの事例を主に扱ってきたが，スンナの医学は，タンザニア本土でも実践されていることを示した。いくつか言及したタンザニア本土出身の治療者の事例は，ザンジバルのスンナの医学とは異なる点もあり，東アフリカにおけるスンナの医学の多様性を示している。スンナの医学はこれからも，様々な地域の治療者と患者が交流する中で，少しずつ変化しながら実践されるであろう。

東アフリカにおける民衆のイスラームとは何か

本書は，タリーカとスンナの医学をとおして東アフリカにおける民衆のイスラームを考察してきた。この2つのテーマに共通する点は，時代の変化に順応してきたことである。タリーカは他地域においても，現地の慣習を柔軟に取り入れることで普及と定着に成功してきた。例えば，インドや東南アジア，中央アジアなどの地域もまた，タリーカの普及が，同時にイスラーム化であったといわれている。

ザンジバルでは1964年のザンジバル革命後，政府が厳しく宗教活動を制限したことから，多くのタリーカが活動内容や教団の形態を変容させることを余儀なくされた。その結果，修行であるズィクリに強いアイデンティティを持ち，タリーカ名が指導者に由来しなかったりスィルスィラを持たなかったりする教団が誕生した。現在活動しているタリーカは，ザンジバルの社会背景に順応し，今日まで生き延びることができた。

また，イスラーム復興の潮流の中，1990年代以降，盛んに実践されるようになったスンナの医学は，アンサール・スンナの担い手が主導し，クルアーンとハディースに基づいてウガンガの治療方法を修正・改革することで，人々に広く受け入れられた。

しかしながら，スンナの医学の治療者は，順応したとみられる現在の形にたどり着くまでに，多くの葛藤を抱えていたであろう。人々は常に「正しいイス

終章　移り変わる民衆のイスラーム

ラームとは何か」を模索しながら，実践してきたのである。特にスンナの医学
は，「クルアーンとハディースに忠実であるべき」という風潮の中，治療者た
ちが試行錯誤を重ねて作り上げた実践であった。

　現在の東アフリカでは，クルアーンとハディースに基づくことが，正しいイ
スラームであるとされているが，その内容は，各時代の人々が置かれている社
会背景や生活環境によって流動的に変化するものである。東アフリカのイスラ
ームは，今後も社会の変化や他地域との関係，動向と呼応しながら，変化し続
けるであろう。

2　これからの民衆のイスラームの地平

　今後の展望としては，さらなる東アフリカの民衆のイスラーム研究を進める
ため，政治運動との結びつきや女性たちの抱える問題，場所・環境・振る舞
い・言葉・モノの持つ「聖なる力」の考察，他のイスラーム世界との比較に着
目する。

政治運動との結びつき

　東アフリカの人々は，「正しいイスラームとは何か」を問いながら，日常生
活を送っている。そしてその日々の問いは，ときにイスラームを主張する政治
活動に結びつくこともある。第2章3節と第10章3節で触れたウアムショは，
2000年代初頭に開設されたときはムスリムの連帯や相互扶助を目的としており，
宗教的側面が強かったが，2010年頃になると政治的傾向を強め，ザンジバルの
国家としての主権獲得を主張し始めた。イスラーム教師たちはザンジバル各地
で頻繁に集会を開き，参加者たちは普段よりもイスラーム的な服装で広場に集
まった。結局，2012年に指導者が逮捕・拘留されたり，2015年の国政選挙前に
政府によって活動を制限されたため，その活動はほとんど目立たなくなった。
しかしながら，政治運動に絡めたナショナリズムや宗教意識の高まりをみせた
ウアムショの活動は，イスラームをまといながら，たしかに人々のザンジバル

225

人・ザンジバル「国」としてのアイデンティティと，イスラームの信仰心を強めた。このような民衆のイスラームにも影響力のある組織の動向を，今後も引き続き注視していきたい。

女性たちの抱える問題

本書ではスンナの医学をとおして，ザンジバルの女性たちが抱える病や問題についても詳述してきた。その内容は，腹部の問題（月経や便秘，不妊など），夫婦間の問題などが主であった。今後は，結婚，出産，育児など，ライフステージが変化する中で直面する悩みや問題について，女性たちはイスラームを通してどのように解釈し，解決を試みているのか，あるいはどのように折り合いをつけているのか，について考察していきたい。それによって，一方で社会的・文化的背景の異なる私たちが，このような困難の解決法をザンジバルの女性たちから学ぶことにも繋がると考える。

場所・環境・振る舞い・言葉・モノの持つ「聖なる力」の考察

今後もスンナの医学について継続的に研究し，主に「聖なる力」について考察していきたい。治療所としてクルアーン学校やモスクが選択されることは，これらの宗教的な場に備わっている何らかの聖性が，治療効果をもたらすと認識されているからと考えられる。患者の家で治療をする場合も，治療者はまず部屋の四隅に向かってクルアーンの章句を朗誦したり，香を焚いたりして場を清めていた。多くの人に1度にクルアーンを聴かせる際，治療者はオーディオ機器を使用し，大音量で流して場の雰囲気を高めていた。

また，治療者は布で患者の目を覆って視覚を遮り，音に集中させることなどで，ジニの憑依を促すような環境を整える。このような環境作りも，場所の聖性を高めていると考えられる。このような点を明らかにするには，治療で使用されるモノや言葉，振る舞いなどに関する参与観察とインタビューを，引き続き行う必要がある。

また，スンナの医学では，クルアーンの章句を朗誦したり聴いたりすること

終章　移り変わる民衆のイスラーム

が重視されていた。そこでクルアーンの章句が持つ，病を癒し，問題を解決する聖なる力を，民衆のイスラームの中でも聖遺物崇敬に関する研究を参考に考察する。預言者や聖者が遺したとされるモノには神の恩寵が宿るとされ，イスラーム世界において参詣の対象となっている。これらの先行研究を参照しながら，治療で使われるモノや朗誦されるクルアーンの章句に期待される効果について，治療者と患者に対しての聞き取りと，振る舞いの参与観察を行う。

他のイスラーム世界との比較

　本書は東アフリカ沿岸部に焦点を当ててきたが，タンザニア本土やケニアに着目すると，キリスト教徒の割合が高い地域におけるキリスト教徒とムスリムの関係や，地域ごとの様々な民族文化との関係から，ザンジバルの事例とは異なるスンナの医学も実践されていることが予想される。これらの地域におけるスンナの医学の調査は，今後の喫緊の課題である。

　ザンジバル革命後，オマーン人やハドラマウト出身者たちは，タンザニア本土やケニアなどへ避難していった。それまでイスラームの知的権威を担っていた彼らは，移住先においてもタリーカやウガンガの実践をしていたと考えられる。例えば，ハドラマウト出身者の知的伝統が根強いラム島（ケニア）では，アンサール・スンナの主張は，ハドラマウト出身者からの反発を受けたであろう。しかしながら，アンサール・スンナの思想は，イスラーム世界全体に及ぼしたイスラーム復興の影響を考慮すると，これら地域においてもおそらく避けられないほど大きいものであったとも考えられる。

　ザンジバルではかつて，イスラームの「伝統」の側におかれたハドラマウト出身者であるが，現在のラム島では，社会的にどのような位置付けにあるのであろうか。ハドラマウト出身者が担ってきたイスラームが，排除されることなく知的権威として受け継がれている場合，イスラーム復興の潮流の中でアンサール・スンナの思想がどのように説明され，折合いをつけているのか。各地域それぞれのイスラームの形を明らかにしていくことで，より大きな東アフリカにおける民衆のイスラームを描くことができると考える。

また，本書ではアラビア半島や西インドなど，インド洋周辺地域とザンジバルの繋がりも，歴史的背景や使用されているモノなどから示してきた。ザンジバル発のタリーカの活動やスンナの医学が，これらの地域に伝わっている可能性も，十分に考えられる。実際，スンナの医学の治療者の中には，オマーン人の要請を受けて渡航する者もいた。これらの地域においてタリーカの活動やスンナの医学が実践されているかについて調査をすることで，現在の民衆のイスラームの地域横断的な共通性と，各地域の独自性を明らかにすることができると考える。そして将来的に，東アフリカの枠を超えた民衆のイスラーム研究に発展させることができるのではないかと考える。

注

(1) 2015年12月，著者はタンザニア本土のかつての交易都市であったドドマとタボラ，キゴマを訪れた。住民によると，これらの都市では現在もタリーカ（主にカーディリー教団）が活動をしているということであった。また，キゴマでは預言者生誕祭に参加し，実際にタリーカのズィクリを観察することができた（2015年12月23日）。

参考文献

日本語文献

赤堀雅幸 2003「ムスリム民衆研究の可能性」佐藤次高（編）『イスラーム地域研究の可能性』
　　東京大学出版会，pp. 185-210.

───2004「イスラームの聖者と聖者のイスラーム──民衆信仰論の一環として」『宗教研
　　究』78(2)，pp. 229-250.

───・東長靖・堀川徹（編）2005『イスラームの神秘主義と聖者信仰』東京大学出版会.

───2008「民衆のイスラームを理解するために」赤堀雅幸（編）『民衆のイスラーム──ス
　　ーフィー・聖者・精霊の世界』山川出版社，pp. 3-12.

朝田郁 2017『海をわたるアラブ──東アフリカ・ザンジバルを目指したハドラミー移民の
　　旅』松香堂書店.

新井和広 2000「インド洋におけるハドラミーネットワークと英国」『日本中東学会年報』15，
　　pp. 175-203.

───2002「旅する系図──南アラビア，ハドラマウト出身サイイド事例より」歴史学研究
　　会（編）『系図が語る世界史』青木書店，pp. 213-240.

池田光穂 2002「民俗医療の領有について」『民族学研究』67(3)，pp. 309-327.

井坂理穂 2002a「ホージャー派」大塚和夫ほか（編）『岩波イスラーム辞典』岩波書店，
　　p. 892.

───2002b「ボーホラー派」大塚和夫ほか（編）『岩波イスラーム辞典』岩波書店，p. 896.

井筒俊彦（訳）1957-1958『コーラン』（上）（中）（下）岩波文庫.

イブン・バットゥータ 1998『大旅行記』3（イブン・ジュザイイ編，家島彦一訳）平凡社
　　(Ibn Baṭṭūṭa. 1933 *Tuḥfat al-Nuẓẓār fī Gharā'ib al-Amṣār wa-'Ajā'ib al-Asfār* [ed.
　　Aḥmad al-'Awāmirī and Muḥammad Aḥmad Jād]. Cairo: Al-Maṭba'a al-Amīrīya).

大川真由子 2010『帰還移民の人類学──アフリカ系オマーン人のエスニック・アイデンテ
　　ィティ』明石書店.

大塚和夫 1980「民衆イスラーム論の社会人類学的考察にむけて」『民博通信』10，pp. 43-50.

───1985「イスラムと民衆(3)──民間信仰・エジプト」藤本勝次ほか（編）『中東をめ
　　ぐる諸問題』晃洋書房，pp. 68-83.

───1986「エジプトの聖者信仰とその解釈枠組をめぐって」『文化人類学』2(2)，pp. 235-
　　251.

───1989『異文化としてのイスラーム──社会人類学的視点から』同文館.

―――1990「エジプトのマウリド――イスラムの祝祭, その歴史・現在・潮流」『季刊民族学』14(4), pp. 84-101.

―――1995『テクストのマフディズム――スーダンの「土着主義運動」とその展開』東京大学出版会.

―――1996「日常生活のなかのイスラーム復興――一人類学者の視点から」小杉泰（編）『イスラームに何がおきているか――現代世界とイスラーム復興』平凡社, pp. 62-78.

―――1999「イスラームと〈地域〉」高谷好一（編）『〈地域研究〉の試み（上）――世界の中で地域をとらえる』京都大学学術出版会, pp. 173-193.

―――1999「スワヒリコーストとネットワーク」『季刊民族学』90, pp. 104-107.

―――2000『近代・イスラームの人類学』東京大学出版会.

―――2002a『いまを生きる人類学――グローバル化の逆説とイスラーム世界』中央公論社.

―――2002b「イスラーム主義」大塚和夫ほか（編）『岩波イスラーム辞典』岩波書店, p. 138.

―――2002c「ジン」大塚和夫ほか（編）『岩波イスラーム辞典』岩波書店, p. 508-509.

―――2002d「部族社会」大塚和夫ほか（編）『岩波イスラーム辞典』岩波書店, p. 847.

―――・小杉泰・小松久男・東長靖・羽田正・山内昌之（編）2002e『岩波イスラーム辞典』岩波書店.

―――2003「人類学とイスラーム地域研究」佐藤次高（編）『イスラーム地域研究の可能性』東京大学出版会, pp. 77-100.

奥野克己 2002「土着の実践から民族医療へ――近代医療との交差を中心として」『民族学研究』67(3), pp. 249-268.

加藤博 2002「後見」大塚和夫ほか（編）『岩波イスラーム辞典』岩波書店, p. 363.

菊地達也 2002a「キルワ」大塚和夫ほか（編）『岩波イスラーム辞典』岩波書店, p. 320.

―――2002b「スワヒリ」大塚和夫ほか（編）『岩波イスラーム辞典』岩波書店, p. 549.

―――2002c「ムスタアリー派」大塚和夫ほか（編）『岩波イスラーム辞典』岩波書店, p. 967.

私市正年 2002「シャーズィリー教団」大塚和夫ほか（編）『岩波イスラーム辞典』岩波書店, p. 453.

グルーネバウム, G. E. 2002『イスラームの祭り』（伊吹寛子訳）法政大学出版局（von Grunebaum, G. E. 1958 *Muhammadan Festivals.* London; New York: Abelard-Schuman）.

ゲルナー, E. 1991『イスラム社会』（宮治美江子ほか訳）紀伊國屋書店（Gellner, E. 1983 *Muslim Society.* Cambridge: Cambridge University Press）.

小杉泰 1994『イスラームとは何か――その宗教・社会・文化』講談社現代新書.

―――1996『イスラームに何がおきているか――現代世界とイスラーム復興』平凡社.

―――1999a「イスラーム世界の東西――地域間比較のための方法論的試論」『東南アジア研究』37(2), pp. 123-157.

―――1999b「東南アジアをどう捉えるか（3）――イスラーム世界から」坪内良博（編）『〈総合的地域研究〉を求めて――東南アジア像を手がかりに』京都大学出版会，pp. 352-384.

―――2002a「スンナ派」大塚和夫ほか（編）『岩波イスラーム辞典』岩波書店，pp. 550-551.

―――2002b『イスラーム世界を読む』日本放送出版協会.

―――2006『現代イスラーム世界論』名古屋大学出版会.

小松久男 2003「地域間比較の試み――中央アジアと中東」佐藤次高（編）『イスラーム地域研究の可能性』東京大学出版会，pp. 49-76.

末近浩太 2002「サラフィー主義」大塚和夫ほか（編）『岩波イスラーム辞典』岩波書店，pp. 418.

高橋圭 2014『スーフィー教団――民衆イスラームの伝統と再生』山川出版社.

竹下政孝 2000「イスラムと魔術」『中東協力センターニュース』2(3)，pp. 1-4.

―――2005「預言者の医学」『中東協力センターニュース』8(9)，pp. 113-117.

田村松平（編）1972『ギリシアの科学』中央公論社.

東長靖 1993「スーフィーと教団」大塚和夫ほか（編）『イスラームを学ぶ人のために』世界思想社，pp. 69-85.

―――1999『イスラームのとらえ方』山川出版社.

―――2002a「スーフィズムの分析枠組」『アジア・アフリカ地域研究』2，pp. 173-192.

―――2002b「ナクシュバンディー教団」大塚和夫ほか（編）『岩波イスラーム辞典』岩波書店，pp. 698-699.

―――2013『イスラームとスーフィズム――神秘主義・聖者信仰・道徳』名古屋大学出版会.

富川盛道 1972「アフリカ社会の研究とイスラム――地域社会の形成とイスラム化『「イスラム化」にかんする共同報告』5，pp. 20-29.

富永智津子 1989「ザンジバルにおけるナショナリズムとエスニシティ」『歴史学研究』593，pp. 1-19.

―――1996「インド洋海域における東部アフリカ沿岸地域――19世紀スワヒリ世界の展開」『歴史学研究』691，pp. 38-50.

―――2001『ザンジバルの笛』未來社.

―――2002「歴史認識の枠組としてのアフリカ地域――世界史との接点を探る」『地域研究論集』4(1)，pp. 51-62.

―――2008『スワヒリ都市の盛衰』山川出版社.

ニコルソン，R. A. 1970『イスラムの神秘主義』（中村廣治郎訳）東京新聞出版局.

花渕馨也 2001「恍惚と憑依――コモロにおけるイスラム神秘主義と憑依信仰」『一橋論叢』125(2)，pp. 35-53.

―――2005『精霊の子供――コモロ諸島における憑依の民族誌』春風社.

日野舜也 1971「アフリカ都市とイスラーム」『「イスラム化」にかんする共同報告書』4，pp. 93-107.

―――1980「東アフリカにおけるスワヒリ認識の地域的構造」富川盛道（編）『アフリカ社会の形成と展開――地域・都市・言語』東京外国語大学アジア・アフリカ言語文化研究所，pp. 173-225.

―――1987「スワヒリ世界の形成と拡大」川田順造（編）『黒人アフリカの歴史世界』山川出版社，pp. 250-273.

―――（編）1992『アフリカの文化と社会』勁草書房.

―――1997「アフリカのイスラーム」『イスラム世界』48，pp. 54-82.

廣田勝彦 2002「妖術と身体――ケニア海岸部における翻訳領域」『民族学研究』67(3)，pp. 289-307.

福田安志 1997「インド洋交渉史」宮本正興・松田素二（編）『新書アフリカ史』講談社新書，pp. 210-248.

―――2002「マズルーイー家」大塚和夫ほか（編）『岩波イスラーム辞典』岩波書店，p. 913.

藤井千晶 2007a「現代における預言者の医学――ザンジバル臨地調査データと予備的考察」『イスラーム世界研究』1 (1)，pp. 119-124.

―――2007b「現代タンザニアにおける『預言者の医学』関連文献」『イスラーム世界研究』1 (1)，pp. 221-234.

―――2008a「預言者の医学による悪魔払い――ザンジバルの事例から」『スワヒリ＆アフリカ研究』19，pp. 70-82.

―――2008b「ザンジバルにおける預言者生誕祭」『アフリカ研究』72，pp. 43-51.

―――2013「ジニの存在意義――東アフリカ沿岸部の民俗療法の事例より」小杉泰（編）『環インド洋地域における宗教復興・テクノロジー・生命倫理』京都大学大学院アジア・アフリカ地域研究研究科附属イスラーム地域研究センター・同附属現代インド研究センター，pp. 229-239.

―――2015「ザンジバルの国家主権獲得をめぐるイスラーム組織ウアムショの活動」『イスラーム世界研究』8，pp. 183-193.

ブハーリー，M. I. 1993-1994『ハディース――イスラーム伝承集成』（牧野信也訳）中央公論社.

堀川徹 2002「タリーカ」大塚和夫ほか（編）『岩波イスラーム辞典』岩波書店，pp. 616-617.

―――2005「タリーカ研究の現状と展望――道，流派，教団」赤堀雅幸ほか（編）『イスラームの神秘主義と聖者信仰』東京大学出版会，pp. 161-185.

前嶋信次 1965『アラビアの医術』中公新書.

マトベイエフ，V. V. 1992「スワヒリ文明の発展」（宇佐美久美子訳）宮本正興ほか（編）『ユネスコ・アフリカの歴史』4 （下）同朋舎出版，pp. 662-695.

家島彦一 1991a「東アフリカ・スワヒリ文化圏の形成過程に関する諸問題」『アジア・アフリカ言語文化研究』41, pp. 101-124.

———1991b『イスラム世界の成立と国際商業——国際商業ネットワークを中心に』岩波書店.

———1993『海が創る文明——インド洋海域世界の歴史』朝日新聞社.

———1994a「インド洋世界」樺山紘（編）『クロニック世界史』講談社, pp. 374-375.

———1994b「インド洋交易」川北稔（編）『歴史学事典』(1) 弘文堂, pp. 37-44.

———1995「イブン・バットゥータの世界」堀川徹（編）『世界に広がるイスラーム』悠思社, pp. 193-230.

———2000「西からみた海のアジア史」尾本惠一ほか（編）『海のパラダイム』岩波書店, pp. 75-102.

矢島洋一 2002「スィルスィラ」大塚和夫ほか（編）『岩波イスラーム辞典』岩波書店, p. 527.

柳橋博之 2002「シャーフィイー学派」大塚和夫ほか（編）『岩波イスラーム辞典』岩波書店, p. 459.

英語文献

Abungu, G. H. O. 1994. "Islam on the Kenyan Coast: An Overview of Kenyan Coastal Sacred Sites," in D. L. Carmichael et al. eds. *Sacred Sites, Sacred Places*. London; New York: Routledge, pp. 152-162.

Ahmed, C. 2006. "Networks of the Shādhiliyya Yashruṭiyya Sufi Order in East Africa," in R. Loimeier and Rüdiger S. eds. *The Global Worlds of the Swahili: Interfaces of Islam, Identity and Space in 19th and 20th-Century East Africa*. Berlin: Lit, pp. 317-342.

———. 2008. "The Wahubiri wa Kislamu (Preachers of Islam) in East Africa," *Africa Today* 54(4), pp. 3-18.

Ahmed, S. 2016. *What is Islam?: The Importance of Being Islamic*. Princeton: Princeton University Press.

Allen, J. V. 1993. *Swahili Origins*. London: James Currey.

Alpers, E. A. 1972. "Towards a History of the Expansion of Islam in East Africa: The Matrilineal Peoples of the Southern Interior," in T. O. Ranger and I. N. Kimambo eds. *The Historical Study of African Religion*. Berkeley: University of California Press, pp. 172-201.

Anthony, J. D. 1976. *Historical and Cultural Dictionary of the Sultanate of Oman and the Emirates of Eastern Arabia*. Metuchen, N. J.: The Scarecrow Press.

Arberry, A. 1979. *Avicenna on Theology*. Westport, Connecticut: Hyperion Press.

Arkoun, M. and Y. Lacoste. 1984. "L'islam et les islams: Entretien avec Mohamed Arkoun," *Hérodote* 35, pp. 19–33.

Ata-ur-Rehman, H. 1959. "Tibb-e-Nabavi," *Hamdard Medical Digest* 3, pp. 101–119.

Athar, S. ed. 1993. *Islamic Perspectives in Medicine: A Survey of Islamic Medicine: Achievements & Contemporary Issues.* Indianapolis: American Trust Publications.

Azimabadi, B. 2007. *Prophetic Way of Treatment.* New Delhi: Adam Publishers & Distributors.

al-Azmeh, A. 2009 (1993). *Islams and Modernities.* London: Verso.

Bakar, O. 1999. *The History and Philosophy of Islamic Science.* Cambridge: Islamic Texts Society.

Bakari, M. 2000. "The Union between Tanganyika and Zanzibar Revisited," in Ulf E., G. Erdmann and A. Mehler eds. *Tanzania Revisited: Political Stability, Aid Dependency and Development Constraints.* Hamburg: Institute of African Affairs, pp. 133–148.

———. 2006. "Sayyid Omar Abdulla (1918–1988): The Forgotten Muslim Humanist and Public Intellectual," in R. Loimeier and Rüdiger S. eds. *The Global Worlds of the Swahili: Interfaces of Islam, Identity and Space in 19th and 20th-Century East Africa.* Berlin: Lit, pp. 363–388.

Bang, A. K. 2003. *Sufis and Scholars of the Sea: Family Networks in East Africa, 1860–1925.* New York: RoutledgeCurzon.

———. 2006. "Another Scholar for All Seasons? Ṭāhir b. Abī Bakr al-Amawī (1877–1938), Qāḍī of Zanzibar, c. 1900–1933," in R. Loimeier, and Rüdiger S. eds. *The Global Worlds of the Swahili: Interfaces of Islam, Identity and Space in 19th and 20th-Century East Africa.* Berlin: Lit, pp. 273–288.

———. 2008. "Textual Sources on an Islamic African Past: Arabic Material in Zanzibar's National Archive," in S. Jeppie and S. B. Diagne eds. *The Meanings of Timbuktu.* Cape Town: Human Sciences Research Council, pp. 349–361.

——— and A. Makulilo. 2012. "Beyond Polarity in Zanzibar? The 'Silent' Referendum and the Government of National Unity," *Journal of Contemporary African Studies* 30(2), pp. 195–218.

———. 2014. *Islamic Sufi Networks in the Western Indian Ocean (c. 1880–1940).* Leiden: Brill.

Beachey, R. W. 1996. *A History of East Africa, 1592–1902.* London: Tauris Academic Studies.

Becker, C. H. 1968. "Materials for the Understanding of Islam in German East Africa,"

Tanzania Notes and Records: The Journal of the Tanzania Society 68, pp. 31-61.

Bennet, N. R. 1963. *Studies in East African History.* Boston: Boston University Press.

———. 1978. *A History of the Arab State of Zanzibar.* London: Methuen.

———. 1984. *The Arab State of Zanzibar: A Bibliography.* Boston, Mass.: G. K. Hall.

Boulinier, G. 1987. "Le Rôle de Said Mohamed el-Maarouf dans le Développement de la Confrérie Chadhili," *Ya Mkobe* 3, pp. 14-18.

Bowles, B. D. 1991. "The Struggle for Independence, 1946-1963," in A. Sheriff and E. Ferguson eds. *Zanzibar under Colonial Rule.* London: James Currey.

Brittain, H. and P. J. G. Ripley. 1963. *A Simple History of East Africa.* London: Collins Clear-Type Press.

Bromber, K. 2006. "Ustaarabu: A Conceptual Change in Tanganyikan Newspaper Discourse in the 1920s," in R. Loimeier and Rüdiger S. eds. *The Global Worlds of the Swahili: Interfaces of Islam, Identity and Space in 19th and 20th-Century East Africa.* Berlin: Lit., pp. 67-82.

Brown, P. 1972. *Religion and Society in the Age of Saint Augustine.* London: Faber and Faber Ltd., pp. 119-147.

Browne, E. 1921. *Arabian Medicine: Being the Fitzpatrick Lectures Delivered at the College of Physicians in November 1919 and November 1920.* Cambridge: The University Press.

van de Bruinhorst, G. 2007. *'Raise Your Voices and Kill Your Animals': Islamic Discourses on the Idd el-Hajj and Sacrifices in Tanga (Tanzania).* Amsterdam: Amsterdam University Press.

Bürgel, J. C. 1976. "Secular and Religious Features of Medieval Arabic Medicine," in C. Leslie ed. *Science and Civilization in Islam.* Berkeley: University of California Press, pp. 44-62.

———. 1998. "Secular and Religious Features of Medieval Arabic Medicine," in C. Leslie ed. *Asian Medical Systems: A Comparative Study.* Delhi: Motilal Banarsidass Publishers, pp. 44-62.

Burgess, T. G. 2005. "An Imagined Generation: Umma Youth in Nationalist Zanzibar," in G. H. Maddox and J. L. Giblin eds. *In Search of a Nation: Histories of Authority & Dissidence in Tanzania.* Oxford: James Currey, pp. 216-249.

Campbell, D. 1926. *Arabian Medicine and Its Influence on the Middle Ages* 1, 2. London: K. Paul, Trench, Trubner.

Chaudhuri, K. N. 1985. *Trade and Civilisation in the Indian Ocean: An Economic History from the Rise of Islam to 1750.* Cambridge: Cambridge University Press.

Chishti, H. 1989. "Application of Tibb-i-Nabi to Modern Medical Practice," in S. Athar ed. *Islamic Medicine.* Karachi: Pan-Islamic Publishing House, pp. 125–134.

Chittick, N. 1965. "The 'Shirazi' Colonization of East Africa," *The Journal of African History* 6(3), pp. 275–294.

———. and Robert I. R. eds. 1975. *East Africa and the Orient: Cultural Syntheses in Pre-Colonial Times.* New York: Africana Publishing Company.

Clarke, P. H. C. 1960. *A Short History of Tanganyika.* Nairobi: Longmans, Green & Co. Ltd.

Clayton, A. 1981. *The Zanzibar Revolution and Its Aftermath.* London: C. Hurst.

Conrad, L. 1992. "Epidemic Disease in Formal and Popular Thought in Early Islamic Society," in T. Ranger and Paul Slack eds. *Epidemics and Ideas: Essay on the Historical Perception of Pestilence.* Cambridge: The University Press, pp. 77–99.

———. 1993. "Arab-Islamic Medicine," in W. Bynum and R. Porter eds. *Companion Encyclopedia of the History of Medicine.* London: Routledge, pp. 676–727.

———. and N. Gallagher. 1995. "Medicine," in Esposito, J. ed. *The Oxford Encyclopedia of the Modern Islamic World* 3. New York: Oxford University Press, pp. 85–91.

———. 1995. "The Arab-Islamic Medical Tradition," in L. Conrad et al., Members of the Academic Unit, the Wellcome Institute for the History of Medicine, London. *The Western Medical Tradition: 800 BC to AD 1800.* Cambridge: Cambridge University Press, pp. 93–138, 498–500.

Constantin, F. 1988. "Charisma and the Crisis of Power in East Africa," in Donal B. C. O. and C. Coulon eds. *Charisma and Brotherhood in African Islam.* Oxford: Clarendon Press, pp. 67–90.

———. 1989. "Social Stratification on the Swahili Coast: From Race to Class," *Africa* 59(2), pp. 145–159.

———. 1993. "Leadership, Muslim Identities and East African Politics: Tradition, Bureaucratization and Communication," in L. Brenner ed. *Muslim Identity and Social Change in Sub-Saharan Africa.* Bloomington: Indiana University Press, pp. 36–58.

———. 1995. "Muslims & Politics: The Attempts to Create Muslim National Organizations in Tanzania, Uganda & Kenya," in H. B. Hansen & M. Twaddle eds. *Religion & Politics in East Africa: The Period since Independence 1995.* Athens: Ohio University Press, pp. 19–31.

Coulon, C. 1988. "Women, Islam, and Baraka," in D. B. C. O'Brien & C. Coulon eds. *Charisma and Brotherhood in African Islam.* Oxford: Clarendon Press, pp. 113–133.

Dale, G. 1920. *The Peoples of Zanzibar: Their Custums and Religious Beliefs.*

Westminister: The Universities' Mission to Central Africa.

——. 1925. *Islam and Africa*. London: Society For Promoting Christian Knowledge.

Declich, L. 2004. "Zanzibar: Some Nineteenth-Century Arabic Writings on Healing," in S. Reese ed. *The Transmission of Learning in Islamic Africa*. Leiden: Brill, pp. 257–273.

Doi, A. I. 1991. "Sufism in Africa," in S. H. Nasr ed. *Islamic Spirituality*. New York: The Crossroad Publishing Company, pp. 290–303.

Dols, M. W. 1969. "The Origins of the Islamic Hospital," *Bulletin of the History of Medicine* 43, pp. 367–390.

——. 1974. "Plague in Early Islamic History," *Journal of the American Oriental Society* 94(3), pp. 371–383.

——. 1977. *The Black Death in the Middle East*. Princeton: Princeton University Press.

—— (Jamal, A. S. eds.). 1984. *Medieval Islamic Medicine: Ibn Ridwan's Treatise 'On the Prevention of Bodily Ills in Egypt.'* Berkeley: University of California Press.

—— (D. E. Immisch ed.). 1992. *Majnūn: The Madman in Medieval Islamic Society*. Oxford: Clarendon Press.

——. 2004. "The Theory of Magic in Healing," in E. Savage-Smith ed. *Magic and Divination in Early Islam*. Aldershot: Ashgate Publishing Limited, pp. 87–101.

Echtler, M. 2006. "The Recent Changes of the New Year's Festival in Makunduchi, Zanzibar: A Reinterpretation," in R. Loimeier and Rüdiger S. eds. *The Global Worlds of the Swahili: Interfaces of Islam, Identity and Space in 19th and 20th-Century East Africa*. Berlin: Lit. pp. 131–160.

Eickelman, D. F. 1982. "The Study of Islam in Local Contexts," *Contributions to Asian Studies* 17, pp. 1–16.

Elgood, C. 1962. "The Medicine of the Prophet," *Medical History* 6, pp. 146–153.

——. 1962. "Tibb-ul-Nabbi or Medicine of the Prophet: Being a Translation of Two Works of the Same Name," *Osiris* 14, pp. 33–192.

Farooqi, M. 2004. *Medicinal Plants in the Traditions of Prophet Muhammad: Scientific Study of Prophetic Medicine, Food and Perfumes* (*Aromatics*). Lucknow: Sidrah Publisher.

Fair, L. 2001. *Pastimes & Politics: Culture, Community, and Identity in Post-Abolition Urban Zanzibar, 1980–1945*. Athens: Ohio University Press.

——. and R. L. Pouwels. 1989. *The Shaffi Ulama of East Africa, ca 1830–1970: A Hagiographic Account*. Madison, WI: University of Wisconsin.

Flint, J. E. 1965. "Zanzibar 1890–1950," in V. Harlow, E. M. Chilver eds. *History of East*

Africa Vol. 2. Oxford: Clarendon Press, pp. 641–671.

Frankl, P. J. L. 1990. "The Word for "God" in Swahili," *Journal of Religion in Africa* 20(3), pp. 269–275.

——. and Y. A. Omar. 1999. "The Idea of 'the Holy' in Swahili," *Journal of Religion in Africa* 29(1), pp. 109–114.

Freeman-Grenville, G. S. P. 1975. *The East African Coast: Select Documents from the First to the Earlier Nineteenth Century.* London: Collings.

——. 1988. *The Swahili Coast, 2nd to 19th Centuries.* London: Variorum Reprints.

——. and J. O. Voll. 2002. "Zandjibār," in H. A. R. Gibb, B. Lewis, C. Pellat, & J. Schacht eds. *Encyclopaedia of Islam* (New ed. 11). Leiden: Brill, pp. 446–451.

Freitag, U. and W. G. Clarence-Smith. 1997. *Hadhrami Traders, Scholars and Statesmen in the Indian Ocean, 1750s–1960s.* Leiden: Brill.

Freitag, U. 2003. *Indian Ocean Migrants and State Formation in Hadhramaut.* Leiden: Brill.

Fujii, C. 2007a. "'Prophetic Medicine' in the Contemporary Islamic World: Field Data from Zanzibar," *Kyoto Bulletin of Islamic Area Studies* 1(1), pp. 118–123.

——. 2007b. "Basic Information of *Zawiya*s in Contemporary Zanzibar," *Kyoto Bulletin of Islamic Area Studies* 1(1), pp. 133–147.

——. 2008. "'Tariqas' without Silsilas: The Case of Zanzibar," *Kyoto Bulletin of Islamic Area Studies* 2(1), pp. 23–34.

——. 2010. "Ritual Activities of Tariqas in Zanzibar," *African Study Monographs* 41, pp. 91–100.

——. 2011. "Comparative Studies of the Medicine of the Sunna and Uganga," *Kyoto Bulletin of Islamic Area Studies* 4(1–2), pp. 156–189.

——. 2012. "'New' Traditional Medicine on the East African Coast: The Practice of Prophetic Medicine in Zanzibar," *Annals of Japan Association for Middle East Studies* 28(2), pp. 1–25.

Gellner, E. 1968. "A Pendulum Swing Theory of Islam," *Annales Marocaines de Sociologie* 1, pp. 5–14, reprinted in R. Robertson ed. 1969. *Sociology of Religion: Selected Readings.* Harmondsworth: Penguin Books, pp. 127–140.

——. 1994. *Conditions of Liberty: Civil Society and Its Rivals.* London: H. Hamilton.

Ghaidan, U. 1976. *Lamu: A Study in Conservation: Based on Report Presented to the Director of Physical Planning, Ministry of Lands and Settlement and the Director of the National Museums of Kenya.* Nairobi: East African Literature Bureau.

Gilbert, E. 2004. *Dhows & the Colonial Economy of Zanzibar, 1860–1970.* Oxford: James

Curry.

Giles, L. 1987. "Possession Cults on the Swahili Coast: A Re-Examination of Theories of Marginality," *Africa* 57(2), pp. 234-257.

————. 1999. "Spirit Possession & the Symbolic Construction of Swahili Society," in H. Behrend and U. Luig eds. *Spirit Possession: Modernity and Power in Africa.* Oxford: James Currey, pp. 142-164.

Glassman, J. 2000. "Sorting out the Tribes: The Creation of Racial Identities in Colonial Zanzibar's Newspaper Wars," *Journal of African History* 41, pp. 395-428.

Grandmaison, C. 1989. "Rich Cousins, Poor Cousins: Hidden Stratification among the Omani Arabs in Eastern Africa," *Africa* 59(2), pp. 176-184.

Gray, R. F. 1969. "The Shetani Cult among the Segeju of Tanzania," in J. Beattie and J. Middleton eds. *Spirit Mediumship and Society in Africa.* London: Routledge & K. Paul.

Gruner, O. 1984. *A Treatise on the Canon of Medicine of Avicenna: Incorporating a Translation of the First Book.* Birmingham, Ala.: Classics of Medicine Library.

von Grunebaum, G. E. 1955. "The Problem: Unity in Diversity," in G. E. Von Grunebaum ed. *Unity and Variety in Muslim Civilization.* Chicago: University of Chicago Press, pp. 17-37.

Hamarneh, S. 1970. "Medical Education and Practice in Medieval Islam," in O'Malley, C. ed. *The History of Medical Education: An International Symposium Held February 5-9, 1968, Sponsored by the UCLA Department of Medical History, School of Medicine, Supported by the Josiah Macy, Jr. Foundation.* Berkeley: University of California Press, pp. 39-71.

Harries, L. P. 1954. *Islam in East Africa.* Oxford: Clarendon Press.

————. 1962. *Swahili Poetry.* London: Oxford University Press.

Heinen, A. 1982. *Islamic Cosmology: A Study of as-Suyūṭī's al-Hay'a as-Saniya fī l-hay'a as-Sunnīya with Critical Edition, Translation and Commentary.* Wiesbaden: Kommission bei F. Steiner Verlag.

Hiskett, M. 1994. *The Course of Islam in Africa.* Edinburgh: Edinburgh University Press.

Hoffman, V. J. 2006. "In His (Arab) Majesty's Service: The Career of a Somali Scholar and Diplomat in Nineteenth-Century Zanzibar," in R. Loimeier and Rüdiger S. eds. *The Global Worlds of the Swahili: Interfaces of Islam, Identity and Space in 19th and 20th-Century East Africa.* Berlin: Lit, pp. 251-272.

Hollingsworth, L. W. 1951. *A Short History of the East Coast of Africa.* London: Macmillan.

Horton, M. and J. Middleton. 2000. *The Swahili: The Social Landscape of a Mercantile Society*. Massachusetts: Blackwell Publishers.

Hussein, A. 2003. "Muslims Pluralism and and Interfaith Dialogue," in O. Safi ed. *Progressive Muslims: On Justice, Gender and Pluralism*. Oxford: Oneworld, pp. 251–269.

Illiffe, J. 1979. *A Modern History of Tanganyika*. Cambridge: Cambridge University Press.

Ingrams, W. H. 2007 (1931). *Zanzibar: Its History and Its People*. London: Stacey International.

Issa, A. A. 2006. "The Legacy of Qādirī Scholars in Zanzibar," in R. Loimeier and Rüdiger S. eds. *The Global Worlds of the Swahili: Interfaces of Islam, Identity and Space in 19th and 20th-Century East Africa*. Berlin: Lit, pp. 343–362.

al-Jawzīya, I. (translated by S. Y. Abou Azar). 1994. *The Prophetic Medicie*. Beirut: Dar el Fikr.

———. (translated by P. Johnstone). 1998. *Medicine of the Prophet*. Cambridge: The Islamic Texts Society.

Johnstone, P. 1998. "Translator's Introduction," in I. al-Jawzīya. (translated by P. Johnstone). *Medicine of the Prophet*. Cambridge: The Islamic Texts Society, pp. xxiii–xxxii.

Karmi, G. 2003. "Al-Tibb al-Nabawi: The Prophet's Medicine," in R. Tapper and K. McLachlan eds. *Technology, Tradition and Survival: Aspects of Material Culture in the Middle East and Central Asia*. London; Portland: Frank Cass Publishers, pp. 51–63.

Kassam, T. 2003. "On Being a Scholar of Islam: Risks and Responsibilities," in O. Safi ed. *Progressive Muslims: On Justice, Gender and Pluralism*. Oxford: Oneworld, pp. 128–144.

Keshodkar, A. 2013. *Tourism and Social Change in Post-Socialist Zanzibar: Straggles for Identity, Movement, and Civilization*. Plymouth: Lexington Books.

Killian, B. 2008. "The State and Identity Politics in Zanzibar: Challenges to Democratic Consolidation in Tanzania," *African Identities* 6(2), pp. 99–125.

Kim, C. C. 2001. *Supernaturalism in Swahili Islam: With Special Reference to the Therapeutic Cults of Jinn Possession*. Ph. D. Thesis, Fuller Graduate Schools.

Knappert, J. 1968. "The Hamziya Deciphered," *African Language Studies* 9, pp. 52–81.

———. 1970. "Social and Moral Concepts in Swahili Islamic Literature," *Africa: Journal of the International African Institute* 40(2), pp. 125–136.

———. 1971. *Swahili Islamic Poetry* 1, 2, 3. Leiden: Brill.

Koritschoner, H. 1936. "Ngoma ya Shetani," *The Journal of the Royal Anthropological Institute of Great Britain and Ireland* 66, pp. 209–219.

Kresse, K. 2003. "'Swahili Enlightnment'? East African Reformist Discourse at the Turning Point: The Example of Sheikh Muhammad Kasim Mazrui," *Journal of Religion in Africa* 33(3), pp. 279–309.

―――. 2006. "Debating Maulidi: Ambiguities and Transformations of Muslim Identity along the Kenyan Swahili Coast," in R. Loimeier and Rüdiger S. eds. *The Global Worlds of the Swahili: Interfaces of Islam, Identity and Space in 19th and 20th-Century East Africa*. Berlin: Lit., pp. 209–228.

Kusimba, C. M. 1999. *The Rise and Fall of Swahili States*. Walnut Creek: AltaMira Press.

Lacunza Balda, J. 1989. *An Investigation into Some Concepts and Ideas Found in Swahili Islamic Writings*. Ph. D. Thesis. SOAS, London.

―――. 1993. "The Role of Kiswahili in East African Islam," In L. Brenner ed. *Muslim Identity and Social Change in Sub-Saharan Africa*. Indiana University Press, pp. 226–238.

―――. 1997. "Translations of the Quran into Swahili, and Contemporary Islamic Revival in East Africa," in E. E. Rosander and D. Westerlund eds. *African Islam and Islam in Africa: Encounters between Sufis and Islamist*s. Athens, Ohio: Ohio University Press, pp. 95–126.

Lambek, M. J. 1986. *Human Spirits: Possession and Trance among the Malagasy Speakers of Mayotte (Comoro Islands)*. Ann Arbor, Mich.: University Microfilms International.

―――. 2006. "The Ludic Side of Islam and Its Possible Fate in Mayotte," in R. Loimeier and Rüdiger S. eds. *The Global Worlds of the Swahili: Interfaces of Islam, Identity and Space in 19th and 20th-Century East Africa*. Berlin: Lit. pp. 161–186.

Lane, E. W. *An Account of the Manners and Customs of the Modern Egyptians*. New York: Ward, Lock and Co.

Larsen, K. 2002. "Knowledge, Astrology and the Power of Healing in Zanzibar," *Journal des Africanistes* 72(2), pp. 175–186.

―――. 2008. *Where Humans and Spirits Meet: The Politics of Rituals and Identified Spirits in Zanzibar*. New York: Berghan Books.

Le Guennec-Coppens, F. 1989. "Social and Cultural Integration: A Case Study of the East African Hadramis," *Africa* 59(2), pp. 185–195.

Leder, D. 1984. "Medicine and Paradigms of Embodiment," *The Journal of Medicine and Philosophy* 9(1), pp. 29–44.

Leslie, C. ed. 1976. *Asian Medical Systems: A Comparative Study*. Berkeley: University of

California Press, pp. 44-62.

Lewis, I. M. 1955. "Sufism in Somaliland: A Study in Tribal Islam-1," *Bulletin of the School of African Studies* 17(3), pp. 581-602.

――. 1965. *A Modern History of the Somali: Nation and State in the Horn of Africa*. Oxford: James Currey.

―― ed. 1966. *Islam in Tropical Africa*. London: International African Institute.

Linda L. G. 1995. "Sociocultural Change and Spirit Possession on the Swahili Coast of East Africa," *Anthropological Quarterly* 68(2), pp. 89-106.

Lodhi, A. Y. 1986. "The Arabs in Zanzibar: From Sultanate to People's Republic," *Journal Institute of Muslim Minority Affairs* 7(2), pp. 404-418.

―― and D. Westerlund. 1999. "Tanzania," in D. Westerlund and I. Svanberg eds. *Islam outside the Arab World*. New York: St. Martin's Press, pp. 97-110.

Lofchie, M. F. 1965. *Zanzibar: Background to Revolution*. Princeton: Princeton University Press.

Lohrmann, U. 1989. *The Myth and Magic of the United Nations: African Perceptions of the Role of the United Nations in Decolonisation the Voice from Tanganyika*. Oxford: Exeter College.

Loimeier, R. 2003. "Patterns and Peculiarities of Islamic Reform in Africa," *Journal of Religion in Africa* 33(3), pp. 237-262.

――. 2005. "Translating the Qur'an in Subsaharan Africa: Dynamics and Disputes," *Journal of Religion in Africa* 35(4), pp. 403-423.

――. 2006a. "Translocal Networks of Saints and the Negotiation of Religious Disputes in Local Contexts," *Archives de Sciences Sociales de Religions* 135, pp. 17-32.

――. 2006b. "Coming to Terms with 'Popular Culture': The 'Ulamā' and the State in Zanzibar," in R. Loimeier and Rüdiger S. eds. *The Global Worlds of the Swahili: Interfaces of Islam, Identity and Space in 19th and 20th-Century East Africa*. Berlin: Lit. pp. 111-130.

――. 2007. "Perceptions of Marginalization: Muslims in Contemporary Tanzania," in B. F. Soares and R. Otayek eds. *Islam and Muslim Politics in Africa*. New York: Palgrave Macmillan, pp. 137-156.

――. 2009. *Between Social Skills and Marketable Skills: The Politics of Islamic Education in 20th Century Zanzibar*. Leiden: Brill.

al-Maamiry, A. H. 1988. *Omani Sultans in Zanzibar (1832-1964)*. New Delhi: Lancers Books.

Makulilo, A. B. 2011. "The Zanzibar Electoral Commission and Its Feckless

Independence," *Journal of Third World Studies* 28(1), pp. 263–283.

Maliyamkono, T. L. 2000. *The Political Plight of Zanzibar.* Dar es Salaam: TEMA Publishers.

Marsh, Z. and G. W. Kingsnorth. 1957. *An Introduction to the History of East Africa.* Cambridge: The Syndics of the Cambridge University Press.

Martin, B. G. 1969. "Muslim Politics and Resistance to Colonial Rule: Shaykh Uways b. Muhammad al-Barāwī and the Qādirīya Brotherhood in East Africa," *Journal of African History* 10(3), pp. 471–486.

――. 1971. "Notes on Some Members of the Learned Classes of Zanzibar and East Africa in the Nineteenth Century," *African Historical Studies* 4(3), pp. 525–545.

――. 1975. "Arab Migration to East Africa in Medieval Times," *International Journal of African Historical Studies* 7, pp. 367–390.

――. 1976. *Muslim Brotherhoods in Nineteenth-Century Africa.* Cambridge: Cambridge University Press.

Martin, E. B. 2007 (1978). *Zanzibar: Tradition and Revolution.* Zanzibar: Gallery Publications.

McGinnis, J. ed. 2004. *Interpreting Avicenna: Science and Philosophy in Medieval Islam: Proceedings of the Second Conference of the Avicenna Study Group.* Leiden; Boston: Brill.

Meyerhof, M. 1959. "Islamic Tibb," *Hamdard Medical Digest* 3, pp. 81–99.

Middleton, J. 1992. *The World of the Swahili: An African Mercantile Civilization.* New Haven, CT: Yale University Press.

Morris, B. 2006. *Religion and Antheopology: A Critical Introduction.* Cambridge: Cambridge University Press.

Nagamia, H. F. 2003. "Islamic Medicine History and Current Practice," *Journal of the International Society for the History of Islamic Medicine* 2(4), pp. 19–30.

Nasr, S. 1968. *Science and Civilization in Islam.* Cambridge, Massachusetts: Harvard University Press.

National Bureau of Statistics (NBS) and Office of Chief Government Statistician (OCGS). 2014. *The 2012 Population and Housing Census: Basic Demographic and Socio-Economic Profile: Key Findings.* Dar es Salaam: NBS and OCGS.

Newitt, M. 1984. *The Comoro Islands: Struggle against Dependency in the Indian Ocean.* Boulder, Colo.: Westview Press.

Nimtz, A. H. 1980. *Islam and Politics in East Africa: The Sufi Order in Tanzania.* Minneapolis, MN: University of Minnesota Press.

———. 1995. "Tanzania," in J. L. Esposito ed. *The Oxford Encyclopedia of the Modern Islamic World* 4. New York: Oxford University Press, pp. 182–183.

Nisula, T. 1999. *Everyday Spirits and Medical Interventions: Ethnographic and Historical Notes on Therapeutic Conventions in Zanzibar Town.* Saarijärvi: Gummerus Kirjapaino Oy.

Nuotio, H. 2006. "The Dance That Is Not Danced, the Song That Is Not Sung: Zanzibari Women in the Maulidi Ritual," in R. Loimeier and Rüdiger S. eds. *The Global Worlds of the Swahili: Interfaces of Islam, Identity and Space in 19th and 20th-Century East Africa.* Berlin: Lit., pp. 187–208.

Nutton, V. 2004. *Ancient Medicine.* New York: Routledge.

O'Fahey, R. S. 1990. *Enigmatic Saint.* London: Hurst & Companey.

——— and B. Radtke. 1993. "Neo-Sufism Reconsidered," *Der Islam* 70(1), pp. 52–87.

Ogot, B. A. and J. A. Kieran eds. 1968. *Zamani: A Survey of East African History.* Nairobi: EAPH.

O'Malley, C. D. ed. 1970. *The History of Medical Education: An International Symposium Held February 5–9, 1968, Sponsored by the UCLA Department of Medical History, School of Medicine, Supported by the Josiah Macy, Jr. Foundation.* Berkeley: University of California Press.

Ottenheimer, M. O. H. 1994. *Historical Dictionary of the Comoro Islands.* Metuchen, N. J.: Scarecrow Press.

Parkin, D. 1995. "Blank Manners and Islamic Consciousness in Zanzibar," in A. P. Cohen and N. Rapport eds. *Questions of Consciousness.* London: Routledge, pp. 198–216.

Pearson, M. N. 2000. "The Indian Ocean and the Red Sea," in L. Nehemia and R. L. Pouwels eds. *The History of Islam in Africa.* Athens: Ohio University Press, pp. 37–59.

Perho, I. 1995. *The Prophet's Medicine: A Creation of the Muslim Traditionalist Scholars.* Helsinki: Finnish Oriental Society.

Porman, P. and E. Savage-Sumith. 2007. *Medieval Islamic Medicine.* Washington: Georgetown University Press.

Portman, P. 2005. "The Physician and the Other," *Bulletin of the History of Medicine* 79, pp. 189–227.

Pouwels, R. L. 1981. "Sh. Al-Amin b. Ali Mazrui and Islamic Modernism in East Africa, 1875–1947," *International Journal of African Historical Studies* 13(3), pp. 329–345.

———. 1987. *Horn and Crescent: Cultural Change and Traditional Islam on the East African Coast, 800–1900.* New York: Cambridge University Press.

————. 2000. "The East African Coast, c. 780 to 1900 c. e.," in N. Levtzion and R. L. Pouwels eds. *The History of Islam in Africa.* Athens: Ohio University Press, pp. 251-271.

Prins, A. H. J. 1967. *The Swahili-Speaking Peoples of Zanzibar and the East African Coast: Arabs, Shirazi and Swahili.* London: International African Institute.

Purpura, A. 1997. "Knowledge and Agency: The Social Relations of Islamic Expertise in Zanzibar Town." Ph. D diss., The City University of New York.

Quinn, C. A. and F. Quinn. 2003. *Pride, Faith, and Fear: Islam in Sub-Saharan Africa.* New York: Oxford University Press.

Rahman, F. 1982. "Islam and Health (Some Theological, Historical and Sociological Perspectives)," *Hamdard Islamicus* 5(4), pp. 75-88.

————. 1998. *Health and Medicine in the Islamic Tradition: Change and Identity.* New York: The Crossroad Publishing Company.

Redfield, R. 1956. *Peasant Society and Culture: An Anthropological Approach to Civilization.* Chicago: University of Chicago Press (レドフィールド, R. 1960 『文明の文化人類学——農村社会の文化』 [安藤慶一郎訳] 誠信書房).

Roberts, A. ed. 1968. *Tanzania before 1900.* Nairobi: East African Publishing House.

Ruete, E. 1989 (1888). *Memoirs of an Arabian Princess from Zanzibar.* NewYork: Markus Wiener Publishing.

Russel, J. 1981. *Communicative Competence in a Minority Group: A Sociolinguistic Study of the Swahili-speaking Community in the Old Town, Mombasa.* Leiden: E. J. Brill.

Saeed, A (translated by B. Azimabadi). 2005. *Prophetic Medical Sciences (The Saviour).* New Delhi: Saeed International.

Saleh, I. 1936. *A Short History of the Comorians in Zanzibar.* Dar es Salaam: Tanganyika Standard.

Savage-Smith, E. 1996. "Medicine," in R. Rashed et al. eds. *Encyclopedia of the History of Arabic Science* 3. London: Routledge, pp. 903-962.

————. 2000. "Ṭibb," *EI²: The Encyclopaedia of Islam: Prepared by a Number of Leading Orientalists.* New ed. Leiden: Brill, pp. 452-461.

————. 2000. "The Practice of Surgery in Islamic Lands: Myth and Reality," *The Society for the Social History of Medicine* 13(2), pp. 307-321.

Schachr, J. 1965. "Notes on Islam in East Africa," *Studia Islamica* 23, pp. 91-136.

Schimmel, A. 1975. *Mystical Dimensions of Islam.* Chapel Hill: University of North Carolina Press.

Seesemann, R. 2006. "African Islam or Islam in Africa? Evidence from Kenya," in R. Loimeier and Rüdiger S. eds. *The Global Worlds of the Swahili: Interfaces of*

Islam, Identity and Space in 19th and 20th-Century East Africa. Berlin: Lit., pp. 229–250.

Serjeant, R. B. 1990. *Studies in Arabian History and Civilization.* Cambridge: Cambridge University Press.

Shivji, I. G. 2008. *Pan-Africanism or Pragmatism: Lessons of the Tanganyika-Zanzibar Union.* Dar es Salaam: Mkuki na Nyota Publishers.

Sheriff, A. 1987. *Slaves, Spices & Ivory in Zanzibar: Integration of an East African Commercial Empire into the World Economy, 1770–1873.* Athens: Ohio University Press.

———. 1995. *Historical Zanzibar: Romance of the Ages.* London: HSP Publications.

———. 2001. "Race and Class in the Politics in Zanzibar," *Afrika Spectrum* 36(3), pp. 301–318.

Siddiqi, M. 1959. *Studies in Arabic and Persian Medical Literature.* Calcutta: Calcutta University.

Silavo, F. 1996. *Zanzibar: A Plan for the Historic Stone Town.* Geneva; Zanzibar: The Aga Khan Trust for Culture, The Gallery Publications.

Somogyi, J. 1957. "Medicine in Ad-Damiri's Hayat Al-Hayawan," *Journal of Semitic Studies* 2, pp. 62–91.

———. 1958. "Magic in Ad-Damiri's Hayat Al-Hayawan," *Journal of Semitic Studies* 3, pp. 265–287.

Sperling, D. C. 2000. "The Coastal Hinterland and Interior of East Africa," in N. Levtzion and R. L. Pouwels eds. *The History of Islam in Africa.* Athens: Ohio University Press, pp. 273–302.

as-Suyuti, J. (A. Thomson ed.). 1994. *As-Suyuti's Medicine of the Prophet.* London: Ta-Ha Publishers.

Swartz, M. J. 1979. "Religious Courts, Community, and Ethnicity among the Swahili of Mombasa: An Historical Study of Social Boundaries," *Africa* 49(1), pp. 29–41.

Tapper, R. and K. McLachlan eds. 2003. *Technology, Tradition and Survival: Aspects of Material Culture in the Middle East and Central Asia.* London: Frank Cass.

Terdman, M. 2007. "Uamsho: Radical Islam in Zanzibar Islam," Africa Newsletter 1(4), pp. 5–9 (http://www. e-prism.org/images/Islam_in_Africa_Newsletter_-_No4_-_August06.pdf, 2014年9月26日閲覧).

Topan, F. 2006. "From Coastal to Global: The Erosion of the Swahili 'Paradox'," in R. Loimeier and Rüdiger S. eds. *The Global Worlds of the Swahili: Interfaces of Islam, Identity and Space in 19th and 20th-Century East Africa.* Berlin: Lit., pp. 55–

66.

Trimingham, J. S. 1964. *Islam in East Africa*. London: Oxford University Press.

────. 1971. *The Sufi Orders in Islam*. New York: Oxford University Press.

Tripp, A. M. 1999. "The Political Mediation of Ethnic and Religious Diversity in Tanzania," in C. Young ed. *The Accommodation of Cultural Diversity*. Basingstoke: Macmillan.

Tronvoll, K. 2006. "Bridging Divided Identities: Or an Agency of Political Domination? Reassessing the Future of the Tanzanian Union," *International Journal on Minority and Group Rights* 13, pp. 223-241.

Turner, H. 1997. *Science in Medieval Islam: An Illustrated Introduction*. Austin: University of Texas Press, pp. 131-161.

Ullmann, M. 1970. *Die Medizin der Islam*. Leiden; Köln: Brill.

────(translated by J. Watt). 1978. *Islamic Medicine*. Edinburgh: Edinburgh University Press.

Vikør, K. S. 2000. "Sufi Brotherhoods in Africa," in N. Levtzion and R. L. Pouwels eds. *The History of Islam in Africa*. Athens: Ohio University Press, pp. 441-476.

Voll, J. O. 2002. "Zandjibār," *EI²: The Encyclopaedia of Islam: Prepared by a Number of Leading Orientalists*. New ed. Leiden: Brill, pp. 450-451.

Waardenburg, J. 1979. "Official and Popular Religion as a Probrem in Islamic Studies," in P. H. Vrijhof and J. Waardenburg eds. *Official and Popular Religion: Analysis of a Theme for Religious Studies*. The Hague: Mouton Publishers, pp. 340-386.

Wikan, U. 1977. "Man Becomes Woman: Transsexualism in Oman as a Key to Gender Roles," *Man* 12(2), pp. 304-319.

Yacoub, A. 2001. *The Fiqh of Medicine: Responses in Islamic Jurisprudence to Developments in Medical Science*. London: Ta-Ha Publishers.

el-Zein, A. H. 1974. *The Sacred Meadows: A Structural Analysis of Religious Symbolism in an East African Town*. Evanston: North Western University Press.

────. 1977. "Beyond Ideology and Theology: The Search for the Anthropology of Islam," *Annual Review of Anthlopology* 6, pp. 227-254.

アラビア語・スワヒリ語文献

Baraza la Wadhamini wa Jumuiya. 1993. *Katiba ya Jumuiya Zawiyatul Qadiriya Tanzania*. Dar es Salaam: Asah Offset Printers & Stationers.

Barzanjī, J. n.d. *Majmū'a Mawlūd Sharaf al-Anām: Mawlid Barzanjī*. Delhi: Ishāʻt al-Islām.

———. (translated by M. A. Sameja) 2003. *Tafsiri ya Maulidi ya Barzanji.* Zanzibar: Iqra.

al-Farsy, A. S. 1942. *Sayyid Said bin Sultan.* Zanzibar: Mwongozi Printing Press.

———. 1944. *Tarehe ya Imam Shafi na Wanavyuoni Wakubwa wa Mashariki ya Afrika.* Zanzibar: Mwongozi Press.

JUMIKI (Jumuiya ya Uamsho na Mihadhara ya Kiislamu). 2012. *Katiba ya Uamsho na Mihadhara ya Kiislamu (JUMIKI) Zanzibar.*

al-Mughīrī, S. 'A. 1994. *Juhaina al-Akhbār fī Tārīkh Zanjibār.* Masqaṭ: Ministry of National Heritage & Culture.

Mhina H. J. 2004. *Maisha ya Sheikh Muhammad Nassor Abdulla el-Qadiry, Shafii (R. A.).* Dar es Salaam: Al-Islam Printing Works.

Musa, S. 1986. *Maisha ya al-Imam Sheikh Abdulla Saleh Farsy katika Ulimwengu na Kiisulamu.* n.p.

al-Riday, M. A. 2003-2004. *Kila Ugonjwa Una Dawa Zake* 1, 2, 3, 4. Mombasa: Adam Traders.

al-Suyūtī, J. D. n.d. *Kitāb al-Raḥma fī al-Ṭibb wa al-Ḥikma.* n.p.

Taasisi ya Uchunguzi wa Kiswahili. 2001. *Kamusi ya Kiswahili-Kiingereza.* Dar es Salaam: Taasisi ya Uchunguzi wa Kiswahili.

ウェブサイト

アメリカ合衆国中央情報局 The World Factbook (https://www.cia.gov/library/publications/the-world-factbook/geos/tz.html, 2016年11月2日閲覧).

アメリカ地質調査所 (https://www.usgs.gov/, 2017年10月13日閲覧).

森林観測所 (http://forobs.jrc.ec.europa.eu/products/glc2000/products.php, 2017年10月13日閲覧).

マトゥンゲ・ハーバリスト診療所 (http://members.fortunecity.com/matunge/, 2016年9月6日閲覧).

Zanzibar.net (http://zanzibar.net/music_culture/festivals-events/mwaka-kogwa/, 2017年8月19日閲覧).

あとがき

　著者が大阪外国語大学（現・大阪大学外国語学部）でアフリカの言語と文化を学びたいと考えた理由は、「自分が最も知らない地域の言語や文化を学んだら、とても刺激的で面白いだろう」という、きわめて安易で単純なものであった。あまり深く考えていなかった著者ではあるが、2000年に入学して学び始めたスワヒリ語の音の響きの面白さや、貧困や紛争だけではないサハラ以南アフリカの多様な文化は、やはり刺激的で興味深いものであった。

　入学して1年が経った春休み、実際に東アフリカを自分の目で見てみたいと思い、ケニアとタンザニアを訪れた。帰国間近になり、タンザニア内陸部の町から沿岸部都市ダルエスサラームに列車で到着すると、たくさんのムスリムとモスクの数に圧倒され、「東アフリカ沿岸部は、こんなにイスラームなんだ！」と衝撃を受けた。そして、初めて街角で、ブイブイとニンジャを着て顔は目の部分だけ出している、全身が真っ黒な女性を見た著者は、彼女のそばを通る瞬間、「何かされるのではないか」と思わず恐怖心を抱いた。著者はこのとき、たった1年ではあったがアフリカの文化について専門的に学んだにもかかわらず、自分の抱いた偏見に満ちた感情にショックを受けた。そして、もっと東アフリカのイスラームについて勉強しなければいけないと痛感した。

　しかしながら、東アフリカのイスラームに関する日本語文献はほとんど存在せず、英語文献を読み進めても、イスラームに関してはたいてい土着の要素と混交した、きわめてローカルなものであると書かれていた。先行研究の記述は、自分が実際にタンザニアで抱いた印象とは大きく異なっており、「本当にそうなのだろうか」という疑問が膨らんでいった。このときに抱いた違和感が、その後、著者が研究を進めるうえでの大きな原動力となってきた。

　本書は、著者が2006年に京都大学大学院アジア・アフリカ地域研究研究科へ

提出した博士予備論文（修士論文に相当）と，2010年に同研究科に提出した博士論文を，大幅に加筆・修正したものである。学部時代から数えると17年以上，東アフリカとの関わりを持ち続けられているのは，様々な方々にご支援いただいたおかげである。

東長靖先生（京都大学大学院アジア・アフリカ地域研究研究科）には，主指導教員として，大学院生として在籍した6年間から現在まで，膨大な時間を割いてご指導いただいた。東アフリカの民衆のイスラームに関連するテーマを扱う研究者が少なく，学会発表などであまり聴衆が集まらなかったときなどは落ち込み，自分の研究テーマに自信を失いかけた。しかし先生は，厳しいご指導の中にも折に触れて著者の研究を「面白い」と励ましてくださった。先生の叱咤激励がなければ，著者はこれまで研究を続けてこられなかったであろう。

博士論文を審査してくださった小杉泰先生（同研究科），故足立明先生（元同研究科），山越言先生（同研究科）には，論文提出の直前まで厳しくも丁寧にご指導いただいた。また，東長先生と赤堀雅幸先生（上智大学）が主催するスーフィズム・聖者信仰研究会では，様々な分野の研究者に出会い，貴重なコメントをいただいた。特に同研究会では少しずつ難度の高い発表の機会をいただき，一歩一歩，研究者としての階段を登っていることを実感しながら研究を進めることができた。

中島久先生（元大阪大学）には，学部時代にスワヒリ語の魅力を存分に教えていただいた。大学院進学を迷っているとき，著者は先生の奥深い語学の授業をとおして，スワヒリ世界の魅力を再認識し，強く背中を押していただいた。竹村景子先生（大阪大学）には，日本学術振興会特別研究員の受入教員を引き受けていただき，ザンジバルでの調査手法についても丁寧にご指導いただいた。富永智津子先生（元宮城学院女子大学）には，2005年にザンジバルの調査に同行させていただき，間近で調査手法を学ばせていただいた。

ザンジバルでの調査では，故ムハンマド・イドリス氏（Muhammad Idris Muhammad Saleh，ザンジバル・イスラミック・ヘリテージ）に，現地でのカウンター・パートになっていただき，貴重な資料の提供や様々な人を紹介していた

あとがき

だいた。故ハリファ・アリ氏（Khalifa Ali Aboud, シャーズィリー教団指導者）は,
氏が経営する雑貨店に,仕事中にもかかわらずあたたかく迎え入れ,ザンジバ
ルのタリーカについて,丁寧に教えてくださった。ハムザ・ハジ氏（Hamza Haji,
元ザンジバル州立文書館員）には,2005年の調査以降,継続的に調査にご協力い
ただいた。バイクをレンタルし,2人で砂埃にまみれながらザンジバル中を駆
け回ったことは忘れられない。彼は「こんな体力勝負の仕事はもう嫌だ」と言
いながら,毎年調査に付き合ってくださった。身を削るような彼の協力なしに
は,多くのデータは得られなかった。

　タリーカとスンナの医学の調査に協力していただいた皆様の多くは,「ザン
ジバルで我々が行っている活動を世界に発信してほしい」と言い,我慢強くイ
ンタビューに答え,数多くの写真や映像の撮影を許可してくださった。また,
ザンジバルの皆様は,著者がザンジバルに戻るたび,「あら,あなた帰ってき
たのね！」とどこからともなく声をかけてくださった。ときに行き違いから言
い合いになることもあったが,著者が困っているときや病に臥せているとき
は,いつも誰かが助けてくださった。研究上のことだけにとどまらず,ムスリ
ムとしての生き方を教え続けてくださる皆さんに,感謝の意を表したい。

　Asanteni sana, Wazanzibari wote!

　著者のこれまでの研究は,以下の助成を受けて可能となった。JSPS 科研費
（JP09J02749, JP11J02272, JP15K16580, JP16J40022）,2006年度松下国際財団
（現・松下幸之助記念財団）研究助成,2006年度21世紀 COE によるフィールド・
ステーション等派遣,2007年度「魅力ある大学院教育」イニシアティブによる
派遣経費支援プログラム,2015年度笹川科学研究助成。ここに深謝の意を表す
る。

　本書の刊行にあたっては,京都大学平成29年度総長裁量経費「第8回京都大
学アフリカ研究出版助成」を受けた。出版の機会をいただいたことに,厚く御
礼申し上げたい。また,ミネルヴァ書房の前田有美氏には,本書の企画から出
版まで,大変お世話になった。厳しいスケジュールの中,構成や表現などにつ

いてぎりぎりまで有意義なコメントをいただいた。記して御礼申し上げる。

　最後に，著者の研究活動をいつもあたたかく見守り，全面的にサポートして
くれる家族に，心から感謝の意を表したい。

　　2018年1月

　　　　　　　　　　　　　　　　　　　　　　　藤　井　千　晶

索　引

（＊は人名）

あ 行

アスカリー教団　　57, 58
＊アブドゥッラー・バーカスィール
　　194-197
＊アブドゥッラー・ファールスィー
　　198, 199, 203
アフマディー・イドリスィー教団　　57
アフリカ協会　　31, 32
アフロ・シラズィ党　　→ASP
アフロ・シラズィ同盟　　→ASU
＊アミーン　　197, 198
アラウィー教団　　52, 53, 56, 90, 91, 94,
　　193-195, 197, 222
アラブ協会　　30-32
アンサール・スンナ　　202-204, 207,
　　208, 213-215, 223
イギリス　　28, 29, 33-36, 40, 43
イジャーザ　　52, 55, 56, 58, 96
イスラーム復興　　205, 223
＊イブン・カイイム・ジャウズィーヤ
　　101, 103, 109, 138, 152
＊イブン・スマイト　　195-197
インド国民協会　　30, 31
ウアムショ　　39, 40, 204, 225
＊ウワイス・イブン・ムハンマド　　53,
　　55, 56, 58, 96
ウンマ党　　34, 38
大文字単数形のイスラーム　　11
＊オケロ，ジョン　　34

か 行

カーディリー教団　　53, 55, 56, 58-61, 64,
　　65, 70, 84, 85, 89-91, 96, 97, 199
革命党　　→CCM
カスィーダ　　73, 77, 78, 80, 85, 87, 195
カファラ　　149, 150, 152, 153
＊カルメ，アベイド・アマニ　　32, 34, 36,
　　37
キグミ教団　　60, 69, 80, 82, 85, 89, 90,
　　93
キジティ教団　　60, 69, 89, 90, 93-95
規範的イスラーム　　12
キラマ教団　　55, 60, 61, 67, 68, 89-91,
　　93-97
ギリシャ医学　　109-111
キルワ年代記　　23
黒種草　　127, 145, 159
香　　145, 152, 153
公式イスラーム　　11
香油　　144, 145, 152, 153, 159
護符　　107, 117, 138, 146
コンベ　　124, 146-149, 152, 153

さ 行

ザーウィヤ　　59
＊サイード・ビン・スルターン　　25-28,
　　42
＊サイディ・ムサ　　136, 203
サダカ　　149, 152, 153
＊ザハビー　　109, 138

253

サラフィー主義　195, 197
ザンジバル・ナショナリスト党
　　　→ ZNP
ザンジバル・ペンバ人民党　　→ ZPPP
ザンジバル王の臣民による国民党
　　　→ NPSS
ザンジバル革命　34, 97, 200, 201, 223
市民統一戦線　　→ CUF
シャーズィリー教団　55, 56, 58, 60, 65,
　89-92, 199
＊シャウリ・ハジ　55, 67, 96, 97
　麝香油　144, 145, 184, 185, 189
　シュンギ　167, 205, 206
　小伝統　10, 11
　小文字複数形のイスラーム　11
　シラズィ協会　31, 32
　シラズィ人　40-42
　人民党　31, 32
　ズィクリ　63, 65, 68, 73, 80, 82, 84, 85,
　87, 94-96, 98, 119, 126, 142, 152, 153,
　199, 221, 222
　ズィクル　51, 57, 63
　スィルスィラ　52, 59, 65, 68, 69, 91-93,
　95, 97, 98, 221
＊スユーティー　107, 135
　スワヒリ　19, 20, 43
　スワヒリ人　40, 41, 43

た 行

大伝統　10, 11
タンガニーカ　29, 35, 36
タンガニーカ・アフリカ民族同盟
　　　→ TANU
ダンダラーウィー教団　57
知識人のイスラーム　12
ディニ　17, 18
ドイツ　29

ドゥフ教団　68, 85, 89-91, 93-95

な 行

＊ナッソル・バチュ　203, 204
＊ニエレレ，ジュリウス・カンバラゲ
　35-37
　ニンジャ　167, 205, 206

は 行

蜂蜜　105, 106, 127, 138, 145, 159, 184,
　185
ハディム人　41
ハムズィーヤ教団　69, 84, 89-91,
　93-95, 82
バルザンジ　77, 78, 80, 85, 87, 195
ヒンドゥー同盟　31, 32
ブイブイ　167, 205, 206
ブーサイード朝　25, 115
振り子理論　13
ホチ教団　69, 89, 90, 93
ポルトガル　23-25

ま 行

マウリディ・ヤ・ホム　57, 65, 67, 89,
　90, 93, 98
マズルイ家　25, 197
魔方陣　108, 117, 119, 135, 136, 138, 146,
　147, 149, 152, 153
マリズィアノ　38, 39
ミラ　17, 18
民衆イスラーム　11
民衆のイスラーム　9, 10, 12, 224, 225
ムアファカ　38
ムスリム協会　31-33
＊ムハンマド・マアルーフ（ムハンマド・
　イブン・アフマド）　56, 65, 92

や　行

ヤアーリバ朝　25
薬草　137, 138, 146, 152, 153, 159, 161–163,
　165, 175, 179, 181, 182
ヤシュルティー支派　56, 65

ら　行

リファーイー教団　57, 65, 67, 89, 90,
　93, 97, 98

欧　文

ASP　31–34, 36, 37
ASU　32, 33
CCM　37–39
CUF　38–40
NPSS　31, 32
TANU　37
ZNP　31–34
ZPPP　31–34

《著者紹介》

藤井　千晶（ふじい・ちあき）

2004年　大阪外国語大学外国語学部地域文化学科アフリカ地域文化専攻卒業。
2010年　京都大学大学院アジア・アフリカ地域研究研究科東南アジア地域研究専攻博士課程（5年一貫制）修了。博士（地域研究）。
　　　　日本学術振興会特別研究員（DC2・PD・RPD），大阪大学外国語学部非常勤講師，京都大学大学院アジア・アフリカ地域研究研究科助教・特任助教などを経て，
現　在　京都大学大学院アジア・アフリカ地域研究研究科附属ケナン・リファーイー・スーフィズム研究センター特任准教授。
主　著　「ザンジバルの国家主権獲得をめぐるイスラーム組織ウアムショの活動」『イスラーム世界研究』8，2015年。
　　　　「ジニの存在意義──東アフリカ沿岸部の民俗療法の事例より」小杉泰（編）『環インド洋地域における宗教復興・テクノロジー・生命倫理』京都大学大学院アジア・アフリカ地域研究研究科，2013年。
　　　　"New' Traditional Medicine on the East African Coast: The Practice of Prophetic Medicine in Zanzibar," *Annals of Japan Association for Middle East Studies* 28(2), 2012.

MINERVA 人文・社会科学叢書㉗
東アフリカにおける民衆のイスラームは何を語るか
──タリーカとスンナの医学──

2018年3月30日　初版第1刷発行　　　　　〈検印省略〉

定価はカバーに
表示しています

著　者　藤　井　千　晶
発行者　杉　田　啓　三
印刷者　田　中　雅　博

発行所　株式会社　ミネルヴァ書房
607-8494 京都市山科区日ノ岡堤谷町1
電話代表　(075) 581 - 5191
振替口座　01020 - 0 - 8076

ⓒ藤井千晶, 2018　　　　　　　　　創栄図書印刷・新生製本

ISBN978-4-623-08276-6
Printed in Japan

三木　英・櫻井義秀 編著　　　　　　　　　Ａ５判・320頁
日本に生きる移民たちの宗教生活　　　　　本　体 5000円
　　──ニューカマーのもたらす宗教多元化

須藤　護 著　　　　　　　　　　　　　　　四六判・300頁
雲南省ハニ族の生活誌　　　　　　　　　　本　体 4500円
　　──移住の歴史と自然・民族・共生

櫻井義秀・平藤喜久子 編著　　　　　　　　Ｂ５判・232頁
よくわかる宗教学　　　　　　　　　　　　本　体 2400円

櫻井義秀・三木　英 編著　　　　　　　　　Ｂ５判・224頁
よくわかる宗教社会学　　　　　　　　　　本　体 2400円

久松英二・佐野東生 編著　　　　　　　　　Ａ５判・272頁
多文化時代の宗教論入門　　　　　　　　　本　体 3200円

綾部恒雄・桑山敬己 編　　　　　　　　　　Ｂ５判・240頁
よくわかる文化人類学 ［第２版］　　　　　本　体 2500円

斗鬼正一 著　　　　　　　　　　　　　　　Ａ５判・192頁
目からウロコの文化人類学入門　　　　　　本　体 2200円
　　──人間探検ガイドブック

────────── ミネルヴァ書房 ──────────
http://www.minervashobo.co.jp/